未来驾驶

[德]马里奥·赫格尔(Mario Herger) 著
屈丽 王化娟 译

电子工业出版社
Publishing House of Electronics Industry
北京·BEIJING

Copyright der deutschen Ausgabe 2017 © Börsenmedien AG, Kulmbach
The simplified Chinese translation rights arranged through Rightol Media
本书中文简体版权经由锐拓传媒取得，Email: copyright@rightol.com

本书中文简体版专有翻译出版权授予电子工业出版社。未经许可，不得以任何手段和形式复制或抄袭本书的任何部分。

版权贸易合同登记号　图字：01-2018-4653

图书在版编目（CIP）数据

未来驾驶/（德）马里奥·赫格尔（Mario Herger）著；屈丽，王化娟译. —北京：电子工业出版社，2020.1
ISBN 978-7-121-37654-2

Ⅰ.①未⋯　Ⅱ.①马⋯　②屈⋯　③王⋯　Ⅲ.①汽车驾驶－自动驾驶系统　Ⅳ.①U463.61

中国版本图书馆CIP数据核字（2019）第242316号

策划编辑：郭景瑶
责任编辑：郭景瑶
文字编辑：杜　皎
印　　刷：涿州市京南印刷厂
装　　订：涿州市京南印刷厂
出版发行：电子工业出版社
　　　　　北京市海淀区万寿路173信箱　邮编：100036
开　　本：720×1000　1/16　印张：22.5　字数：451千字　彩插：8
版　　次：2020年1月第1版
印　　次：2020年1月第1次印刷
定　　价：88.00元

凡所购买电子工业出版社图书有缺损问题，请向购买书店调换。若书店售缺，请与本社发行部联系，联系及邮购电话：（010）88254888，88258888。
质量投诉请发邮件至zlts@phei.com.cn，盗版侵权举报请发邮件至dbqq@phei.com.cn。
本书咨询联系方式：（010）88254210，influence@phei.com.cn，微信号：yingxianglibook。

目录 Contents

引言 001
EINLEITUNG

大卫和歌利亚的故事　/ 007

从马粪危机到气候变化　/ 013

最后一辆马车，第一次汽车革命 019
DER LETZTE PFERDEKUTSCHER ODER
DIE 1. AUTOMOBILREVOLUTION

电工、造枪工人、物理学家：当时和现在的汽车先驱　/ 023

对汽车的喜爱：充满激情，并且变幻莫测　/ 028

改变信号、总体趋势和前瞻思维　/ 033

汽车工业的"iPhone时刻"　/ 035

最后一个使用驾驶执照的人，第二次汽车革命

DER LETZTE FÜHRERSCHEINNEULING ODER
DIE 2. AUTOMOBILREVOLUTION

关于汽车行业的事实和数据 / 050

让驱动方式变成电动 / 054

未来在这里：自动驾驶汽车 / 098

嘿，你好！车辆与车辆间的对话 / 183

新的时代精神？共享经济的到来 / 189

研究，创新，破坏——更多资金，更多特色 / 198

时间跨度——汽车行业对我们的影响 / 206

制造商必须"有所期待" / 212

员工必须"有所期待" / 221

波浪效应与联网汽车 / 237

货运也需要优步 / 241

大"苹果"和大数据之争 / 243

你就在"这里" / 247

数字体验 / 250

商业模式 / 255

从生产流水线到"垂直集成"，再到智能控制 / 276

高性能电池 / 278

智能交通 / 279

再见了ADAC？从会员俱乐部到车队俱乐部 / 280

时尚科技——将汽车"穿在"身上 / 281

法律面前人人（汽车）平等吗？ / 282

为什么火车不再有优势？ / 284

公共交通领域有待测试 / 287

按时赴约——"自主睡车"成为可能 / 288

石油风光无限，但电力正在改变世界 / 289

石油影响一切？可以说不 / 291

电价下跌：能源利用的双刃剑 / 292

远程控制被劫持车辆：当网络犯罪遇上网络安全 / 293

飞行汽车的梦想 / 297

"前进！"汽车制造商的工具和方法 299
„EN MARCHE!" WERKZEUGE UND METHODOLOGIEN FÜR
WERKZEUGE UND AUTOMOBILHERSTELLER

企业纲领 / 303

企业文化 / 306

硅谷思维 / 309

创新类型——克莱顿·克里斯坦森的创新观点 / 310

奥卡姆剃刀定律："思维经济原则"也适用于创新吗？ / 316

基利创新类型：成功的秘诀在于组合 / 318

安全心理环境：跌倒后站起来，继续前进 / 320

"我可以提一个问题吗？" / 323

是什么，怎样做，为什么：问题风暴与头脑风暴 / 325

"毁灭公司"或试想如何使自己的公司衰亡 / 328

180度思考：如何看待无法开动的电动汽车？ / 330

"Déjà-vu"，还是"Vuja-Dé"？ / 331

摩尔定律：德国汽车制造商的相反诠释 / 332

"开源"：用内部专业知识迎接世界 / 333

创新前哨——在硅谷中奏响未来的乐曲 / 335

培训和研究中心的意义：谁在做什么？在哪里进行？ / 337

"前进！" 政治和社会运动 　339
„EN MARCHE!" POLITIK UND GESELLSCHAFT IN BEWEGUNG

克服认知失真　/ 342
将无条件基本收入与机器人税提上议程　/ 343
自我培训迎接未来　/ 345
表现出要求改变的意愿　/ 347

后记　349
NACHWORT

EINLEITUNG

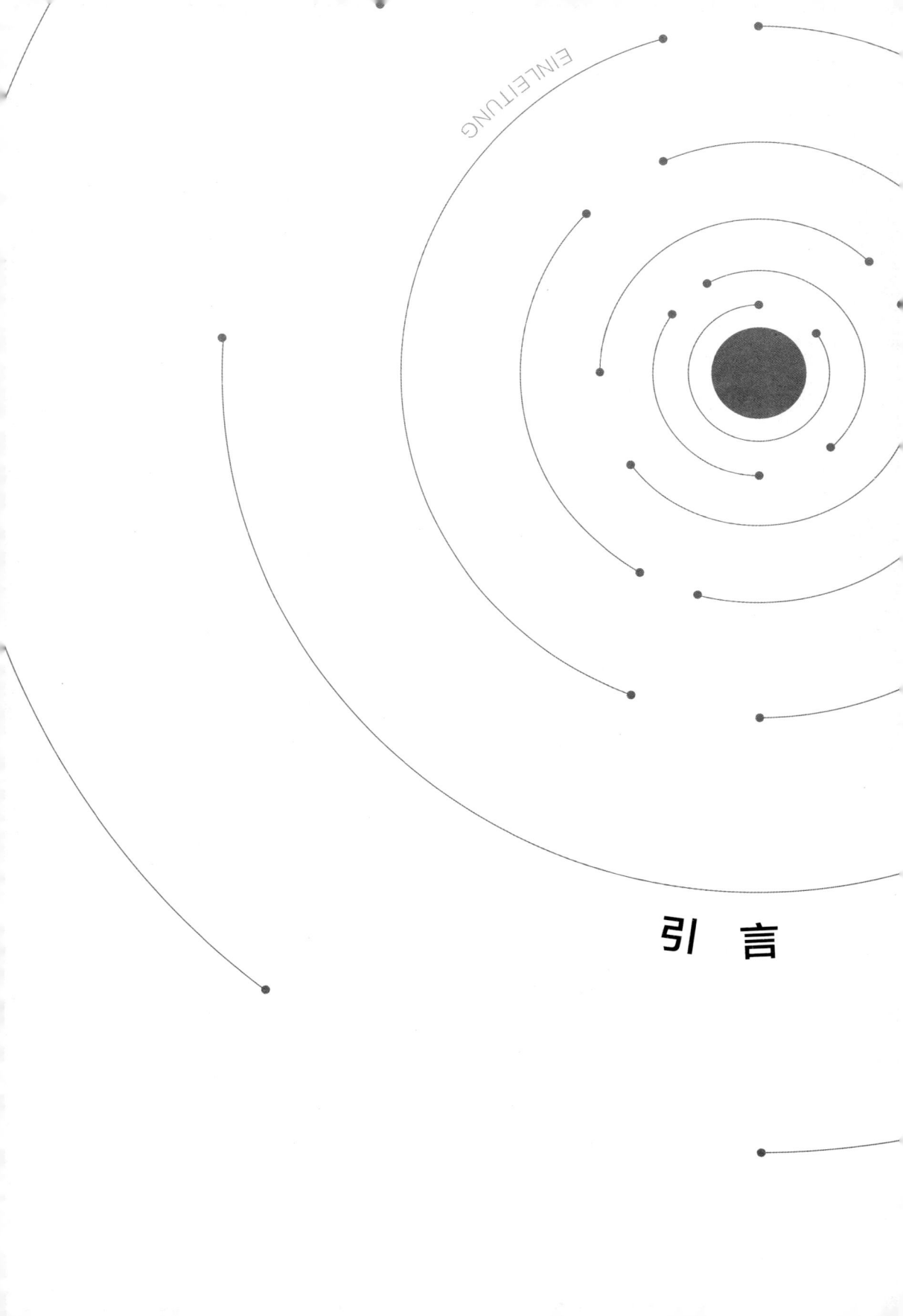

引 言

"只要去想想未来,我就不会感到悲伤。"

——埃隆·马斯克(Elon Musk)

让我先向你介绍一下麦克斯小朋友。他刚刚庆祝自己的第一个生日,有生日蛋糕、气球和很多礼物。麦克斯不仅是一个可爱的孩子,也可能是获得驾驶执照的最后一个人。

这不可能吗?这难道不会发生在你的生活中?我必须承认,你说的并非完全没有道理。我当然不知道这个最后拿到驾驶执照的小孩叫麦克斯、苏菲还是朱利安,他甚至可能是一个生活在你附近的孩子。但是,有一点是肯定的,最后一个会用上驾驶执照的人已经存在了。我已经收集了大量的数据和事实,将在本书中进行更详细的探讨。你将会对自动驾驶的优步(Uber)电动汽车的发展感到震惊。

麦克斯(或者苏菲、朱利安)无法想象,我们将如何做到拥有和驾驶一辆无须使用刹车和方向盘的汽车,他们也无法想象,我们在开车的时候可以工作,也可以看视频。最重要的是,我们由此还可以避免每年不计其数的由交通事故引起的伤亡。我们到底有多落后呢?现在的我们,落后到如同驾驶马车一般。司机坐在马车外面,暴露在风雨雷电中,在崎岖不平的道路上前进时,他的目光还得盯住后面其他的马车。

即使在今天,当我们在交通高峰时段停止不前、疲劳、赶时间、费力寻找停车位的情况下,开车也不会是一件快乐的事情。而未来,交通流量也将会比现在更集中在大都市地区。到2030年,世界人口的60%将生活在城市中。今天,美国居民的80%、德国居民的74%和奥地利居民的66%都生活在城市中。城市的运输需求量将快速增加。在现有的可用空间和基础设施条件下，未来传统的运输服务不可能满足这些要求。为让更多的汽车进入城市，我们需要更多的街道和停车场，而今天的可用空间已经太少了。

仅在硅谷，公共道路上就有200多辆自动驾驶汽车，这些汽车由大约40家制造商运营。在美国，自动驾驶汽车的数量已经有1000多辆。超过700家公司在开发自动驾驶汽车技术。与此同时，在汽车工业旺地，更多的制造商正在生产电动汽车，例如特斯拉（Tesla）、Lucid Motors、蔚来（NIO）或Proterra。六个试验路段相隔仅几千米。在美国加利福尼亚州，从2017年年底开始，自动驾驶汽车被允许在没有司机的情况下，在没有人的街道上行驶。

自2016年以来，特斯拉在所有车型中都安装了自动驾驶需要的硬件。随着2017年或2018年年初的软件更新，目前生产的所有汽车，即超过10万辆汽车将能够实现自动驾驶。与此同时，第一批出租车公司破产，因为它们已经无法和优步叫车和来福打车（Lyft）竞争。目前，在人工智能、传感器技术或自推式算法等备受瞩目的领域活跃的专业技术人员，将会赚到的奖金高达3300万美元。

新的发展主要集中在两个地区：硅谷和亚洲。硅谷经过自然发展，并随着美国生活方式转变，家用汽车将逐步被自动驾驶的电动优步车取代，而亚洲国家的发展有时会跳过一个时代。匈牙利拥有比德国更好的移动通信系统。虽然德国电信（Telekom）仍然希望收回在DSL线路建设方面的投资，但匈牙利已经没有这种老式通信设备了。移动通信现在已经不再只是铺设昂贵的电缆了，将迎来新一代的技术。

德国、奥地利、瑞士，甚至整个欧洲，在所有新汽车行业领域都处于落后地位。德国人发明了汽车，制造了最好的汽车，但未来的发展似乎没有我们参与。我们的制造商今天已经落后于别人，并且差距正在加大。这与其他国家使用一些神奇的技术方法并没有多大关系。并不是国外公司困扰着德国公司，而是那些在外国公司工作的德国工程师已经夺取了国内工程师的权杖。

在《硅谷思维》(Das Silicon-Valley-Mindset)中，我已经列举了许多例子，有了新点子，大家互相帮助，彼此支持。为说明这一点，我主要拿汽车行业做例子。这里的内容有关于电动汽车的，有关于优步新型出租车模型的，还有许多涉及自动驾驶汽车和这个行业随之产生的新兴职业的论述。

其实，我已经意识到，不能只是集中关注汽车行业，毕竟其他行业也有很多很好的例子。我选取了一些观点和例子，这些观点和例子来自其他行业，但对汽车行业同样适用。在本书出版前，我写了一篇题为《德国创新问题——以保时捷和特斯拉为例》的博客文章进行预热，这篇文章在几天内就达到了数万次的点击量。很明显，德语国家对汽车行业的变化非常感兴趣。这篇文章引起了激烈讨论，并且现在仍有很高的热度。

如果你曾经在其他媒体上关注过类似评论，就能够很快意识到，有关汽车的话题是多么能影响公众的神经。最重要的是，辩论无比激烈，这个在德国有相当高地位的行业受到了无情的批评。很多汽车销售经理认为，德国制造商对新型电动汽车的预测完全就是"炒作"，言语中充满了嘲笑和恶意。他们应该对此进行反思，毕竟这种做法不可挽回地损害了同胞的信任。柴油车排放丑闻、价格垄断，以及德国制造商之间"联合欺骗"等近年来的问题，只会使情况越来越糟糕。

基于此，我要更加全面地讨论这个话题，通过介绍当前的发展现状，将这些单独零碎的画面拼接完整。我并不是一个汽车爱好者，认为开车是一件浪费时间的事，宁愿把时间花在阅读上。作为一个维也纳人，我出生在一个交通十分便利的城市，没有必要考取驾驶执照。直到22岁时，我搬到美国加利福尼亚州，才拿到了驾驶执照，买了第一辆汽车。在德国那些年，因为公共交通四通八达，十分便利，所以开车弊大于利，汽车与其说是助手，不如说是一种负担。当然，开车有时确实会方便些。但是，当我回想起我的车在海德堡旧城区狭窄的街道上不停地抛锚，并且十分费力地寻找停车位时，我就宁愿不开车。

我知道，现在也有很多人享受驾驶汽车的乐趣，听听广播放松心情，放空思绪随意浮想。这些在公共汽车或地铁上也能做到。但是，如果我们花在开车的时间上少了，还能在车上做什么呢？

自2001年以来，我一直生活在硅谷，这里被称为电脑迷的圣地。这个加利福尼亚州小镇只有350万居民，那些我们现在看起来理所应当出现的新科技大多出自这里。电脑、智能手机、脸书（Facebook）或谷歌只是硅谷创造的新科技的一小部分。

近年来，汽车行业的活动数量猛增。我每天都能在山景城或附近遇到谷歌的自动驾驶车辆。硅谷采用自动驾驶技术的公司远远不止谷歌一家。新兴企业特斯拉生产的Model S型高性能电动轿车吸引了大量粉丝。像大批"果粉"崇拜苹果产品一样，特斯拉的粉丝彻夜排长队，预购特斯拉新款车型Model 3。这款车型在世界上成本非常高的地区之一硅谷生产制造，这很值得注意。苹果公司在电动汽车行业也有自己的野心，中国制造商投入数十亿美元，数百家新兴电动汽车公司如洪水般涌现出来。谁也不能否认，这个领域会大有作为。列举事实越多，我提出的观点就会越清晰。正如我们今天看到的，使用燃料的汽车时代已经过去，我们进入了第二次汽车革命。

变革的信号已经出现。目前，机器人出租车需要的零部件都可以投入使用，这些组件已经被应用到自动驾驶的电动优步车中。实现传感器、算法分析、人工智能和应用程序在汽车行业中的组合应用，只是一个时间问题。在德国，关于汽车工业发展的问题已经持续讨论了一年多，这也是始料未及的。公众意识因此觉醒，国内政策也有相应的变化。伴随技术革命而来的，是相应的行为和规则，这必然会打破现在的市场模式，引发汽车市场分裂和瓦解。请你留意这些改变，一旦堆积起来，瓦解也就开始了。

一场革命正在进行，它将从根本上改变汽车行业，对我们的经济和社会产生巨大影响，相当于当年从马匹运输过渡到燃油动力车辆所带来的变化。首要问题不是这种改变会不会来，而是这种改变来临的时候，我们怎么办。由于技术不断进步，汽车行业的改变比许多人想象的要快。其次需要关注的问题也显而易见：德国在第二次汽车革命之后还会有一席之地吗？为什么德国制造商先前可以制造世界上最好的汽车，现在却突然落后了？他们怎样才能避免变得无足轻重呢？

哈佛大学教授克莱顿·克里斯坦森（Clayton Christensen）几年前就预测过这种现象。他在研究中指出，在新一轮技术革新后，业内50%~80%的顶级公司将无法进入行业前十名。他研究得出，无论什么行业，结果都是相似的。按照这个逻辑，在未来几年中，大众、奥迪、奔驰、宝马、保时捷或欧宝这些声名赫赫的品牌将有一半不再是独立公司，有的甚至不复存在。

我承认，在德国人眼中，这种预测看起来荒诞不经，似乎离那一天还远着呢。

可是，我们想想十年前的美国汽车之都底特律，大雪橇和皮卡车那时还是成功的商业策略。在赫尔辛基的艾斯堡，诺基亚中心也未曾想象现在的事情，当时还对苹果手机持有很大的怀疑态度。甚至在纽约的罗切斯特，人们也曾经自信地认为数码相机永远无法取代胶卷相机。柯达和诺基亚在商界已成为错失创新良机的例子。我们是否希望，大众、戴姆勒或宝马也成为由于没有认识到时代变迁而消失的例子呢？这些企业发明了汽车，让德国人了解更宽广的世界，享受旅行的乐趣，曾经备受瞩目，它们会不会不再是耀眼的亮点呢？

最好的汽车是在德国制造的，最漂亮的跑车来自意大利，法国能提供最优雅的设计，瑞典有最权威的安全标准系统，而日本汽车则有良好的可靠性，这些已得到一致认可。然而，衡量一辆车是否是真正好车的标准正在改变。很快，汽车的安全性就不再主要由稳定的乘客舱和安全气囊决定，而是由使用无人驾驶技术的汽车算法决定。当我乘坐的是出租车的时候，优雅漂亮的设计逐渐变得不重要了。对出租车来说，乘客更在乎安全性能。过去，汽车制造商从来没有重视过车载信息娱乐系统，而未来这个领域将会成为判断一辆好车的标准。未来，我们将不再把汽车视为单一个体，而是将其视为整个运输服务网络中的一个系统。

我们拥有数字技术之后，胶片被束之高阁，即使底片再好，我们也不会去冲洗照片。当我们大规模使用触摸屏和语音输入系统的时候，无论多好的键盘都会被打入冷宫。同样，汽车行业也正身处极其动荡的巨变阶段。这种变化带来的影响并非局限于汽车行业本身。我们对流动性的理解和处理方式将发生巨大变化，每个城市、地区和其他相关者也需要重新调整，适应新的变化。一些行业面临淘汰，新兴行业也会随时诞生。

我们将在后面的章节详细讲述这些内容：这一切是如何产生的，汽车如何改变我们的生活和城市，这些变化给我们带来怎样的要求，这些发展需要哪些技术支撑和法律约束，这些变化和发展会影响人类哪些行为，以及对社会构成、就业岗位和经济环境会有什么影响。在这些领域，欧洲人的行为和心态仍然落后。因此，我在本书的最后部分，对这一方面进行详细的探讨，让大家看到我们每个人都能贡献一分力量，都要对社会、对全人类抱有一种有创新精神的企业家心态。

大卫和歌利亚的故事

> "如果你有事实和数据,请把它们列举出来,我们会去使用。如果你只有观点和看法,那我们还是听自己的吧。"
>
> ——吉姆·巴克斯代尔(Jim Barksdale),网景总裁

在《圣经》故事里,战无不胜的巨人歌利亚没有理由相信,瘦弱的牧羊人大卫会对他构成威胁。大卫甚至不是一个士兵,没有身穿沉重的铠甲,不像一个真正的战士。事实上,作为巨人的敌方,派出一个没有经验的士兵参加战斗,这本身就是荒谬并且没有胜算的。然而,歌利亚还没有意识到是怎么回事,就倒下了。在真正的战争开始之前,他就已经失败了。

这个小概率的弱者战胜强大对手的故事,听起来很不错。马尔科姆·格拉德威尔(Malcolm Gladwell)曾写过一本名为《大卫和歌利亚》的书,里面写道,以弱胜强故事的艺术性在于,能够让故事在不加修饰的描述中暴露问题的本质。如果我们更深入地了解一下细节,就会知道歌利亚其实是一个病人。根据有关资料显示,这个身高两米半的人患有巨人症,而这种病有相当大的负面影响。首先,歌利亚的视野比一般人小,只能近距离看清对手。其次,他的关节给他带来不少麻烦,他需

要助手帮他把盾牌带到战场。他的身高和手臂长度使他只有在同等条件下一对一的击剑比拼中，才能伤害到对方。

另一方面，大卫的能力有两个方面被严重低估了。作为一个普通牧羊人，他选择弹弓作为自己的武器，而这种武器完全配不上一个真正的战士。大卫只是一个正常人，比歌利亚矮小得多，却更加敏捷。用弹弓这样的武器，他可以从远处攻击敌人，非常有效。大卫的弹弓可以让石子达到类似子弹的速度。即使第一次尝试不能一举成功，大卫可以多次尝试，直到将所有石子用完。从这个角度看，歌利亚从一开始就已经失去了机会，他是带着一把大刀去决斗的。正是因为用非常规的武器去战斗，大卫才获得了优势。大卫没有遵循剑客之间决斗的惯例，要求对手近距离对战。大卫使用弹弓作战，虽然不像战士的做法，但对他来说无所谓，因为他只是一个牧羊人。

据说，那些毫无胜算的局外人，通常会使用一些不寻常的方法。他们不遵守规则，不关心专家的看法。在很多类似大卫和歌利亚这样的故事里，最核心的就是主角都不去理会公众对自己的质疑。我们一般认为处于劣势的人本身境遇很危险，但也必须同情歌利亚这样的人，至少有时候是这样。我们不得不经常面对这样的巨人，他们的成功已经显而易见。这本书讨论的就是那些跟歌利亚和大卫处境类似的人和事物。我们将了解为什么不应该低估大卫，为什么巨人比表面上看起来的更脆弱。我们也会探讨，为什么这些大卫们不应该将胜利归功于自己，或者不应该早早把胜利的桂冠戴在头上。大卫们可以迅速让自己成为歌利亚，但也会很快成为下一个大卫的牺牲品。弱者反败为胜的关键是他改变了规则。被对手武器牵制的人只有30%的胜算，而那些掌握游戏规律的人会有65%的胜算。

德国顶级汽车制造商代表访问硅谷，这件事说明汽车行业的大卫和歌利亚之间的关系已经发生了扭转。这些制造商生产的汽车是全球最受追捧的顶级汽车之一，工艺质量首屈一指，定期为母公司带来可观的销售利润。有一批汽车迷和汽车杂志摄影师，会在路上寻找和观察生产商进行测试的"样车"。现在，这些制造商的员工来到硅谷，却顿时迷上了特斯拉Model S和Model X。他们兴奋地跑到谷歌自动驾驶汽车停车场，不停地换着角度给那些丑兮兮、圆乎乎的小汽车拍照，就像小孩在糖果店里不愿意走一样。从表面上看，德国汽车制造商还处于行业领先位置，掌控着汽车行业，但决定性因素已经发生了变化，这一点连他们自己也不否认。

大众公司的员工从德国南部到特斯拉在德国沃尔夫斯堡的总部出差，对特斯拉产生了巨大的兴趣。他们挤在车周围，触摸车载触摸屏，迫切地想要驾驶，体验加速度和车内空间。以前，只有其他汽车制造商审视德国高端车辆时才会出现这样的情况。跑车对大多数人来说是可有可无的奢侈品，而特斯拉却意识到未来的发展就在这里。而且，行业内的变化已经发生，比预期的要快得多。

"特斯拉不会使德国制造商发生改变，但未来会。"

——马里奥·赫格尔

飞机的发明就是工业领域一个著名的例子。飞行是人类长久以来的梦想，它的发展进程足以说明改变的速度会有多快。莱特兄弟是美国俄亥俄州代顿的两位自行车工匠。他们在孩童时期就开始观察鸟类，探究它们为什么能在空中飞行，并用自己的双臂模仿鸟类飞行的动作。第一次试飞的时候，他们在身上拴了一对像翅膀一样的装置，结果兄弟俩膝盖摔伤，飞行失败。周围的人都认为兄弟俩疯了，他们在户外花好几个小时模仿鸟类的行为着实让人无法理解。但是，莱特兄弟坚持不懈，慢慢地，他们在车间里制造出飞行设备，并不断从飞行研究先驱奥托·李林塔尔（Otto Lilienthal）和奥克塔夫·沙努特（Octave Chanute）的书籍中获得灵感。他们甚至建立了第一个风洞来研究空气动力学。经过无数次滑翔试验，1903年12月17日，莱特兄弟第一次成功飞行了260米，持续了59秒。当地居民几天之后了解到这个消息，毫不震惊，根本不当回事儿。法国的航空俱乐部从沙努特的信件中获悉了莱特兄弟的飞行试验，邀请他们去法国进行演示。那时，他们才在国内引起关注。

莱特兄弟在飞行方面的突破并未引起公众瞩目，而另一位美国航空先驱塞缪尔·皮尔庞特·兰利（Samuel Pierpont Langley），在当时一直吸引着国内的注意力。他是著名科学家、史密松天体物理台创办人和美国人文与科学院（又称美国艺术与科学院）的成员。兰利和朋友兼同事，也就是电话的发明者亚历山大·格拉汉姆·贝尔（Alexander Graham Bell）一样，拥有很高的声望和成就。当时，兰利将依靠人力飞行视为自己需要攻克的一个难题。因为有很高的名气和声望，兰利收到了国防部5万美元和史密松研究所2万美元的科研经费，用于制造飞机。当时的《纽约时报》也对他定期进行跟踪报道，让读者同步了解他的研究进展。但是，他的研究并没有达到预期效果，而莱特却悄悄地成功了。兰利听说这件事后，立即结束了自己的航空研究工作。一边是笼罩着巨大光环的科学家兰利，一直在追求个人荣耀；另一边是普通的莱特兄弟，不停努力尝试，让人们在空中飞翔的梦想变为现实。

为什么我们在谈论汽车的时候，要去讨论这两个自行车工匠出身的航空先锋呢？因为这就是破坏性创新的典型模式。

第一，在大多数情况下，一个特定领域的专家通常不会给相应行业带来破坏，而那些局外人却会打破行业常规。他们的想法开始被认为天真幼稚，疯狂荒谬。正因为如此，他们看待事物会有一种非常规的眼界，能够有中肯的看法。他们不受行业标准约束，也不会对等级体系中的任何人负责，可以毫无顾忌地前进，无视权威。他们不用担心行业规则，也不用害怕踩到别人的脚。他们从更基础的层面看待需要解决的问题。这被称为"第一原则"或"本源思维"。这种思维方式不能从任何其他观念中推导出来，而是需要去探求问题的因果关系。不是思考"怎样制造出更好的汽车"，而是反问"为什么我们要去制造这种汽车"，这才能进一步思考并解决问题。人们很快就能认识到，解决问题的重大突破不在于现有技术的逐步改进，而在于找到全新的方法。但是，这种想法需要花费更多的精力。创新的飞跃几乎总能让业内专家出乎意料，因为他们只会不厌其烦地指出项目会遇到的种种困难，在受行业限制的框架内思考。

第二，破坏性的创新者都不在乎声望，他们更关注事物本身。比如，如何改变宇宙空间，怎样使世界变得更好，以及怎样帮助人类。特斯拉首席执行官埃隆·马斯克在接受德国《商报》采访的时候，谈到特斯拉与戴姆勒和丰田结束合作的原因，也说到了这一点。他说：

"我们看到特斯拉与丰田和戴姆勒合作的项目存在问题，这种合作只会将我们的规模越做越小。他们只为保持现状而努力。我们不想做这样的项目，我们要做能够改变世界的项目。"

马斯克希望改善世界，帮助人们，让大家过上更好的生活。然而，在德语国家，改善世界的人被认为是天真的空中楼阁建设者，甚至可能被当成精神病人。改善世界的人在这样的国家中并不一定会赢得赞美。

不遵照传统经营方式，甚至用截然相反的思维去管理企业，并不是一般人可以做到的。阿尔·戈尔（Al Gore）曾在他的书《未来》（*The Future*）中发表了一项调查研究，研究对象都是各个企业的首席执行官和首席财务官。他们被询问，如果下一季度的财务报表没有达到预期标准，会不会继续进行投资。丝毫不出意料，80%的受访者的回答是"不"。

另一方面，行为经济学家理查德·泰勒（Richard Thaler）指出了在风险项目中，企业内部人员存在宏观思维与微观思维之间的差异。在一个有23位管理人员参加的会议上，面对成功率为50%的项目，大家要进行表决，是否进行投资。如果成功，每个项目会有200万美元的利润；如果失败，每个项目可能损失100万美元。这23个人分别负责23个项目，他们的管理是独立的，不相互依赖。然而，讨论的结果是，在23名管理人员中，只有3人愿意承担风险，另外20人拒绝了。当这些管理人员被问到自己有多少项目需要负责时，他们立刻回答："所有！"在他们看来，这样回答是有道理的。在这23个项目中，有一半可能会失败，这就意味着可能会有1150万美元的损失。然而，如果另一半项目成功的话，将会有2300万美元的收益。项目失败的风险也就是一笔1150万美元的资金。可是，在调查中，这些管理人员给出的拒绝投资的理由是：如果项目成功，所能得到的最大奖励只是一小笔奖金；如果失败的话，他们失去的不仅是行业内的声誉，还有可能被解雇。而这种风险和企业的所得利润是不相关的。

即使公司管理层知道，应该从宏观角度来实施全部23个项目，但奖励制度仍然落在微观角度上（即以个人为基础）。其实，一个最终失败的项目，也投入了大量精力，也应该和成功的项目得到相同的奖励。从宏观角度来看，这样做更有意义！由此得出的结论有些出乎意料，那就是一些可能失败的项目，虽然一般会在企业中受到"惩罚"，但也应该和那些百分之百会成功的项目一样投入精力。我们被中庸思想影响，是因为很多人不敢或者没有足够的激情去做非凡的事情。那些用微观思维指导行动的人，必然将失败视为失败，而非一种学习经历。

柴油车排放丑闻、非法价格协商和政府补贴额度等新闻不断曝光，一些错误解决思路和时下流行的奖励模式，正诱使大家在处理问题时"作弊"。人们在寻求短期利润和现金流时，必然不会直接考虑企业应该有的使命。这样做必然会导致高利润的德国汽车制造商公然变成现金输送专家。保时捷从政府获得超过600万欧元的电动汽车启动资金，戴姆勒从经济刺激方案中获得6000多万欧元，宝马自2010年到2012年一共获得了高达4400万欧元的补贴。这样的经济援助还在不断增加。尽管有了这些巨额资金援助，但就目前的结果来看，只出现了极少数的创新项目。我们应该思考，为什么我们无法创新。创造一个更美好世界的动机似乎比不上追求权力和名望的动力，不如填满自己口袋的欲望。直到有一天，怀抱决心和毅力的业外人加入其中，才能实现真正的创新。

　　第三，取得技术突破后，必然会在很短时间内出现大量新的参与者。1908年，莱特兄弟在美国和法国向公众展示的飞行实验引起了人们的极大兴趣。仅仅一年之后，第一次大型飞行比赛就在法国兰斯盛大举行，22位飞行员驾驶自己的飞行器械前来参赛。自从谷歌自动驾驶汽车成为头条新闻，自从特斯拉电动汽车开始上路行驶，大量参与者紧随其后，加入自动驾驶行业大军。2017年年初，有超过700家公司使用自动驾驶汽车技术，哪些会成为顶尖公司，我们拭目以待。有一点可以预测：即使德国汽车制造商在表面上看起来比较领先，但实际并非如此，这是很不幸的。

　　汽车已成为社会的重要组成部分。我们的出行方式，不仅能够彰显个人地位，还能映射出整个社会的发展。我们花在交通上的时间越来越多，比度假、与家人一起吃饭还要多。交通方式——没有性别之分——已经成为一种生活方式。这种生活方式迫使我们进行创新。从有外卖车道的星巴克到外带食品，再到有声读物，这类服务只有在移动汽车社会中才能发展。

　　但是，在深入探讨这个问题之前，让我们的思绪先回到浪漫美好的旧时光。在莱特兄弟发明飞行器械的同时，还有另一种有千年历史的古老出行方式被外界革新，这就是马车。

从马粪危机到气候变化

去维也纳旅游的人一定知道这个词：出租马车。你可以在市中心租用马车，在马车上缓慢而舒适地体验这个城市的历史。马车上的马尾巴下有一个用皮革制成的滑袋，这种装置被称为"马粪袋"，旨在防止马粪留在道路上。这种游览城市的方式能够让人们身心愉悦，但这种有百年历史的出行方式却让市政工作人员很伤脑筋。随着城市发展，马车的数量也在增加，越来越多的马匹出现在拥挤的现代城市街道。在1900年左右，伦敦就有大概1.1万多辆马车发挥着类似出租车的作用，还有超过数几千辆马拉轨道车、马拉巴士和各种各样的马拉货运车。每天有将近10万匹马带着伦敦和纽约市的人在街道上行走。一匹马每天固定产生7～15千克粪便和1升以上的尿液。可以想象，当时这样的城市中弥漫着一种什么样的味道，存在着怎样的瘟疫隐患，每天在城市散步的人要走怎样的路线，才不会将街道上的垃圾带到家中。在炎热的夏季，马粪颗粒在空中弥漫，下雨时变成黏稠的团块。马粪也是苍蝇产卵的首选地，苍蝇也会在城市中久久萦绕。不管怎样，马粪都会让人感到不舒服——现在你应该知道"挡泥板"这个词是从哪来的了。

对某些人来说，难闻的马粪是有价值的原料和肥料。有专门以收捡、回收和出售马粪为业的人。也有很多马匹运输行业的专业人才，比如售卖马匹的人、缰绳制造者、马车制造商、养马人、马匹运输商、饲料制造商、兽医和马术师等。将马匹作为纯粹的劳力和运输工具，导致每匹马平均只有两三年的寿命。在街道上累倒和死亡的马匹通常不会立即有人处理，而是被遗留好几天，直到尸体风干到方便移除的时候，才会被人拖走。你在今天根本无法想象，在炎热的夏季，街道上的卫生状况会有多么糟糕，空气中会弥漫着怎样的恶臭。

难怪伦敦《泰晤士报》在1894年预测，50年之内，随着经济的稳步增长，城市每条街道的气味在三米之内都会令人窒息。正是由于1894年"马粪危机"的爆发，纽约在1898年举行首次国际城市规划会议，会议主题就是寻找方法解决马粪在城市产生的危险。

当时城市中的马匹数量还没有达到峰值。美国在1915年才达到"马匹数量顶峰"，这是拥有这种有蹄类动物（大约有超过2100万匹马）最多的一年。每14个美国人，就有3个人拥有一匹马。然而，整整100年后，汽车制造商卖出的车辆比那时候还多。那时美国有2.6亿辆汽车，德国有4300万辆，全球共有20亿辆——这是世界上有史以来汽车数量最多的一年。我们已经或即将达到"汽车峰值"。与此同时，汽车行业正面临史上最大的动荡。汽车制造商在自己经济实力的顶峰时期会面临与马车业相似的命运吗？

管理顾问吉姆·柯林斯（Jim Collins）是《再造卓越》（*How the Mighty Fall*）一书的作者，他研究了高峰时期的成功企业，如何在相对较短时间内变弱或陷入破产的各种案例。通过研究美国银行、摩托罗拉、默克、惠普和美国电路城等全球性企业，他归纳总结了这些企业经历的五个阶段。当然，个别企业有时也会跳过某个阶段，跨越式发展。我们可以回顾一下每个企业成功的历程，从而甄别哪些看似确定的因素实际上并不是必不可少的。这些强大的企业自带傲慢气息，肆无忌惮地追求更大的利润，拒绝接受企业存在危险的警告。这些企业积累了大量问题，进行补救时为时已晚（见图1）。

汽车企业目前处于阶段3。汽车销售量变得越来越大，汽车功能越来越多，销售价格也越来越便宜，更多车型正在进入市场。亚洲强劲的新兴市场掩盖了欧洲和北美传统市场的不景气。然而，这种不景气并不是因为需求不足，或者没有人需要更多交通工具。市场对于交通工具的所有权、使用权和可用性的态度，以及交通工具的驱动方式和人们的驾驶体验正在发生变化。

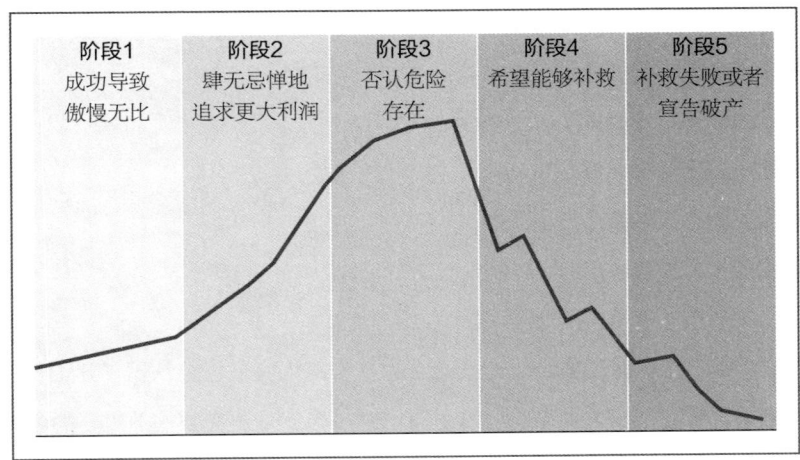

图1 公司衰退的5个阶段

为理解汽车企业的这种动态发展，我们需要了解是谁创建了这些企业，是在什么时候创建的。让我们感到震惊的是，今天困扰这些德国企业管理层的，恰恰是企业的"创始人"。德国企业主要是由经理人管理的，这在很大程度上解释了其中的差异。经理人不是企业家。

美国在鼓励和支持企业家方面一直很成功。美国著名的企业家包括：

- 亚历山大·格拉汉姆·贝尔（贝尔实验室）
- 托马斯·爱迪生（通用电气）
- 亨利·福特（福特汽车）
- 安德鲁·卡内基（卡内基钢铁公司）
- 华特·迪士尼（迪士尼）
- 托马斯·沃森（IBM）
- 比尔·休利特（惠普）
- 戴维·帕卡德（惠普）
- 戈登·摩尔（英特尔）
- 比尔·盖茨（微软）
- 迈克尔·戴尔（戴尔）

- 杰弗里·贝索斯（亚马逊）
- 史蒂夫·乔布斯（苹果）
- 拉里·佩奇（谷歌）
- 谢尔盖·布林（谷歌）
- 马克·扎克伯格（脸书）
- 埃隆·马斯克（PayPal，特斯拉，SpaceX）

在这个清单中，我们看到了一些企业家，有些人我们已经认识了几十年。另一方面，会有人想到德国企业家吗？这里有一个（当然是不完整的）重要的名单：

- 卡尔·本茨（戴姆勒-奔驰）
- 卡尔·拉普（宝马）
- 费迪南德·波尔舍（保时捷/大众）
- 鲁道夫·狄赛尔（柴油机发明者）
- 奥古斯特·霍希（奥迪）
- 克劳德·道尼尔（道尼尔）
- 维尔纳·冯·西门子（西门子）
- 卡尔·阿尔布雷希特（阿尔迪）
- 阿迪·达斯勒（阿迪达斯）
- 克兰德·楚泽（Zuse KG）
- 海因斯·利多富（利多富）
- 哈索·普拉特纳（SAP）

比较名单时，我们能发现什么问题？首先，近几十年来出现的德国公司相对较少。那些最著名的企业家都是在19世纪末出现的，他们在20世纪初开始活跃起来。其次，美国企业家主要经营的是科技公司。

截至2017年4月，六家"最有价值"公司中有五家是科技公司——苹果、Alphabet（子公司为新谷歌）、微软、亚马逊和脸书。截至2017年6月，这五家科技公司的市值竟达到2.9万亿美元。相比之下，24家德国DAX30上市公司股票的市值才1.35万亿欧元，连五家巨头市值的一半都没有达到。这五家公司全部是数字科技公司，其中三家创办时间不到25年，另外两家是近40年前成立的。其中，三人来自西雅图，另外三人来自硅谷。德国博世、西门子、奔驰、宝马和大众汽车等主导公司都是有100年以上历史的公司，只有SAP除外，它在2017年才庆祝成立45周年。24家DAX 30公司已有100多年的历史，只有三家历史小于45年。SAP是德国唯一的数字科技公司，也是最有价值的公司。

  企业因为暂时强大而傲慢，无视危机存在，这完全是鼠目寸光，因为再强大的企业也会因为盲目自大而逐步瓦解。在这方面，最引人关注的就是大众汽车集团。创始人家族和管理层之间的权力争夺引发了道德和法律上的双重判决，最终导致丑闻迭出，使公司陷入崩溃的边缘。大众汽车销售量减少（相当于减少17%），在德国毕业生雇主排名中下降，直接降至第八位。了解大众集团的人应该知道，创始人家族现在仍然拥有企业超过50%的股权，德国下萨克森州拥有20%，企业工会不能插手大众集团的股权架构。再看看公司的销售量和利润，大众拥有61万名员工，生产的汽车数量与丰田一样多，而后者的员工仅有34万。大众为什么会逐渐落后，甚至有可能在市场上消失，不难理解。

  现在回头来看，曾经有人预测，马粪问题将会导致城市街道规划崩溃。事实上，这种预言并未实现，马粪问题引发了另外一场革命。

DER LETZTE PFERDEKUTSCHER ODER DIE 1. AUTOMOBILREVOLUTION

最后一辆马车，第一次汽车革命

1900年，维也纳，两位先生站在路边，一辆当时最时髦的汽车从他们身边经过。

一位先生紧紧注视着这辆车，另一位转过头来不屑地对他说："看着吧，这样的汽车还会再来的。"

马粪问题没有像预测的那样导致城市崩溃，因为出现了一个前所未有的、极具颠覆性的伟大发明：汽车。卡尔·弗里德里希·本茨（Carl Friedrich Benz）在1885年制造出第一辆实用汽车，并将其投入生产，马车作为交通工具的重要性因此大大下降了。对汽车的推广主要归功于他的富有的妻子伯莎·本茨（Bertha Benz），她鼓足勇气，从曼海姆驾驶汽车行驶到普福尔茨海姆，为丈夫发明的交通工具做了一次出色的广告。街上散落的马粪、马蹄铁、马车车轮和马鞭，很快被汽车代替了。

将发夹、吊袜带和当时闻所未闻的一箱大概2升的汽油，与一名女性的胆识、智慧和无畏联系在一起，你会想到什么呢？

汽车的第一次城市之旅。

感谢这位女性，正是因为她敢于冒险，才使丈夫的事业有了起步。她违反了当时的社会规则，也正因为如此，才有了这个德国公司的成功故事。

1888年，从曼海姆到普福尔茨海姆之间的所有居民都不敢相信他们的眼睛：在尘土飞扬的乡村公路上，一辆没有马拉的车奔驰而过。车上坐着一个握着方向盘的女人和两个青少年。伯莎·本茨带着儿子欧根和理查德乘坐丈夫发明的汽车去普福尔茨海姆拜访她的母亲，事先没有告诉丈夫，也没有得到当地政府许可。

曼海姆和普福尔茨海姆之间的距离只有106千米，按今天的标准来看是咫尺之遥，但在1885年驾车穿越两地却是一个非凡的成就。三个人在土路上开了12小时，偶尔会把车推过路上的斜坡。每隔几千米，他们必须重新给散热器水箱加满水。由于伯莎·本茨，而不是她丈夫的聪明才智，这次旅程才取得了成功：她用发夹清理堵塞的燃油管道，并用吊带袜保护磨损的点火装置。

这件事迅速传开了。这次旅程成为人们讨论的话题，报纸对此进行了详细报道。伯莎·本茨为汽车打足了广告。在接下来的十年间，她丈夫的公司每年生产600辆汽车。

不管是卡尔·本茨真的发明了汽车，还是其他人最先发明的，无关紧要。将蒸汽机或燃油发动机安装在马车上的想法，其他人同样会想到，因为这是发明史上的常见现象。这就是"相邻可能性"，可以这么理解，世界上的某些事物，终究会被人发现或者发明出来，不管这个人是谁。电话、电池、螺旋桨，甚至汽车都是由几个人同时发明的，他们彼此一无所知，甚至生活在不同的国家或地区。

早在1922年，两位哥伦比亚大学的研究人员就证实了这一点。他们发现了140多例独立创新和发明，大部分甚至是在同一个十年内出现的。然而，决定性因素是，公众是否能够知道一项创新或发明。最漂亮的车如果停在发明者的车库里，是不会帮助任何人的。它必须被制造出来并出售给用户，才会成为一种创新。

麻省理工学院创业讲师比尔·奥莱特（Bill Aulet）将创新定义如下：

创新＝发明×商业化

在此之前，必须提出问题。这些问题必须有相应的解决方案，再从这些解决方案中诞生出创新。

创新＝问题＋解决方案

所有创新者的做法都是相似的。首先，当有人遇到似乎需要改进的东西时，他问："为什么这样做？"之后，他试图找出方法，让工作能够更好地进行。于是，问题就变为："如果这样做会出现什么结果呢？我们什么时候开始做呢？"如果看看所有选择和可能出现的变化，就会出现下一个问题："我们怎样才能将它变成现实呢？"

所以说，这才是卡尔·本茨和伯莎·本茨（以及每位创新者）的真正成就。正是因为伯莎·本茨坚持自己的想法，没有按照当时的规定行动，也没有让丈夫的汽车像其他发明那样只是被锁在车库里，制造汽车的订单才接踵而至，第一批汽车才开始大规模生产。因此，这位发明家的妻子真正开创了汽车时代。这位妻子只是在讲述汽车故事的时候才会被提到，但她在汽车历史上却有着重大的贡献。

然而，很多人当时不知道，在接下来的几十年中，哪种汽车驱动方式会占上风。除汽油发动机外，蒸汽机和电动机都是可用的。1900年，蒸汽车在美国的份额是40%，电力驱动车辆是38%，只有22%的车辆使用的是汽油。那时似乎出现了明确的分工。蒸汽车用于运载货物，而电动车主要在城市内部某些范围内使用。当时，城市内主要还是"步行"。汽油车非常适合在郊区或者其他地区进行长途旅行。

当时，美国电动汽车制造商包括安东尼电气（Anthony Electric）、贝克（Baker）、哥伦比亚（Columbia）、安德森（Anderson）、底特律电气（Detroit Electric）、爱迪生（Edison）、斯蒂庞克（Studebaker）和莱克（Riker）。而在德语区国家，还有弗洛肯电动车（Flocken Elektrowagen）、洛纳-保时捷（Lohner-Porsche）和其他二十多家电动汽车制造商。三十年来，底特律电气公司生产了1.2万多辆电动汽车，这些汽车在130千米行程内的表现令人赞叹，但速度必须保持在每小时30千米以下。

可以看出，在1900年前后，电动汽车是被广泛使用的。那么，问题出现了，即导致电动汽车使用量下降的原因是什么。这里有好几个不同的原因。一方面，随着技术发展，内燃机有了更大的动力、使用范围和可靠性。最初，内燃机必须用手摇柄来启动，这种启动方式很费力，而且有一定的危险，而电子启动器能够解决这个问题。而且，汽车用汽油做燃料更方便。另一方面，城市面积日益扩大，对汽车的可行驶里程要求越来越高，内燃机能够更好地满足这个需求。

第一次世界大战结束后，燃油汽车的发展变得不可阻挡。电动汽车和蒸汽汽车慢慢从城市中消失了。1939年，最成功的电动汽车制造商底特律电气公司，终于关上了大门。

电工、造枪工人、物理学家：
当时和现在的汽车先驱

"成为现实主义者，要求不可能的事！"

——无政府主义口号

是谁用汽车将马车赶出了市场呢？如果我们看看卡尔·本茨或费迪南德·波尔舍（Ferdinand Porsche）的生活和培训历程，会立即注意到他们不是来自运输行业。本茨是一名机械工程师，波尔舍实际上是一名水管工和电工。奥托引擎的命名者尼古拉斯·奥托（Nicolaus Otto），甚至是一个商人，他通过自学完成了自己的发明。在学习机械工程之前，戈特弗里德·戴姆勒（Gottfried Daimler）还有一段枪械学徒生涯。织布厂老板奥古斯特·史波克霍斯特（August Sporkhorst）和出版商罗伯特·阿门斯（Robert Allmers）创建了汉莎汽车公司。约翰·普赫（Johann Puch）是锁匠，威廉·冯·欧宝（Wilhelm von Opel）是工程师。

只有路德维希·洛纳（Ludwig Lohner）来自一个马车制造家庭，而这只是少数。1821年，在拿破仑出发前往阿尔萨斯之前，洛纳创建了公司。雅各布·洛纳公司（Jacob Lohner & Co.）生产普通马车和豪华轿车；1897年，该公司与费迪南德·波尔舍合作生产了第一辆电动车。洛纳主要生产飞机和城市有轨电车，后来开始生产摩托车。在美国，斯蒂庞克最初是一名马车制造商，20世纪60年代才开始生产汽车。表1是部分汽车行业先驱及其出身。

表1　部分汽车行业先驱及其出身

姓　名	生卒（年）	职　业
罗伯特·阿门斯	1872—1951	出版商
赫伯特·奥斯汀	1866—1941	技术员
卡尔·弗里德里希·本茨	1844—1929	机械工程师
伯莎·本茨	1849—1944	风险投资家、工程师、试车员
艾托·布加迪	1881—1947	工程师
戈特弗里德·戴姆勒	1834—1900	工程师、实业家
阿尔贝·代迪	1856—1946	技工、日耳曼学研究者
亨利·福特	1863—1947	机械师
弗雷德里克·威廉·兰彻斯特	1968—1946	工程师
汉斯·李斯特	1896—1996	机械工程师
路德维希·洛纳	1858—1925	马车制造商
威廉·迈巴赫	1846—1929	设计工程师
尼古拉斯·奥托	1832—1891	商人
费迪南德·波尔舍	1875—1951	安装工人、电工
约翰·普赫	1862—1914	锁匠
路易斯·雷诺	1877—1944	机械师
查理·劳斯	1877—1910	工程师
弗雷德里克·亨利·罗伊斯	1863—1933	工程师
奥古斯特·史波克霍斯特	1870—1940	织布厂老板
威廉·冯·欧宝	1871—1948	工程师

我们可以看到，这些汽车行业的先驱，无论来自德语区国家，还是法国、英国或者美国，他们之前几乎都没有在马车制造行业工作过。这些门外汉是怎样取代不能过渡到新时代的老牌公司的呢？

哈佛大学教授克莱顿·克里斯坦森多年前一直在研究这个问题。在他的研究中，人类储存信息的方式经过了几代演变，从最初的磁带到软盘，再到后来的内存棒。他意识到，新一代制造商中的50% ~ 80%都是新手。过去占主导地位的生产商很少能够成功转型到下一个技术时代,并保持领先地位。

这种颠覆性创新带来的震撼,所有行业都会出现。柯达和宝丽来花费大量时间争夺传统影像领域的主导地位,却完全错过了数码相机时代。百视达(Blockbuster)专注于视频租赁连锁店业务,等到网飞(Netflix)发展起来时,为时已晚。1975年,Eumig是世界上最大的电影放映机制造商,而随着录像机上市,它已经不再重要了,在1982年申请破产。2007年,诺基亚仍然是手机市场上无可争议的领导者。仅仅过去一年,诺基亚销售额就开始下滑,苹果手机开始取得胜利。

从1956年到1981年,每年有24家公司在"福布斯500强"名单中被删除;从1982年到2006年,每年被除名的公司变为40个。每隔两周,美国标准普尔500指数里就会消失一家公司,这意味着16年内有75%的公司被替代。谁错过了跳跃时期,就会落后。正如谷歌有一句非官方座右铭说的那样,"如果不够快,你就快完蛋了"。

斯蒂庞克或洛纳是个例外,他们是从马车制造商迈向汽车制造商的。这种变化通常不是出自意识转变,而是由其他行业触发的。1859年,美国土地上第一次冒出了石油。除机械、农业和科学成就外,第一台打字机、自行车和亨氏番茄酱也在1876年费城世界博览会上出现。展出的那辆自行车应该出自一个机械师世家,他们后来将自己的制造经验投入飞机和汽车研发中。大约在1900年,在美国申请的专利中,有近三分之一是用于改良自行车的。如果没有打字机,对拥有大量文件的现代公司来说,将是难以想象的。

在第二次汽车革命中,这种模式被再次认可。这从现代汽车行业先驱的背景和掌握关键技术的方式就可以看出来。特斯拉的老板埃隆·马斯克是一名物理学家。谷歌的拉里·佩奇(Larry Page)和谢尔盖·布林(Sergey Brin)是计算机科学家,还有开发电动汽车充(换)电池的公司Better Place创建人沙伊·阿加西(Shai Agassi),以及优步和来福的创始人,他们也不是来自运输和出租车行业。在Drive.ai的八位创始人中,有六位拥有人工智能博士学位。斯坦福大学人工智能教授塞巴斯蒂安·特朗(Sebastian Thrun),是DARPA(美国国防部高级计划研究局)网络挑战赛冠军,同时也是谷歌自动驾驶部门联合创始人。安东尼·莱万多夫斯基(Anthony Levandowski)是510 Systems的创始人,他曾是谷歌自动驾驶部门的一员。他与谷歌无人车之父特朗一起参与研发工作,是一名经济工程师。

现在，我们再回到大卫和歌利亚的故事。这些局外人怎样成功撼动根基牢固的行业、持续改变这个行业，并将其挤出市场的呢？他们是用什么样的武器打倒对手的？正确的思维方式和运用全新的专业知识可能是答案。而且，你不会理解错误的是，深厚的专业知识对于创新和创造非常重要，它是成功的基石。如果看不见自己专业领域以外的解决方案，好比"只见树木，不见森林"，这是很危险的。

马车行业发展的首要条件是养马和制造马车，而汽车行业的发展必须集中于发动机和与之相关的一切。在汽车行业，马车运输专业知识已经变得多余。在初期试验阶段，第一辆汽车与马车相比有许多缺点，但整体体验发生了变化。颠覆性创新不是纯技术创新的代名词，虽然后者有相应的效果。其他因素也有同样重要的作用。汽车可以用更快的速度行驶更远的距离，不再受限于马匹的体力。人们可以摆脱马厩、饲料、兽医和马夫，臭味和我们提到的卫生防疫问题也会消失。当然，第一批汽车也有很多缺点，比如会冒浓烟，容易生锈。而且，当时没有完善的加油站布局或者汽车维修车间。但是，这些缺点经过多年已经消失了，汽车的灵活性已经远远超过了马车。

无论过去还是现在，每次技术进步都会伴随着反对的声音。专家会提出：电动汽车或自动驾驶汽车存在安全隐患。充电站的站点布局还不够紧密！如果自动驾驶汽车发生事故或造成伤亡，责任在谁呢？电池如果燃烧，会有多么危险？如何停止一辆装有炸弹的自动驾驶汽车呢？

数字时代的新型汽车先锋们面临的完全是软件问题，而汽车专家对软件行业完全不了解。他们没有耐心去等待技术完善，而是直接对汽车的测试版本提出各种意见。社交网络领英（LinkedIn）和PayPal的联合创始人雷德·霍夫曼（Reid Hoffman）曾就此评论说："如果你对产品的第一个版本不感到羞愧，那你会等待很长时间才能完善它。"新型汽车行业创造的价值已经不再体现在"硬件设施"上了，而是体现在软件编程中。所以，这些质疑汽车的问题，本质应该是什么呢？

近几十年来，汽车制造商打出的口号都是"科技带来飞跃"，但尾气排放给环境带来的污染，大大降低了汽车在这个时代中的地位。宝马集团一直认为"驾驶带来乐趣"，却没有看到现在已经没有那么多人认为开车是一件很有意思的事了。当然，这也是汽车公司招聘员工的思路。哪些人想去宝马、戴姆勒、大众或奥迪公司上班呢？当然是那些喜欢自己开车的人。汽车制造商忘记了他们真正的使命，他们的使命不是让开车过程变得更加有乐趣，也不是解决交通运输问题。汽车应该将人、地点和事物联系在一起，一辆车就是一个"连接器"。我开车去这个城市，不是因为我喜欢开车，而是因为我想和朋友见面。我开车不是为单纯享受驾驶乐趣，而是想与客户或者员工轮流来开，这样大家都可以有时间做些其他事情，并且不那么疲惫。越来越多的企业开始用移动设备来解决自己的需求。iPhone是人与人之间的虚拟连接器。如果我必须自己开车，就无法与其他人联系，因为必须时刻关注交通状况。许多人在开车时使用智能手机，并不考虑这样会危及自身安全。由此可见，人与人之间是多么渴望联系。

德国汽车制造商和其他国家的大型企业并没有意识到这一点。鉴于汽车产业对国内经济的重要性，德国政府总是不停扶持汽车产业，为它的发展创造有利环境。那些政治说客深知这一点。放松汽车排放法规，很少或根本没有对违规行为进行制裁和惩罚，给国内制造商各种优惠补贴——所有托词和借口，都是为了保护自己。在保护自己的时候，人们却不知自己的做法将会造成更大的灾难。德国政府也阻止国内公司相互竞争，这就像直升机家长一样，希望保护后代，让孩子几乎全部依赖自己。

政客们担心长期措施会导致他们受到短期"惩罚"。对汽车制造商和柴油汽车车主来说，柴油汽车禁令意味着不再允许他们开车进入某些城市地区，由此引发的愤怒会导致这些人不再为政客们投票。这种恐惧是没有根据的。哥伦比亚大学的一项研究发现，选民在六至九个月后，会习惯那些不受欢迎的措施，忘记那些措施曾经受过抵制。相反，政客们往往屈服于"否决权"，不会推动事物发展，更容易起反作用。在有利自己的各种措施得到落实后，大型企业为那些游说议员的人提供高薪职位，这些做法不一定符合公众利益。

在下一次选举中，我们的眼光要看得长远一些，或者参考企业下一季度的报告。"易洛魁大法则"中的各项措施甚至考虑到了对第七代可能造成的影响。在企业季度业绩和股东价值时代，第七代人和恐龙一样，离我们很遥远，尽管方向是相反的。

对汽车的喜爱：充满激情，并且变幻莫测

"不要相信那些并非自己伪造的统计数据。"

——谚语

自第七代汽车发明以来，我们的发展速度非常缓慢。必须承认，我们的汽车先行者表现得非常糟糕。虽然不再有马粪气味使人感到窒息，但我们依赖的车辆产生的尾气是前所未有的。汽车发展导致的结果就是，城市不再为人规划，而是为汽车规划。

不断有人说服我们，汽车代表自由，我们是汽车爱好者的国家。大家聊天的时候，经常围绕汽车这个话题开始，每个人都有自己的见解。如果没有自己的车，大多数人很难自我介绍。这对许多领域都有影响。很长一段时间，交通规划的终极目标就是让汽车得以畅通无阻地行驶。100年前，人们在街上只能看到马车和行人。今天，如果问一条街上有什么，几乎完全可以回答成"汽车"。

汽车在早期作为一种新的交通工具，也不像我们今天想象的那样，完全没有争议。早在1923年，美国俄亥俄州辛辛那提市的4.2万名居民签署了一份请愿书，要求机动车将车速限制在每小时40千米。迫于那些在车祸中丧失子女的母亲的压力，

汽车有了车牌和许可证。1900—1925年，瑞士格劳宾登州施行汽车禁令，80%的人投票认为汽车太危险、太吵、太臭，对道路破坏太大。而且，在旅游业中，铺设电车轨道危害到了马车车夫的工作。

四分之三的车祸受害者是行人，所以舆论把罪责都推到汽车上。然而，美国国家汽车商业协会（NACC）在1923年认定，交通事故是自然事件，车祸致死不是过失杀人。这在新闻界产生了强烈的影响，媒体报道历数汽车驾驶人员造成的事故，予以指责。对于新兴的汽车行业来说，这是关乎自己形象的问题。因此，国家汽车商业协会开始向媒体发送分析事故的表格，让对方填写并给予反馈。从表面上看，这是为了更好地了解交通事故。但是，国家汽车商业协会有意对结果进行误导性解释——当然是为了汽车行业利益——并在一年内扭转了局面，结果就是受害者在车祸中负有责任。相关法规是不是因为公众和当事人被国家汽车商业协会的"假新闻"蒙蔽而通过的呢？——我们是不是对此很熟悉？由于行人在街道行走妨碍了汽车驾驶者的"驾驶乐趣"，在汽车行业的压力下，"横穿马路"作为一种交通违法行为被引入了法律中。道路是首先给汽车准备的，行人被禁止在没有标记的地点过马路。直到今天，街道必须在行人行走和拐弯的点有标注。

根据美国交通部的说法，94%的事故是人为因素造成的。仅在美国，每年就有4万人死于交通事故，231万人受伤，造成的损失估计为1万亿美元。

我们如今的出行方式，似乎面临的问题远远多于解决方案。21世纪初，汽车的生产质量很高，但数量太多了。每生产和销售一辆汽车，就会同时产生或加剧各种问题，从街道占地面积和停车位所需的空间导致的生态足迹（生态足迹指个体在地球上生活所需要的面积）到各种事故损失，以及开采原材料消耗的费用等。长期以来，汽车制造商和运输供应商一直受到诸如特斯拉、谷歌、苹果等硅谷公司，或者具有颠覆性的新技术的压力。优步、来福和其他搭乘车辆平台，正在改变运输服务的体验方式。

在西方国家，驾驶执照持有者的比例下降，这也证实了汽车行业必须发生改变的事实。

《明镜周刊》曾经做了一期德国青少年肖像特刊，汽车反对者讲述自己为什么不用驾驶执照。图2是1978年和2008年德国青少年持有驾驶执照的对比。

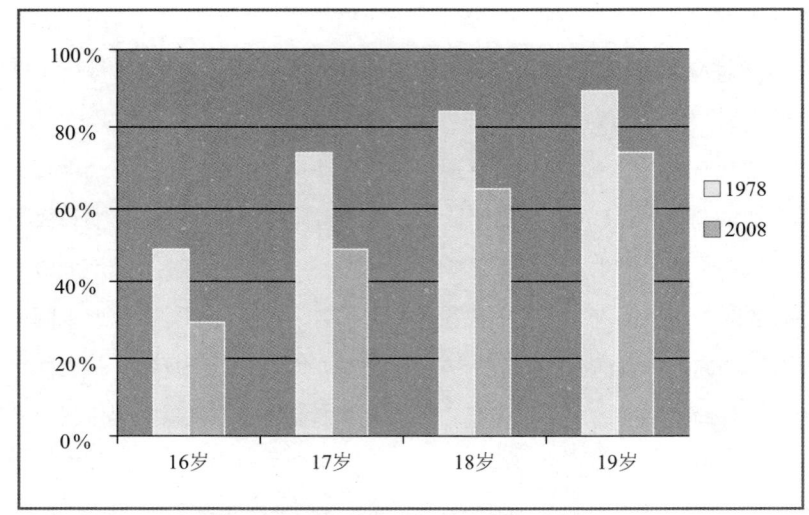

图2　1978年和2008年德国青少年持有驾驶执照的对比

在2010年的瑞士，18～24岁的人中只有59%拥有驾驶执照；而在1994年，这一年龄组中有71%的人拥有驾驶执照。在美国，驾驶执照持有者的比例也下降了。20世纪70年代，19岁的人中只有8%没有驾驶执照，而在2008年已达23%。还有青年群体，他们当中开车的人数也减少了。20岁的司机比例从20.8%下降到13.7%。现在儿童乘坐汽车要比以往任何时候都多，但当他们到法定年龄时，通过驾驶执照考试的次数比40年前的同龄人要少。

随着驾驶执照持有者减少，年轻车主的数量也在减少。2000年，斯图加特还有1.26万名18～25岁的人驾驶自己的汽车；而在2015年，只有5000人。实际上，这个年龄组的总人数增加了10%。高盛在2013年做出的一项调查结果也完全符合这一点。只有15%的受访者想拥有一辆车，其他人一辆都不想要，如果必须买的话，只愿意买一辆车。新车购买者的平均年龄也在提高，1995年的平均年龄是46.1岁，2015年已经到53岁了。

车主与汽车之间的情感联系也降低了。他们不再去个性化装饰自己的汽车，开始装饰手机了。在驾驶位置上享受无限的自由和独特性，现在开始变成一种负担了。碰到交通堵塞，或者焦急地寻找停车位时，那种"风停留在发间"的驾车感觉会迅速消失。

这导致了对公共交通工具使用的增加。在美国，公共交通已经达到了20世纪60年代以来的最高水平。对美国来说，这可能不是很明显，因为与欧洲相比，美国的公共交通网络密度较低，可靠性也低得多。但是，有一种意想不到的工具可以辅助增加交通网络密度——智能手机。手机导航系统可以帮助人们规划公共交通路线。从前，不同运营商的城市交通工具时刻表，对旅客来说如同天书般复杂难懂，更难将它们有效地结合在一起。如今，在智能手机上输入始发地和目的地，完美的换乘路线瞬间弹出，乘客一目了然。这种转变可以带来巨大的经济效益，人们节省了开支，有更多的钱投入住房之中。

这种社会变革的重要性经常被人忽视，人们的反应也非常迟缓。因此，拥有自动驾驶技术的软件公司根本不把德国汽车制造商放在眼里，因为只有它们能够提供真正的解决方案，甚至没有人能够提出相似的解决方案。谷歌已经意识到了这个趋势——不仅因为许多汽车反对者和乘坐公共汽车上下班的人在那里就职。谷歌已经意识到，解决这个难题将会对社会产生重大影响。换一种说法来表达：只要汽车制造商只关注制造外观更酷的汽车——这些他们一直以来擅长的事情，其他人就必须以新的方式来应对我们时代的挑战和需求。

大型汽车企业花尽心思游说政客，把目标对准最无恶意的排放限制上，这是因为汽油车和柴油车只有在巨大的能耗下才能达到更高的极限值（或者可能像我们了解的，根本达不到）。特斯拉制造出更环保的电动汽车，其车辆设计反衬出德国汽车的样式老化，更不用提许多其他关键技术数据。2015年10月的美国《消费者报道》杂志为此不得不改变评分等级，特斯拉Model S车型获得了103分，打破了原有的100分制。

然而，宝马被《经理人杂志》称为德国的苹果公司。不可否认，你会有这种感觉，宝马i系列是一个被动开发的系列品牌（该品牌主要代表新能源汽车和新的移动解决方案），今后怎样与传统车型混合在一起，也是一个有待解决的问题。这里还要注意的是，车辆内部和外部的性能相互统一，才是最重要的。被称为"形象塑造"的设计，只是为了美化车型，而不是一个严肃的技术研究项目。车辆外观设计，也要与其性能相匹配。设计师应该拿着一份性能标准列表，完成一个标准，就在表上打一个钩，算是实现了一个性能要求。

上文提到的许多方面，我们已经有意无意地注意到了。有的观点尚未明确，但已经显示出很多新的可能性，只是现在还缺乏方法，从中推导出严谨的论点。因此，在下面的章节中，让我们一起来深入探讨这个主题；理清来龙去脉，才能得出正确的推论。

改变信号、总体趋势和前瞻思维

请注意那些发生改变的信号！首先会是一些小规模或区域性创新，这些创新后来有可能在影响力和地理分布上迅速扩大规模。将这些改变的信息集中起来，我们就可以看到一个关于未来的更大的故事。关注这些改变的信号，我们就能可靠地了解一些事实，接近不可直接预测的未来。未来可能的场景太多了。如果想象一系列可能发生的事件，我们就会发现，只有那些相对较少的变革会在明天成为现实。然而，经过十年或一百年之后，技术和社会变化会渗透到很多可能的领域。进一步展望未来，人们就会发现，未来的潜力越大，不确定性也就越大。

十多年前，iPhone上市了！如果没有苹果手机平台，推特（Twitter）和脸书等公司就不会兴起，谷歌地图、游戏《精灵宝可梦》（Pokémon Go）或Tinder等应用程序也不可能实现。iPhone不仅为新技术铺平了道路，也改变了社会发展和规则。年轻人获得驾驶执照的人数在减少，许多人在交通事故中受伤或死亡，数以亿计的资金投入自动驾驶系统的研发，这些就是上面提到的不断积累的信号。这些改变信号，呈现出的是可能发生的事物的初始状态，逐渐会变得合理，然后到达某种可能的领域，直到最终成为现实。

如果不想落后，就要积极参与到变化中去。我们要质疑自己在当下采取的应对未来的措施是否有效；我们要放远目光，确定那些尚未制定的长期战略，并清除中期会出现的各种威胁和不确定性。我们可以通过这些步骤影响未来。未来有很多可能的途径；只要你选定一个方向，就有更多新路径在你面前展开，而那些跟目标无关的途径，可以暂时放在一边。"相邻可能性"就好比从一个房间到另一个房间，要跳过其中一个房间是不可能的。但是，你可以从几个房间中选择一个走到另一个房间。一旦通过了一扇门，其他门就消失了。一个创新可以打开另一个创新的大门，同时减少了其他类型创新的可能性。20世纪初的电子启动器的发明，为内燃机汽车的出现铺平了道路，同时又使电动车的发展停滞了很长时间。

帕罗奥多未来研究所（IFTF）专门进行所谓"大趋势"信号检测和趋势描述。山景城奇点大学（Singularity University）正在探寻"指数趋势"。这两种趋势都有可能在几年内影响至少10亿人。这些未来发展趋势包括人工智能、3D打印、虚拟现实和纳米技术。

技术不能在真空中运行，它会受到现实社会和外部环境的塑造和控制。技术也可以进入日常生活中，影响财富分配、教育、政治、健康、经济、环境、媒体和社会生活等，只有这样才能充分发挥出潜力。用信号来描述未来的情景必须考虑到这些。以人为本，有助于更好地理解趋势、塑造未来，并有发言权。谷歌子公司Waymo曾在视频中展示了一个盲人如何使用自动驾驶汽车，盲人不仅变得行动自如，还可以更好地享受自己的职业和社交生活。

改变的信号有时会伴随着巨响到来。iPhone成为这样一个时刻的代名词，一个预示着现有企业灭亡和瓦解的时刻。而另一个"iPhone时刻"，我们在2016年的春天经历了。

汽车工业的"iPhone时刻"

"咖啡让我思考得更快,茶让我思考得更深。"

——格言

那天是星期四,有些地方正在下雨。虽然还是清晨,人们却已经排起了长长的队伍等待订购还没有看到的汽车。2016年3月31日是汽车工业历史上的"iPhone时刻"。苹果公司在2007年正式售卖iPhone手机,在两年之内便击垮了诺基亚和RIM两家顶级手机制造商。特斯拉用Model 3对现有汽车制造商发出了"终极信号"。

可是,专家对此反应相当冷静而克制。"德国制造商比许多人想象的要进步得多,他们已经做好准备迎接汽车时代的变革。比如,他们在电池生产上已经有了进一步的合作,只要等待移动汽车市场成熟起来就可以了。"整个行业的"汽车专家"和政界人士都做了类似声明。但是,这些话似乎只是为了鼓励和说服自己,进行自我安慰,认为无论如何一切都会好的,而不是用事实为自己证明。

人们忽视了一个问题,等到市场成熟就已经晚了。创新可接受性的发展已经达到了一个令人吃惊的速度。从1878年开始,电话经过75年才拥有1亿用户,而100年后，移动电话仅仅用16年就达到了这一目标。互联网在7年内就注册了1亿个用户名，这个用户量脸书用4年6个月就达到了，而《糖果传奇》手机游戏仅仅用了15个月。2016年，虚拟现实游戏《精灵宝可梦》在两周内击败了所有纪录。

人们善于对持续的线性增长做出预测。可惜的是，人类历史很少会沿着这种线性增长模式发展。另一方面，指数增长很难预估，这超出了我们的想象。这是奇点大学研究的对象，我们将在后面详细讨论。

让我们回到150年前，看看"维多利亚时代的互联网"——电报。塞缪尔·莫尔斯（Samuel Morse）首次在华盛顿和巴尔的摩之间建立了一个60千米的测试连接线路，电报线路在4年后已经超过了1.9万千米。1858年，美国和欧洲之间的第一条跨大西洋海底电缆投入运行。为庆祝这个时刻，纽约举办了隆重的活动，在市政厅屋顶上举行了一场盛大的焰火表演。类似例子不胜枚举：第一张明信片是1871年寄出的，两年后，寄出的明信片已达7200万张了。1896年，纽约人开始欣赏第一批电影作品；1910年，电影业虽然仍处于起步阶段，每周已经可以制作200部短片，尽管托马斯·爱迪生及其律师在这期间不遗余力地通过诉讼来保护他的专利。

研究学者拉尔斯·汤姆森（Lars Thomsen）将这种趋势的速度描述为"爆米花效应"。史蒂夫·乔布斯有一句名言，字面意思是"等你看到趋势的时候，已经晚了"。如果这个过程用爆米花来形容，就是这些玉米粒仅仅用一些油就能够在锅里变成爆米花。而玉米粒爆裂首先需要温度达到180℃。当达到这些条件时，一切都会发生。人们看不到趋势，是因为没有任何人对此做出反应，专家和竞争对手都在等待。随后，第一个"爆米花"会弹出，但它仍然会被看成例外。然后，下一个爆米花弹出，再下一个，后来突然一下子出来很多。与此同时，专家和竞争对手开始陷入恐慌，但已经太迟了，新市场已经被占领，旧市场也就被摧毁了。

谁会将创新引入传统生活中去？谁能快速开始使用这些创新？可以将人们分为以下几类：

- 创新者是给我们带来技术创新的人。他们是最小的群体，估计占人口的2.5%。
- 第一批创新技术使用者占人口的13.5%。他们愿意接受不成熟的创新技术，要么迫切需要用这些方案来解决问题，要么对此真的感兴趣，愿意成为试验用户。
- 早期和中后期的大多数用户分别占总人口的34%。
- 落后者占16%——这些人因为必须改变而改变。

随着数字革命的到来和我们对新技术的支持，旧模式开始崩溃。从开始创新到创新被完全接受，需要的时间缩短了，人群也被缩减为两个：测试用户和大多数人。

这种情况在各个行业都得到了证实。人们看电影的方式发生了巨大变化。随着录像机等播放设备的发明，小型视频租赁商店成为最初的电影传播方式，这些小型商店随后又被视频租赁连锁店百视达取代。这个过程花了大约20年。后来，来自硅谷的网飞将电影不再局限于在某个场所放映，而是通过邮件发送电影，不仅传播过程，就连销售和营利模式也发生了变化。这种每月缴费的看电影的方式，让影迷们能够合理控制电影出租成本。百视达在2004年顶峰时期，通过租赁影片的逾期滞纳金获得了5亿美元的收入。而成立于1998年的网飞，则完全取消了滞纳金。五年后，百视达破产了。但是，网飞现在也必须放低姿态了，因为苹果TV、亚马逊即时视频和谷歌TV已经成为三个经济和技术力量雄厚的主要竞争对手。所以，网飞在2007年推出了一种流媒体播放方案，用户可以通过互联网直接观看电影。

这些公司都没有等到市场"成熟"，而是自己创造了市场。随后，它们又在欧洲投入了不得而知的高额资金，来垄断市场。如果它们犯了等待的错误，我们就可能从未听说过这些公司，而它们根本就不会存在。

彼得·蒂尔（Peter Thiel），这位出生于德国的投资者，将市场的创建称为"从零到一"。零，是因为创业公司必须以一些全新的东西为根基；一，是因为不仅要用创新技术主导开创的新市场，还要去垄断它。这类新型创业公司包括脸书、谷歌、推特和领英，以及阿里巴巴、优步和爱彼迎（Airbnb）。即使算不上第一个，但由于网络效应，它们也几乎完全掌控了自己所在的领域。它们用这种方式创造了最大的价值。其他任何想跟在后面获得一块馅饼的人，就算是"从一到N"，也只能在利润率较低的边缘市场进行奋斗。

美国作家罗伯特·L. 斯坦（Robert L. Stine）在20世纪90年代初为7～12岁的

儿童编写了一系列恐怖书籍。这是一件新奇的事情，出版商最初都持怀疑态度。孩子们难道不会害怕吗？然而，由于作者独特的构思，书中那些令人起鸡皮疙瘩的场景并没有把主要人物真正置于危险之中，而是通过许多幽默方式来化解，这样反而创造了一个前所未有的市场。第一年，这些书每月销售超过100万册。与此同时，斯坦在全球销售了3.5亿本书。他是"从零到一"。此后，其他出版商和作者开始效仿，但从未达到过同样的成功，因为他们是"从一到N"。

市场改变速度有多快，我们将在电动汽车领域的最初阶段中再次经历。长期以来，书呆子们嘲笑电动汽车不方便、不实用，认为只是替代品，现在几天之内就有40万客户订购特斯拉Model 3。所以，越来越多的国家会慢慢出现这样的报道，当地政府不仅要考虑那些有尾气危害的汽车怎样才能销售出去，还会实施具体措施。2030年，挪威只会允许电动汽车上路；荷兰打算从2025年开始禁止销售有尾气排放的汽车；奥地利也正在讨论一项更进一步的提案，目标实施时间是2020年。我们几乎每天都可以看到来自其他国家的此类头条新闻。

鉴于电动汽车的不断进步和飞速发展的势头，即使持怀疑态度的人，也不得不承认内燃机汽车将很快成为历史，这不足为奇。2016年夏天，美国汽油和汽车服务经销商迈克·福克斯（Mike Fox）简洁地表示：

"如果特斯拉宣布发布Model 3型电动汽车，那么内燃机汽车的历史将结束，就像当年的马匹和马车一样。"

德国制造商在21世纪的这个十年快结束时才宣布推出有可比性的电动汽车，此时已有10万辆特斯拉汽车在街上行驶。不仅如此，特斯拉正在积极扩大电动汽车充电站等基础设施建设，打算在一年内将数量翻一番。此外，该公司正在内华达州里诺建造超级工厂（Gigafactory），为满足电动汽车的电池需求做准备。超级工厂在2016年投入使用。由于在生产环节上节省了成本，特斯拉可以将电池价格降低50%。那么，其他汽车制造商从哪里购买电池呢？只要他们自己不生产电池，当然会从特斯拉、松下和LG那里购买。

因此，特斯拉在各个层面都垄断了市场，或者至少成为一个在汽车领域不能忽视的角色。从这个角度来看，迄今为止，它给内燃机汽车企业造成的损失会高达30亿欧元。这种市场优势，会让其他同行的投资大于收益。德国制造商可能会敷衍应对，但投入仍然会不小。汽车是德国的重要产业，有80万个就业机会，年销售额达到3700亿欧元。在奥地利，包括汽车领域上游和下游企业，共有700家制造公司，雇用了45万人。

还有一些因素，也可能加深德国汽车制造商的困境。我们把谷歌的投入也算作特斯拉的支出。据传闻，特斯拉从开始推进自动驾驶项目以来，每年资金亏损3000万至6亿美元不等，预计仅特斯拉和谷歌这两家自动和电动汽车技术领先巨头的支出就可能达到70亿美元。而另一边，大众汽车因为作弊通过尾气排放测试，面临超过220亿欧元的罚款，与美国当局达成初次庭外和解。美国方面的流程还没有结束，未来是否有更多罚款尚未可知，更不用说欧洲和亚洲的预期赔偿金了。大众现在赔偿的罚款是谷歌和特斯拉开发新技术投入的很多倍，这就是因为它想通过欺骗走捷径，而不想付出努力。

其他制造商也不聪明。自2012年以来，通用汽车花费超过160亿美元回购自己的股票。是的，你看得没错，160亿美元。通用汽车不是去投资电池厂或增加对新技术的投入，而是回购自己的股票；不是通过创新和投资来保护未来、提高股价，而是收紧供应。这样募集的金额不是一笔小数目，它代表了通用汽车市值的30%。经济学家认为，股票回购是一种破坏货币的手段。这笔钱没有创造任何新的价值。对于创新专业人员和追求长远成功的人来说，这种做法让股东不由得怀疑，管理层是不是已经没有应对措施了。相反，你提高了短期股票价格，股息和你自己的奖金就会缩减。

2017年4月10日，特斯拉的股价上涨到了新的高度，以514.4亿美元超过了福特和通用汽车的市场估值。福特是2016年销量超过665万辆的汽车制造商，销售收入为1518亿美元，税前利润为104亿美元，但市场估值仅447亿美元。通用汽车公司销售额为1663亿美元，销售量为1000万辆。事实上，特斯拉在2016年报告亏损7.73亿美元，电动汽车售出不到8万辆。戴姆勒的市值为718.1亿欧元，宝马为539亿欧元，大众为679.4亿欧元。2017年6月8日，特斯拉的市场价值首次超过了宝马。

投资者詹姆斯·蒙泰尔（James Montier）将特斯拉这样的股票称为"故事

股"。这些股票讲述了一个故事，为未来设定了一个场景。过去或现在的结果并不是非常重要，重要的是未来收入的潜力。优步、Snap、亚马逊和爱彼迎就是这样，它们的未来回报收益的预期与现在大大不同。

不幸的是，我们的企业教育指导体系专注于执行力，即通过找到已知问题的解决方案来获得奖励。这样做，人们往往会忽视有未来市场的方向：要用多方向的方式思考，提出新问题并进行探索。

像特斯拉这样的公司是要告诉你什么故事吗？如果你认为特斯拉不是在讲故事，它只是在制造电动汽车，那将是一个误解。埃隆·马斯克努力发展强大特斯拉，是为了讲述一个更大的故事，一个让人类独立于化石燃料而存在的故事。特斯拉开始制造电动汽车只是第一步；建造电池工厂，为汽车制造廉价电池，又走了一步；成立电动汽车充电站则是下一个步伐，然后又会继续向前走。这也解释了太阳能电池生产商SolarCity为家庭提供电池存储系统这样的事出现的原因。这个故事是全面发展的，并且会衍生出更多的可能性，这些可能性远远超出纯电动汽车制造的范围。

另一方面，德国的做法完全不同。政府实施了推动电动汽车发展的要求，而制造商只是最低限度地满足政府的要求。难怪德国在这方面没有任何进展，甚至连一个雄心勃勃的计划都没有。德国政府希望2020年有100万辆电动汽车驶上街头，但距离这个目标还很遥远。2015年，纯电动汽车只有2.55万辆，混合动力车有13万辆，而汽车总量则为4500万辆。

维也纳技术大学内燃机和汽车工程学院教授汉斯-彼得·伦茨（Hans-Peter Lenz），对汽车行业的工作岗位做了评估和预测。那些依赖发动机生产的汽车行业就业人员，占总人数的三分之一。仅在德国，就有超过30万名员工将来可能变得"多余"。汽车部件供应商博世估计，自己的公司将有10万名员工面临失业风险。再就业培训已经开始了，这对人力资源部门提出了很大的挑战。

如果看一下德国制造商的销售记录，你可能对大规模裁员的预测感到很奇怪。通用汽车曾经是美国最大的汽车制造商，却在2009年不得不申请破产。柯达在1996年主导了电影胶片和胶卷市场，市场份额达80%，营业额接近160亿美元。但是，从那以后，柯达却一直走下坡路，直到2012年申请破产。2007年，诺基亚是手机市场领导者，市场份额超过30%。同一年，iPhone出现，在2012年将诺基亚挤到了尽头。

　　那些潜在的汽车客户怎样看待谷歌和苹果公司呢？他们是否像信任梅赛德斯或大众汽车一样，去信任这些"新人"呢？凯捷咨询公司（Capgemini）调查了来自7个国家的7000多名消费者，以了解有哪些群体愿意将出行方式从现有汽车品牌转向新技术公司。结果显示，印度（81%）、中国（74%）和巴西（63%）等拥有大量年轻人的新兴工业国对此表示出了最大的认同感——在某些情况下超过50%的人表示愿意接受。法国（38%）、德国（32%）、美国（29%）和英国（26%）的消费者对此有顾虑。如果将人群按年龄分类，结果就很有意思：18～34岁的人中有65%，35～49岁的人中有49%，而50岁以上的人中只有26%表示愿意改变出行方式。

　　那么，真正的未来将如何发展呢？除非我们自己去创造未来，否则很难做出预测。对我们来说，每个人有什么样的希望和期待，取决于个人的态度和需求，甚至取决于谁会对此做出回应。一些汽车专家认为，讨论内燃机这个话题会带出太多仇恨。另外一些专家无法给出肯定答案，就给出大概范围，预测无人驾驶电动汽车可能占的比例有多大。2011年，亚当·格普尼克（Adam Gopnik）在《纽约客》发表的一篇文章中，将技术评论员分为三类："Never-Betters"（乐观派：未来将是美好的）、"Better-Nevers"（保守派：未来会更好，但永远不会到来）和"Ever-Wasers"（悲观派：新事物来来去去，毕竟一直是这样）。

　　那些乐观派一直认为，我们正面临着一个新的乌托邦，在这种新技术和灵感启发下，世界突然变得一切都好，人与人之间也会变得很和谐。另一方面，保守派则哀叹过去的伟大与简单，以前的时代更具有安全性和稳定性。而悲观派非常有力地指出，变化一直是人类发展不可或缺的一部分，人们对此也都会有可预见的反应。他们认为，人们接受新事物要比自己想象的更快，但会不断地抱怨。

　　如果我们要哀叹熟悉的汽车马达声会因电动汽车出现而听不到，那还不如去怀念已经消失的马蹄声和马的嘶叫声。很多人已经自愿在手机和互联网上与他人分享个人信息，却对个人汽车数据在网络公开感到深深的恐惧，这是很不合理的。

　　硅谷公司对整个生态系统会产生什么影响，我们期望它们有什么影响？让我们仔细看看每种技术，并仔细分析其中的含义。

最后一个使用驾驶执照的人，第二次汽车革命

DER LETZTE FÜHRERSCHEINNEULING ODER DIE 2. AUTOMOBILREVOLUTION

"未来从昨天就开始了,我们已经太晚了。"

——约翰·莱亨德(John Legend)

现代汽车与第一辆机动车之间的差别,就像iPhone和电报一样。后面两种虽然都是以联络为目的,但通过何种方式产生联系是非常不同的。二者的不同不仅在外观和操作上,还在基础设施中。我们现在传播数据已不再通过用木杆连接的有线电缆了,而是通过卫星和光缆传输。

一项足够先进的技术往往会被称为巫术。想象一下,生活在19世纪的人会怎样看待使用iPhone的人。1888年,伯莎·本茨第一次驾驶汽车时,她吸引了人们的注意,不仅因为新技术,还因为许多人把开一辆没有马的车当作只有魔鬼才能做到的事。

发明有扩大人类认知的力量。英国女演员范妮·肯布尔(Fanny Kemble)通过描述第一次坐火车的场景,清楚地表明了这一点。1830年,在曼彻斯特和利物浦之间第一条铁路线开始通行三周前,当时21岁的肯布尔被邀请参加首次火车试运行。在对火车头、车厢和隧道进行详细描述之后,肯布尔抑制不住兴奋之情,讲述了自己在惊人的高速中感受火车时的情形。

"这辆火车……最高速度达到了每小时35英里,比鸟类飞行要快得多(他们用丘鹬做了对比实验)。你无法想象火车那种切开空气的感觉,而且行驶得很平稳。我可以读书,可以写字,甚至可以站起来,尽情地呼吸空气。风很强,像压在我身上一样,吹得我睁不开眼。(我记得第一次在尼亚加拉大瀑布上面有过相似的经历,从瀑布下面吹来的风,强劲有力,吹到脸上,像要把我的眼皮碾过一般。我只能把在水花中穿行的计划推迟到天气更暖和的时候。我闭上眼睛,体验飞翔的感觉,兴奋不已,而且非常确定丝毫没有恐惧的感觉。……火车就像一条勇敢的小龙一样飞走了……我还想说,这个漂亮的小生物还可以平稳地往回跑。我差不多已经给你们描述了火车所有的能力。"

200年后的我们可能觉得这样的描述很有趣,但这与那些第一次体验无人驾驶汽车的记者所写的报道十分相似。他们并没有恐惧,而是都发出了一种对于技术成就的惊叹,并且毫不掩饰自己是以多快的速度来适应这种新技术的。让我们再看看今天的实际状态,我们已经倒退了很多。

自19世纪末汽车发明以来,技术突飞猛进,已经取得了重大的进步。最初,随着技术进步,人们对车辆进行了改进,从燃料消耗量到被动和主动安全措施,再到车辆舒适度和后来增加的数字化技术。这种创新是渐进式的,车辆本身或其移动和操作方式一般不会受到质疑。对车辆安全性的改进包括使用安全带、安全气囊、较软的材料、防滑系统、碰撞缓冲区和消除车内和车外尖锐或突出的部件等,这仅仅是那些令人难以置信的创新之中的几个。保险杠,这个经常被低估的创新技术,则经历了从闪亮而坚硬的装饰配件到由传感器交错而成的第一碰撞区域的过渡。

福特汽车从单辆车生产发展到了流水线生产,进行了革命性变革。流水线作业提高了制造效率,使汽车得以大批量生产,同时降低了价格。只是当时的生产顺序仍然不够灵活,并且流水线上前面的几辆车看起来或多或少像一个精确的副本。但是,在今天,同一条流水线上会发现不同型号的车;一辆小轿车后面是敞篷车,前面是运动型多用途车(SUV)。汽车零件在需要的时候才被运送到工厂,这样既可以及时交货,又可以降低库存成本。由制造机器人组成的生产线,自动化程度越来越高,工厂内的工人越来越少,从而降低了劳动力成本,并实现了统一质量水准。同一个机器人可以执行各种复杂任务,例如安装座椅或全景天窗。汽车系统零件逐步在各个工厂制造和组装,越来越多的汽车品牌公司将制造业务外包给供应商。这种合作生产需要保证精确度和质量标准,这在几十年前是不可想象的。

汽车行业先驱曾经用几百个零件制造出第一辆汽车;如今,汽车行业价值链变得高度复杂，一辆汽车需要至少3万个零配件，甚至更多。汽车生产是制造商和供应商之间深层次的互动。这种生产通过"及时完工"，或者更确切地说"按顺序完工"来完成。在最后组装中，只要或多或少按正确顺序组装每个部分，例如安装电动机组件。车门只要挂上就可以了。

这种汽车制造程序需要深度垂直合作，制造商要向供应商说明，需要使用哪种零件，以及希望在这些系统上做哪些改动。各种组件的订单不仅要传达给各个供应商，还要写入其系统中并不断更新。汽车制造商和各个供应商在法律上可能是不同的公司，但在生产汽车时代表的是一个整体。

这些变化并不仅仅发生在车型样式、车辆包含的技术和生产方式上，汽车贷款和出租方式也都慢慢地发展了起来，不同融资模式的出现都是为了促进销售。很多汽车保险公司，例如Kasko，推出了各种优惠措施来补偿车主。

伴随汽车的发展，出现了一个意外的新生事物——餐厅评级系统。米其林轮胎制造商在旅行指南上附带介绍一些法国餐厅和酒店，向其客户——早期的驾车者们——推荐各种各样有趣好玩的场所，吸引他们去驾车旅行。随着这些指南的走红，餐厅评级也逐渐受到追捧，这对法国美食的质量和推广产生了巨大影响。

每种事物在发展过程中都会伴随着各种问题。我们为解决马粪问题，发明了新事物汽车，虽然马粪危机得到解决，但又产生了其他不如人意的副作用。世界上有12亿辆汽车每天平均停车22～23小时，在这些时间内没有人会去使用它们。而那些在街上行驶的车辆，往往会造成交通堵塞。美国人每年在车上花费1750亿小时。德国、英国、法国和美国在交通拥堵上损失的时间直接导致生产力损失翻倍，到2030年损失金额将达到2930亿美元，仅美国就有1240亿美元。从2013年到2030年，这些损失预计将达5万亿美元。

软件程序是第二次汽车革命的核心。在电动汽车上安装智能电池是第一步，下一步就是建造电池充电站。确保自动驾驶车辆安全抵达目的地的数据密集型计算，是另一个应用领域。在这个过程中，乘客可以将注意力放在车载电子娱乐系统上，在驾驶时得到放松，也可以同时工作。事实上，智能手机和车辆之间的通信也需要复杂的软件来完成，这不足为奇。出租车应用程序不仅是一个简单的应用软件，还是计划和协调日常工作和生活的一种非常真实的工具。如果每种方式都会对其相应范围内的行业产生颠覆性影响，我们是否应该将它们结合起来呢？如果将电动设备、自动驾驶车辆和相关的手机应用程序结合起来会怎样呢？为此，我们将仔细研究一下优步。

在德国，汽车行业拥有近80万名员工，是最重要的行业。除汽车制造商的45万名员工外，还包括4500个供应商的30万名员工。这个行业的研究密集程度很高，研究人员和开发人员数量超过9万名，占德国经济研发人员总数的四分之一。如果加上司机、汽车经销商、石油工业雇员或停车位管理人员，那么在德国，每七个员工中就有一人，直接或间接活跃在汽车行业中。据德国汽车工业协会估计，有540万德国人的就业岗位间接依赖汽车工业，他们每年的经济产出为4050亿欧元。汽车出口占德国出口总数的一半以上。

但是，这些数字是有待商榷的。例如，汽车工业协会引用的汽车行业雇员人数还包括出租车司机、交通警察和汽车保险公司员工。此外，汽车公司在提高创新力方面支出的研发金额几乎没有提及。而且，你会发现，大众汽车是2014年、2015年和2016年全球研发预算最多的公司，比三星、亚马逊、谷歌和苹果还多。表2为普华永道统计的2016年十大最具创新力的公司。

表2　2016年十大最具创新力的公司（©普华永道）

2016年	2015年	公　　司
1	1	苹果
2	2	Alphabet
3	6	3M
4	5	特斯拉汽车
5	3	亚马逊
6	4	三星
7	NA	脸书
8	8	微软
9	7	通用
10	9	IBM

汽车工业协会在这样大的范围内进行统计的原因很容易理解。雇员人数越多，包含经济行业范围越大，立法机构越容易进行调解，而不仅仅是通过"不必要的严

格"规定对汽车行业进行干预。而对行业负责的严谨方法这一点，最后却缺失了。一个被父母放纵不管的孩子，或早或晚都会踩到父母头上肆意妄为，变得没有教养。柴油车排放丑闻和现在的价格垄断显然说明了这一点。

外界对于这种丑闻表示难以置信，引发了大规模的讨论。这种"弄虚作假"只是"乌烟瘴气"的汽车行业的一个信号，在公众看来，并没有引起汽车业的足够重视。在汽车领域的研讨会上，我都会向各国商务代表团或汽车俱乐部董事会问起，哪些人开始试验制造电动汽车了，在场有一半人举手示意。在2017年年初欧洲ADAC汽车协会和地区主席的研讨会上就是如此。如果进一步询问，谁相信电动汽车是业界的未来，现场举起的双手超过了80%。由经济部长和交通部长率领的来自下萨克森州的60人代表团，也有类似表决意见。每个人都意识到了这一点，只有汽车老板们不想承认。

心理学家曾提出，人们在面对某些与自己相信的事物互相矛盾的事实时，会出现认知失调现象。德国能够制造最好的汽车，这是大家都确信的——后来出现了像特斯拉这样的新兴公司，向这个论断发起了挑战。内燃机已经发展了100多年，最好的专家也是在德国汽车制造商的母公司，难道这种认知突然过时了吗？但是，我问你：如果几十年来你一直说服顾客和自己，"驾驶汽车的乐趣"是生活中最美好的事物，你怎么能真正推动无人驾驶汽车发展呢？

如果一个人意识到自己的专业知识已经过时，就会立刻陷入一种存在危机之中，尤其是全部职业生涯都建立在这种专业之上。人们对此的反应往往是不接受现实，并且提出"替代事实"："iPhone只是暂时的炒作。""人们还是希望使用键盘的。""没有人会看屏幕上的照片，唯一真实的就是印在纸上的东西。""汽车会再次消失，我预测马匹将有很好的发展前景。"我们看起来什么都知道。

正如你所看到的，我不会对传统汽车制造商，特别是德国的制造商感到不满。虽然赞美特斯拉或谷歌这样的公司，会让戴姆勒或宝马公司看起来很糟糕，但我真正觉得这些公司厉害的地方在于，它们的出现结束了柴油尾气排放和价格垄断丑闻。德国的旗舰产业长久以来受到各种保护，已经发展成了一个不守规矩、顽皮任性的孩子，他的傲慢伤害了我们，也伤害了自己。我们必须对此直言不讳。然而，似乎没有人敢说真话，所以我要在这本书中把它指出来。不是因为这样做能给我带来乐趣，而是因为我不想看到德国的一个重要行业因此受到影响。这对我的家人、朋友和熟人来说，危害太大了。

现在让我们来看看这些技术和德语区经济的密切关系。

关于汽车行业的事实和数据

"这里有十亿,那里有十亿,很快就会有一笔惊人的数目。"

——埃弗雷特·德克森(Everett Dirksen)

全球8000万汽车的年销售额带来了1.3万亿欧元的惊人利润。14家大型汽车制造商创造了这个巨额价值,它们被称为"原始设备制造商"(OEM),将我们熟知的50多个品牌联合在了一起:大众、丰田、戴姆勒、通用、福特、菲亚特、克莱斯勒、本田、宝马、日产、现代、标致、雷诺和起亚等。

现在,汽车的绝大部分部件不再由制造商生产。许多组件是由所谓一级供应商提供的。博世、麦格纳或大陆集团提供从挡风玻璃刮水器到门和行李箱之间完整的一切。奔驰、宝马或丰田其实也可以制造同样的挡风玻璃刮水器。但是,一级供应商同时为几家原始设备制造商提供服务,会使产品价格更便宜。如果一种刮水器在梅赛德斯C-Klasse车型上安装了40万个以后,再出售给其他四家制造商,这种刮水器零部件就会变得很便宜。同时,对供应商来说,将生产200万个,而不是40万个。反过来,一级供应商也不会自己生产所有组件,而是从下游供应商那里采购。这些下游供应商被称为二级供应商,只通过第三方间接向原始设备制造商提供产品。在德国，这样的配件供应商大约有1500个。

超大型原始设备制造商的数量只有14家，原因在于，汽车行业的资本密集程度高。建造一辆汽车的成本非常昂贵。一家汽车厂仅纯机械成本就需要5亿美元。这其中还包括冲床和输送带等。汽车生产过程异常复杂，成千上万的零件需要按照标准组装起来，在未来15年内还要尽可能顺利运行。机械成本还包括员工薪金与设计、营销和测试费用。这些加起来就需要花费1亿～20亿美元才能生产一辆汽车。同时，成本越来越多地从硬件转移到软件。在美国，你可以看到一种现象：软件"吃"硬件。电力控制、电子娱乐消费系统和应用正变得越来越重要，是否会逐步过渡到优步式电力自动驾驶模式，还需要进一步探讨。

因此，在证券交易所只有少数成功的上市新公司，也就并不奇怪了。从1956年的福特到2010年6月的特斯拉，它们首次公开募股时间跨度是54年。

汽车行业不仅是资本密集度最高的行业之一，也是研究密集度最高的行业之一。全球16%的研究支出来自汽车行业。在出售每辆车获取的资金里，有超过1000欧元用于开发研究新技术。原始设备制造商和一级供应商每年在研发方面总共投资1000亿美元，前者贡献了三分之二以上。除汽车行业外，只有软件和制药行业才会有如此高的研究花费。

此外，也不能将汽车行业纯粹局限于生产领域。制造生产只是汽车价值链的开端。销售、维修、废弃物处理等工作提供的就业岗位则属于下游服务行业。在北美，有近110万人在1.65万家汽车经销商内工作。在德国，2015年有3.84万家汽车工厂、汽车经销商、车间和车辆服务公司。

汽车贷款和租赁等融资方式也确保了汽车行业的顺利运作。制造商和分销商要么拥有自己的银行许可证，要么与银行合作。这种融资方式在一定程度上推动了石油生产销售和各种下游服务产业。

随后，我们看到原始设备制造商进入了新业务领域。特斯拉开始将电动汽车充电站投入运行，宝马推行DriveNow共享汽车使用方式。同时，已经有几家制造商与即时用车公司签订了合作协议：丰田和优步，通用和来福，苹果和滴滴快车，大众和Gett。而奔驰公司则收购了出租车应用公司mytaxi。

由于制造商和供应商之间的等级化，汽车行业存在纵向一体化现象。汽车行业越来越需要横向发展，不需要任何人拥有最高权力，一切扁平化运行。各种因素都要发挥作用：具有竞争力的汽车制造商，例如那些有能力建立汽车电池充电站的制造商；数百个计算机芯片和电路能有效安装，这样做可以减少错误和成本；软件生态系统的应用，这一步必将到来。自动驾驶需要操作系统才能运作起来，只有跟谷歌和苹果这样的公司合作才会获得相关的经验。硅谷的公司在横向一体化方面有巨大的领先优势，多年来一直在经历竞争和协作之间的相互转换过程。这对神秘的传统汽车行业带来巨大的文化冲击。

此外，汽车制造商和供应商所处领域的行业特征也在逐步发生改变。对他们来说，需要面对的不仅是建造车辆。这些制造商和供应商必须扪心自问：你们做出的每个选择的根本原因是什么？得到的答案之一应该是，汽车行业需要提供移动解决方案。但是，移动解决方案是什么呢？这前后又充满冲突。如果汽车过去意味着自由和独立，如今则会让我们感到头痛和忧虑。交通拥堵、停车困难、燃料成本和环境污染，这些问题使拥有汽车的梦想变为一场噩梦。

在职业生涯中，一位汽车公司经理一直将发动机和弯曲金属片的研发作为公司发展的重中之重。当他遇到不想自己驾驶汽车，甚至不想拥有汽车的新一代时，迫切需要一种方案来解决面对的问题。新生群体对汽车要求很高：不要发动机，不要废气，不去寻找停车位，也不需要自己控制车辆。这样的要求动摇了整个行业对自己的认识。汽车业内以前总说电动汽车只是短暂的流行趋势，对这种趋势从不认真对待。多年来，汽车制造商一直对外承诺要制造电动汽车，但每次市场上出现的都是新型的燃料汽车。

将95%的能源消耗在移动汽车上，已经不再是汽车制造领域的发展方向。现代汽车的重量一般在一到两吨之间。带动每位乘客只需消耗5%～10%的能源（乘客平均体重是75千克）。制造商多年来致力于开发汽车的轻型结构，但对车辆本身减重贡献不大。附加的安全设施和提高舒适度的措施（例如电动车窗和电子控制）却可以节省成本。

2015年，美国交通运输部门的能源消耗为27.7%，占总消耗量的第二位，仅次于电力公司，其消耗量为38%。人员和货物（通过车辆）流动所消耗的能源占79%，是最浪费的能源使用形式。

汽油和柴油是当今私人交通最常见的燃料。多年来，汽车行业已经添加了替代燃料，例如所谓混合燃料（FlexFuel），即将燃料与高达25%的甲醇或乙醇混合。它们被使用的前提是，发动机可以通过这样的混合物来运行。混合燃料的优势是（部分）属于可持续发展能源，所用甲醇或乙醇可以从蔗糖、玉米或生物废弃物中获得。特别是在巴西，因为有税收优惠，新注册的混合燃料车辆比例达到90%。尽管有一些优势，但这种燃料没有能够普及，因为汽车制造商和石油公司并不支持。在美国销售的大多数车辆在技术上能够使用混合燃料来运行，但这种动力形式通常与电力运行系统相分离。

让驱动方式变成电动

"当一个人的薪水取决于那些不能理解的事物时,让他去理解这件事是很困难的。"

——厄普顿·辛克莱(Upton Sinclair)

5月的爱莫利维尔市,微风习习,凉意阵阵。这座由南到北紧邻奥克兰市和伯克利市的城市,因皮克斯动画电影工作室(Pixar)而闻名。皮克斯给我们带来了《玩具总动员》和《海底总动员》,当然还有《汽车总动员》。我们这群讲德语的外籍人士,并没有聚在一起被一辆会讲话的卡通汽车逗得哈哈大笑,而是共同试驾宝马i3新能源电动汽车。宝马山景城技术工作室的一位熟人与他的同事,本应将硅谷的最新趋势汇报给公司总部,此时却在给我们解释这辆车的功能和工作原理。脚踩油门(叫气门更合适?),车辆便静静驶向前方。虽然有四名乘客,但它运动轻快。你必须习惯这种制动方式。我们知道汽车刹车时马达会空转,但这辆车没有。相反,一旦你松开油门踏板,汽车就会减速。车辆回收制动能量,并为电池充电。这种车辆的改进方法为我们提供了一种新的、更有趣的驾驶方式:距离红灯有多远时,我的脚要离开油门而不用踩刹车呢?

短暂试驾让我们所有人都清楚地认识到，这是汽车驱动方式未来的发展方向。内燃机的日子最终要开始倒数了。这种驱动方式是现在迫切需要的。有些国家，面临严重的生态环境保护难题。为追求经济高速发展，环境保护问题一度被忽视，而破坏环境的代价终将会显现。同时，环境破坏也会抑制经济进一步增长。

另一方面，因为政治因素，有些国家也不断减少对石油的依赖。以色列自建国以来一直与阿拉伯邻国发生冲突，不想因为石油而依赖敌人，难怪汽车行业会有一系列以色列初创企业。反过来，挪威有完全不同的调整动机。由于石油储备丰富，该国从一个小型捕鱼国发展成为世界上最富有的国家之一。但是，你要知道，石油是会枯竭的能源，必须为将来的发展做好准备。所以，这些国家处于电动汽车发展的前沿并不奇怪。

上海或特拉维夫始终是值得一游的城市，特别对那些具有冒险精神和对技术感兴趣的游客来说。快捷而又价格低廉的车辆对居民的重要性，可以通过轻型电动摩托车的数量来看出。如果仔细观察，你会特别注意到电动摩托车的驱动方式，许多车辆座椅下方的方形电池组是动力来源。车停在街上，电池组被取出运回住所充电。

十年前，青岛政府决定推广电动摩托车，对有尾气排放危害的车辆进行惩罚。为鼓励当地企业生产电动轻便摩托车，政府允许其免费使用电力资源，这项措施的实行将当地电动摩托车的年产量提升到2500万辆。顺便说一句，青岛在19世纪末是德国的殖民地。当时的德国人向中国人展示了如何酿造德国啤酒，而今天，德国人应该向中国人学习如何制造电动车。

而且，中国在电气化方面的努力不仅限于生产轻便摩托车。比亚迪、法拉第未来、蔚来汽车、前途汽车和观致汽车是汽车行业的新进者，它们的远大目标是要在未来几年内生产几十万辆电动汽车，西方国家对此持怀疑态度。国能电动汽车瑞典有限公司（NEVS）从萨博汽车公司（SAAB）走出，现在成为一家中瑞合资企业。

为苹果公司生产iPhone的制造商富士康，投资8.11亿美元用于开发电动汽车。Future Mobility也宣布在2020年发展自动驾驶电动汽车。比亚迪则与戴姆勒合资经营，腾势汽车就是这种合作的成果，其生产的电动汽车已经开始在中国市场销售。2016年，比亚迪的销售目标是12万辆电动汽车，超过了其知名竞争对手特斯拉。就连再次复活的底特律电气公司，也尝试克隆特斯拉的成功模式，首先建造电动跑车，接下来建造轿车，最后是运动型多用途车。

中国已经是当今世界上最大的电动汽车市场了。除电动摩托车外，中国有超过100万辆电动汽车。2015年12月，运往深圳市使用的400辆电动公交车在高速公路上排成了一千米长的队伍。目前中国20%的公交车都通过电力运行。硅谷电动巴士制造商Proterra的负责人表示，电动巴士的运营成本已经比使用燃油发动机的车辆便宜。他预计，从2025年起，公共交通运营商只会购买更多的电动巴士。2017年3月，包括纽约、旧金山和芝加哥在内的数十个美国城市宣布，将为警察、垃圾处理中心和其他机构购买11.4万辆电动汽车，总价值为100亿美元。表3为部分纯电动汽车制造商。

表3　纯电动汽车制造商

公司	地区	动力方式	类型	网络链接
苹果	美国	EV	PKW	http://www.apple.com/
Lucid Motors	美国	EV	PKW	http://www.ludicmotors.com/
比亚迪	中国	EV	Bus	http://www.byd.com/
底特律电气	美国	EV	PKW	http://detroit-electric-group.com/
法拉第未来	中国	EV	PKW	http://www.ff.com/
Future Mobility	中国	EV	PKW	http://fmc.auto/
乐视	中国	EV	PKW	http://www.leeco.com/
NEVS	中国/瑞典	EV	PKW	https://www.nevs.com
蔚来	中国	EV	PKW	http://www.nio.io
Nikola One	美国	EV	LKW	https://nikolamotor.com/
Proterra	美国	Bus	Bus	http://www.proterra.com
Rimac	克罗地亚	EV	PKW	http://www.rimac-automobili.com/
索诺汽车	德国	EV	PKW	https://www.sonomotors.com
特斯拉	美国	EV	PKW	http://teslamotors.com/
昶洧	中国台湾	EV	PKW	http://www.tpev.com/

即使在今天，美国和中国的电动汽车发展仍然面临基础设施不足的问题。中国缺乏电动汽车充电站，并且主要通过火力发电厂生产电能，这种方式对环境是有危害的。但是，从长期发展来看，购置电动汽车有两个优点：首先，可以改变能源使用方式，通过运用对环境无害的清洁能源，来提高电动汽车可持续发展的潜力；其

次，通过使用电动汽车获得更多关于电池技术和电力需求的经验。中国和美国可以在这项技术上争夺霸主地位。这样一来，中国制造商也可以在世界范围内不与自己的内燃机汽车竞争。但是，全球出口自动化的梦想尚未实现。所有电动汽车的零部件都从零开始生产。有新技术装备的制造商正在逐渐成长，中国有机会成为这一领域的领先国家。

中国十分适合发展电动产业。中国拥有规模最大的电池生产基地，随着经济增长，个人购车需求也在急剧上升。与此同时，人们正在面对严峻的环境问题，电动汽车是可行的解决措施之一。现阶段，中国国内的基础设施和生产质量不足以满足西方要求……"二战"后日本生产的第一批相机和汽车，当时也面临这种状况。今天，来自日本的产品引领世界，日本汽车行业的生产流程被德国公司在20世纪90年代复制。中国也将经历类似的发展过程。

从运输设备和转换速度两个方面，可以看出中国在电力交通方面的重要性。在一年时间里，在有400万人口的太原，8000辆汽油出租车转换成比亚迪电动出租车。当然，出租车公司转换电动汽车优惠力度也很大。有3.42万欧元投入价格补助中去，每辆车价格下降到1.23万欧元。与此同时，太原建造了2000多个充电站，另外还有更多的充电站正在筹备建造中。深圳和北京开始替换燃油出租车。北京的7万辆出租车将逐渐被电动汽车取代，转换成本估计为13亿美元。

深圳和天津公共交通系统，引进数百甚至数千辆电动公交车的消息，让欧洲人感到震惊。在欧洲，每当有媒体报道公共交通服务系统测试甚至订购电动公交车时，我们就开始庆祝（不管定出的目标与环保要求多么不协调），而中国这次整个公共交通系统电动化发展是一气呵成的。

2015年，中国销售电动汽车近18.9万辆。2016年，中国生产电动汽车31.2万辆，几乎全部用于国内市场，已成为领先美国的电动汽车国家。欧洲在电动汽车领域排名第三。在十大电动汽车制造商中，有四家中国企业——这四家不是合资企业，而是中国独资公司，比如比亚迪、康迪和众泰，其中多数我们从未听说过。中国政府宣布，从2018年起，新注册的汽车必须有8%的电动汽车，政府已经抓住了生产电动汽车的机会，而德国制造商由于失误已经错过了。任何经历过环境污染的人都明白，为什么政府会如此大力推动电动汽车发展。我们也是遭受过环境污染的。许多德国内陆城市的细粉尘颗粒值已经达到危险边缘。很长时间，人们都不知道这应该归咎于谁——直到爆发了柴油车排放丑闻，污染源才被定性。

许多国家已经不再等待制造商淘汰处理自己的燃油汽车了。挪威、荷兰、奥地利和印度宣布了禁止销售内燃机汽车的时间表。遭受氮氧化物污染的德国城市，正在越来越激烈地讨论，是否应该禁止柴油车进入市中心，这在几个月前是不可想象的。而且，德国城市需要考虑，如果氮氧化物排放超标，可能面临欧盟的罚款和诉讼。

德国制造商在开发和研究电动汽车和电池方面并不总是碌碌无为。政府提供高额补贴，一些地区已经开展了试点项目，并且建立了电动汽车充电站。虽然有这些积极行动，但制造商很快认识到，无论做不做，都可以获得补贴资金。即使在今天，制造商在汽车电动化发展方面仍然缺乏相应的激励措施。德国联邦政府不仅对购买电动汽车的用户有优惠补贴，还为充电站的扩建提供资金。此外，制造商在研究方面也会获得资金。数亿欧元流入了制造商的口袋，这些高利润公司也应该相应用自己的钱来推动汽车电动化发展。

即使有各种补贴，电动汽车的发展仍有很多不足之处。最重要的是，德国制造商生产的合规车辆，虽然预计能够减少国内油耗，仍然不足以跟特斯拉抗衡。他们仍然相信内燃机有未来，就像恺撒·威廉（Kaiser Wilhelm）一直坚持马车依然有未来一样。只有在特斯拉成功的时候，他们才开始不情愿地再次认真考虑电动汽车。只有当来自美国的"新人"在高端市场比你销售更多的汽车时，你才发现对自己造成了伤害。2015年，德国制造商的电动汽车客户比美国还要少。保时捷仅售出5000辆Panamera，而特斯拉则销售了超过2.5万辆Model S。奥迪A7和A8的销售量刚刚超过1.2万辆，宝马6和7车型则为超过1.7万辆。与此同时，英国在2017年1月售出的电动汽车份额为4.2%，创造了纪录，而特斯拉在那里共出售了2353辆。

很长时间以来，德国制造商忙于相互竞争。梅赛德斯和宝马争夺市场领导地位，大众汽车寻找应对废气排放规定的作弊手段，皮耶希和波尔舍家族在自己的企业中争夺权力和地位。他们必须证明自己已经醒了，至少大众汽车宣布计划投巨资推出30种型号纯电动汽车，其他制造商也应该行动起来。如果能够看到每个制造商至少生产出一辆有竞争力的纯电动汽车，就已经让人很兴奋了。

与此同时，电动汽车领域的各种工作正由其他人完成。比亚迪、特斯拉、日产和雷诺销售量高，利润高，因此能够制造出更好的电动汽车。在这种落后的情况下，德国公司非常沮丧，甚至愿意为生产技术付费。在国际汽联电动方程式锦标赛FE（Formula E）中——这种比赛相当于一级方程式锦标赛（F1）——位于硅谷的初创公司Lucid Motors收到了比赛的专用订单，还负责交付电池。保时捷本来有意接订单，还愿意大幅打折扣。Lucid Motors是除特斯拉以外，另一家资金充足的电动汽车初创企业，相当有竞争力，该公司已经获得批准建造价值5亿美元的电动汽车制造工厂。法拉第未来还宣布，计划在距离旧金山不到50千米的瓦列霍建设生产设备。

德国工程师去这些年轻企业的关键岗位上寻找机会并不奇怪。为什么德国企业会落后？德国人发明汽车并不断进行研发，有经验和知识。然而，德国制造商坚持使用内燃机，或者更糟的是柴油机。随着几乎涉及所有制造商的废气排放丑闻曝光，公众突然意识到自己被欺骗了好久。根据德国联邦政府调查委员会的数据，柴油车的实际排放值并不像吹嘘的那样清洁和环保，显著高于指定参考值。这还不是全部，因为汽油车的实际排放数字还高于柴油车。现在人们很清楚，柴油车是靠弄虚作假才能进入市场的，并且现在仍然在税收鼓励政策中受益。该行业一下子名声扫地。但是，这个事实却被很多人认为是美国人的阴谋。

由于没有采取必要的措施——去摆脱这种技术依赖，德国人浪费的每一分钟，都让中国和硅谷的新入者有时间来完善电动汽车，从而占据市场。从长远来看，德国汽车工业应该会被推到无足轻重的地位，这完全是自身因素造成的。今天，铁路交通完全依赖电动机，以前那种轰隆隆的火车头仅仅用于怀旧游乐设施。想象一下，如果现在的内燃机仍然使用蒸汽的话，多么令人难以置信。

近几十年来，人们不停地尝试电力驱动方式，无论是制造商小批量生产，还是对内燃机的电力系统进行改造。所有知名制造商都在某个时候将原型车投入了市场。例如雪铁龙，它的一个车型Marguerite，就是以2CV为原型生产的。通用汽车的现代化电动汽车EV1是生产规模最大和最成功的车型之一。1996—1998年，通用汽车生产了1000多辆EV1，以租赁方式供消费者使用。后来EV1停止生产，所有车辆被责令退回，大多数被销毁，但通用仍然承担车辆维修责任。人们应该想象到，

EV1的使用者在汽车被夷为平地的地方守夜默哀的场景。埃隆·马斯克在接受采访时也曾经表示过类似的想法，人们得多么闭眼不见，充耳不闻，才会如此故意忽略顾客的需求啊！

随着美国电动汽车制造商特斯拉的进入，整个行业发生了根本性变化。之前做过的那些努力尝试，不是因为融资失败导致仅有少量订单得以生产，就是由于大汽车制造商的生产计划因各种困难或者公司策略改变而进行调整了。相反，特斯拉的发展壮大，表明汽车电动化确实是可能的。虽然特斯拉敞篷跑车仍然是一款具有更多实验性特征的利基车，但那些以前持怀疑态度的人，现在也开始予以肯定。所以，从这方面讲，Model S取得了突破性成功。在许多领域都被证明，初创公司能够开发出一辆好车，这些车具有较高的安全性和新的设计理念，并且价格适中。这些因素吸引了客户，而且出人意料的是，吸引了许多客户。紧随Model S推出的是纯电动运动型多用途汽车Model X。但是，接下来的车型Model 3，标价超过了3.5万欧元，引爆了一个新的"价格点"。正如我说过的那样，天刚蒙蒙亮，人们就在特斯拉的营业厅门口开始等待了，这是汽车行业的iPhone时刻。

竞争对手和投资者都在激烈讨论并强烈怀疑埃隆·马斯克能否在2018年前将汽车产量从每年8万辆增加到惊人的50万辆，但很多事情已经发生。40万名潜在购车者，已经向特斯拉支付1000美元，或者更确切地说是1000欧元，订购首款汽车，这些人已经不会成为德国汽车制造商的客户了。这对汽车行业发展来说尤其重要。正如杂志《彭博》(*Bloomberg*) 在汽车买方意向分析中所表明的那样，特斯拉Model 3客户对德国车型特别感兴趣。28%的人对宝马有意向，20%的人倾向于奥迪和梅赛德斯，12%的人喜欢保时捷，10%的人对大众感兴趣。相比之下，只有很有限的特斯拉买家将起亚（8.5%）视为替代选择。并非所有40万名预先订购者都已经购买了Model 3，但可以预计，德国汽车客户流失率会很高。

如果特斯拉按时交付了预订的40万辆Model 3汽车——这就意味着德国制造商会损失约11.5万客户，其中宝马会失去36220位，奥迪会失去26247位，奔驰会失去25197位，保时捷会失去15223位，大众会失去12598位。由于特斯拉出售Model S和Model X而已流失的客户量尚未计入在内（见表4）。

表4　由于特斯拉Model 3订单而预计的德国汽车客户流失量

制造商	百分比	车辆数
宝马	27.6%	36220
奥迪	20.0%	26247
奔驰	19.2%	25197
保时捷	11.6%	15223
大众	9.6%	12598
总计		115485

在我的熟人圈子里，有人为Model 3交付了订金。还有一位朋友是一位自己开诊所的女医生。她和两个姐妹，现有的汽车是宝马X3，本来打算下一辆车要买保时捷Panamera，但在试驾Model S之后，果断改变了主意。为什么不选择保时捷？因为这款车的内饰和外观一样无可挑剔，她们看到了"未来"，决定不再使用那种以"恐龙汁"为燃料的汽车了。

现实可能更加戏剧化。宝马3系的销量在美国已经暴跌：从2014年的接近14.2万辆下降到9.4万辆；2016年，宝马的销售额下降了9.7%。从全球范围来看，2016年是德国制造商创纪录的一年，并取得了成功。但是，这场胜利可能会成为结束的开始："高峰车"时刻已经达到临界点［注：即人均汽车行驶距离（主要是私家车）已达到顶峰，现在将持续下降］。

特斯拉令人印象深刻的预订数量让德国制造商开了眼界。与此同时，其他制造商已经领先一步。挪威、荷兰和瑞士是特斯拉最成功的销售市场之一。在某些情况下，特斯拉在那里的销售量甚至高于其他高端汽车制造商。而单凭购买溢价无法证明这一点，因为客户在瑞士不会因为购买电动汽车而获得溢价或退税。

在特斯拉推动下，丰田也开始发展混合动力车辆。普锐斯（Prius）成为美国的畅销车型，而且顾客已经习惯驾驶这种在经济上能负担得起的电动汽车。日产聆风（Leaf）现在已经是街头上最畅销的电动汽车。通用汽车在2008年宣布破产后前途未卜，但也设定了它的未来，先后推出了电动汽车雪佛兰Volt和雪佛兰Bolt。雷诺已将Zoë送入了赛车比赛。在所有德国制造商中，只有宝马批量生产了一款具有创新性的电动汽车，即宝马i3系列。当然，人们需要时间去习惯它的外观。其他大多数车辆要么与新能源无关，要么只是暂时的应景之作。从监管角度来看，这应该有助于减少车辆油耗。稍后我们会更详细地讨论这个话题。

如果理性地思考并观察所有数字和趋势，就会得出唯一的结论：到2030年，只会有更多的自动驾驶电动优步车出售。这其中不仅有技术因素，还有其他方面的原因。首先，电动马达比内燃机节能5倍。部分原因是，它们将能量转化为动能，而不是热能。这将使汽车每千米的能源成本降低到十分之一。另外，内燃八缸发动机有1200个零件组成的驱动装置和传动元件，还有超过2000个其他零件，而电动发动机少于20个零件。相比之下，电动发动机的维护成本估计为内燃发动机的三分之一，甚至能降低90%；各个零部件之间较少的摩擦可以减少能量转换成热量的情况。

对电动汽车来说，虽然关联性不大，但车辆加速也十分重要。电动马达功率更大，扭矩更大，因此特斯拉几乎可以击败所有同等标准的跑车，包括保时捷、迈凯伦和法拉利。由于较高的扭矩，电动汽车不需要驱动装置。电动汽车不再需要安装这种体积庞大的部件，因此可以在车辆内部扩大空间。在制动的时候，汽车回收能量，电池开始充电；这样可以对车辆进行更好的管理和更准确的状况评估。如果想让内燃机达到这种性能，汽车重量肯定是受限的。

即使传统制造商对所有情况了然于胸，他们的生产重心仍然在内燃机，毕竟把专业知识扔掉并重新为自己定位是件痛苦的事情。管理层也陷入了困境。为了公司员工，他们必须继续制造燃油汽车。这种状况看起来并不太乐观。如果企业选择向电动汽车快速转型，将会减少很多就业岗位，劳工冲突不可避免，已经出现了不好的苗头。传统制造商不想改变这种状况，因为企业仍然在取得创纪录的利润。我们已遭遇"高峰车"，并开始承担风险。

正如之前引用的那样，特斯拉首席执行官埃隆·马斯克指出了各公司间领导文化的巨大差异。他在接受德国《商报》采访时，谈到了与戴姆勒和丰田在电池技术开发方面合作结束的原因。后者在混合动力汽车领域所做的"努力"并不是为了让人们使用更好的产品，而是尽最大努力以某种方式满足规定。另一方面，创新型企业家不关心获得唾手可得的利益或满足政府要求，而是应对真正的困难与挑战。正如谷歌眼镜的第一个版本那样，创新可能不会马上发挥出作用。谷歌眼镜现在仍是

Google X中一个调整过的项目。突破性发展是要承担风险的。

如果仅将特斯拉归类为一家电动汽车制造商，那是不全面的。它给汽车市场带来的创新，不仅在电池性能方面，对其他方面的改进也做好了准备（另请参阅318页关于基利创新类型的内容）。

- 产品系统 ⇨ 功能强大的电池技术，自动驾驶
- 网络布局 ⇨ 充电站
- 分销渠道 ⇨ 直接销售给最终客户，不需要外国经销商网络
- 产品性能 ⇨ 加速
- 流程 ⇨ 全自动生产
- 服务 ⇨ 空中下载无线更新，免费充电
- 商业模式 ⇨ 通过软件发布升级，预购
- 客户参与 ⇨ 隐藏的"彩蛋"

"单纯从技术上讲，特斯拉没有引发革命。比如在驱动端，我看不到任何非常先进的技术。"现在，如果像梅赛德斯这样的大型德国汽车集团的开发经理对此感到不以为然，那应该就是特斯拉对他的公司已经构成了威胁，他只是专注于技术进步，并没有意识到创新的多维度。当然，从德国制造商的工程师一直重视的一维视角来看，这是可以理解的，毕竟改变他们的思路绝非易事。

特斯拉的使命是"让世界摆脱对化石燃料的依赖"。所以，我们很容易理解，特斯拉为什么要买下SolarCity，为什么要建立电力充电站网络或生产电池，以及提供能源存储方案。所有这些活动都是达成目标必需的。从另一方面讲，德国制造商只是制造汽车。汽车需要的"果汁"从何而来，或谁推动充电站建设，并不是他们关心的。

你可能想知道，为什么美国加利福尼亚州的制造商在电动汽车方面会如此成功？人们发现这样一个事实：一个美国家庭（仅从字面上理解）通常有两三辆车，一般是运用型多用途车、小货车或者轿车。另外购置一辆用电力驱动的汽车，是美国家庭城市出行的理想之选。充电站可能安装在车库，前提是房东同意。这些观

点是否真的有说服力，还是未知数，毕竟中国环境完全不同，而中国人同样成为电动汽车领域的先驱。

甚至还有这样的情况，TURN-E有限公司的负责人克里斯蒂安·冯·罗斯林（Christian von Hösslin），专门将自己的各种坐骑转换为用电力驱动，从豪华摩托艇到经典保时捷跑车。对商业领域来说，电动设备富有商机。发动机设备一般有严格的使用条件，比如在一些湖泊里，对机动船的使用设置了很高的门槛。电动船在这些地方可以随便使用，其他船只必须等待长达14年时间才能获得航行许可证。

电流是如何进入电动汽车的？——一个小电池和电池客户

将电动机和电池放入车辆并让其驱动车辆并不是一个新概念。第一辆电动车是1828年的一款玩具车，由匈牙利发明家阿纽什·耶德利克（Ányos Jedlik）设计。正如前文叙述的那样，哪种类型的驱动器将成为主导当时并不十分清楚。在某段时间里，用蒸汽、汽油和电池驱动的车辆同时在欧美城市的街道上行驶。当时电动汽车的终结是由于具有某些局限性，这些局限性在今天也被提出来作为反对的理由。例如，电动车只能短距离行驶，需要很长的充电时间，电池重量大和使用寿命短，仅能在世界上某些特定地区使用，缺乏充电基础设施和不同的插头标准等。类似原因不胜枚举。

那么，电池是如何工作的呢？电池通过将化学能转化为电能来产生电力。在日常生活中，我们经历过类似的过程。想象一下，山上有一块石头。当这块石头在山洼处时，它是稳定的，不会滚开。如果推动它并将其从洼地中移出，就会激发出能量，使其从稳定状态变为不稳定状态。当这块石头滚下山时，它也会释放出这种能量。或者说，一块木柴不会自己燃烧，你必须点燃它，为它提供能量，将其从能量稳定状态转变为不稳定状态；然后，它就可以通过热和光的形式释放能量。

再回到电池上来。电池本身的化学成分是稳定的。只要我用化学方式"轻推"这些化学成分，它们就会相互反应并释放出电能和热量。在一些电池中，例如许多家用电池，该过程只能有一次，其他电池，即所谓蓄电池，该过程是可逆的。你可以给电池充电，"让石头再次滚动"。固体、液体或溶液形式的电解质可以为能量输送提供电子。就像我们将会看到的那样，它们之间的化学组成就是这些电池功能强大的秘密。

说起电池，听起来容易，实际设计要复杂得多。事实上，我们应该将电池形容为圆柱形"细胞"，或者更确切地说是"原电池"。例如，无法再充电的AA电池是原电池，其直径为14毫米，高度为50毫米。可再次充电电池或者蓄电池被称为二次电池。两种类型都代表一种封闭系统。你只能从它们内部提取尽可能多的能量，但这些能量是有限的。

笔记本电脑使用的是大号的可充电电池。它们的直径为18毫米，高为65毫米，这就是它们被称为18650型电池的原因。这种电池每年创造的价值可达数十亿美元。18650型电池是迄今为止唯一可以批量生产且价格低廉的电池，因此被安装在特斯拉前三个型号的电动汽车中；车辆全部生产和冷却过程都是围绕这种电池的。特斯拉Roadster与Model S和Model X数千台车辆里都安装了这种电池。然而，它们与笔记本电脑的电池有一点不同，就是里面使用了电解质添加剂。

反过来，燃料电池由外部供应燃料。在理论上，只要连续供应，它就能够提供无限的电能。它不需要充电，只需要加油。

因此，当我在接下来的章节使用电池这个词时，指的就是可充电和可组合的二次电池，它们为电动车提供电动机的电源，充当车辆驱动器。在特斯拉Model S和Model X两种车型中，组装了444个这种圆柱形电池单元，构成电池模块。在各个电池单元组合之间布置冷却层，该冷却层借助来自电池的冷却液体（通常为乙二醇）来除去热量。总的来说，Model S/Model X型电动汽车有16个电池模块，它们被安装在一个重约100千克的电池盒中。这个盒子在各个模块和小型散热器之间设有隔板，可以消除汽车的热量。盒子底部有一块金属板可以防止机械损坏。

电池盒的核心是电池管理系统，有用于控制电池模块的各种电路。通过这个系统，司机可以了解车辆所需电力和电池的充电状态。

每个18650型电池重45克。如果电池模块装满的话，特斯拉的电池盒就达到320千克，再加上箱体、冷却液和其他部件，整个重量可以达到近500千克。与变速箱和满罐发动机相比，电池组的重量至少是它们的两倍。

对于Model 3这种车型，特斯拉计划使用略大一些的电池。电池直径为20毫米，高度为70毫米，因此被称为20700型锂电池。由于体积增大，电池容量也提高了30%。由于Model 3的尺寸较小，可以安装较少的电池。据估计，特斯拉年产量为50万辆电动汽车，总共需要30亿个电池。而现在电池的总产量为40亿，几乎超过了一半。我们现在能够意识到特斯拉超级电池工厂的重要性了。该工厂在2017年年初开始运营，可以确保特斯拉所需电池数量。

并非所有电动汽车电池都是圆柱形的。日产聆风、雪佛兰Volt和雪佛兰Bolt都使用的是矩形电池。这种电池在金属涂层上有一层储能材料。电动汽车在电池设计方面取得的新突破，瑞典的一篇关于"结构电池"的文章曾经提到过。电池并非车辆的附加元件，而是与车辆共同组成一个整体。锂和电解质可以通过碳素体应用于微结构。这将消除自给式电池的重量，也可用于其他方面。

但是，谁能知道，电池将来会不会被放弃？来自德国的索诺汽车（Sono Motors）和中国的汉能两家公司，展示了装有太阳能电池板的电动车型。总部位于北京的生态电力供应商汉能展示了四种模型，太阳能发电在未来三到五年内会变得非常高效，足以为汽车充电。来自慕尼黑的索诺汽车公司推出了一项针对低廉汽车的众筹活动，该汽车可以从安装在车上的太阳能电池中获取部分能源，据说1.6万欧元就可以购买。

锂电池家族：材料表

单个电池由哪些材料组成？它们对环境有害吗？

锂、石墨、镍、钴和铝。 电动车电池中最常用的是锂离子电池。它们由单个锂电池组成，锂化合物用于电池的正极部分（阴极），石墨用于负极部分（阳极）。充电时，电子被从阴极"拉"到阳极并储存在那里；放电时，正好相反。特斯拉320千克重的电池中仅包含5千克锂。玻利维亚有已探明的最大的锂矿藏。德国和奥地利都有正在开采的锂资源。锂这种银白色轻金属具有很强的反应性，因此在自然界中仅以结合的形式存在。除锂外，镍、钴和铝也存在于电池中。

聚丙烯和碳酸乙酯。 电池阳极和阴极之间有一层薄聚丙烯分离层，电子可以穿过直径为千分之一毫米的小孔。碳酸乙酯和其他化合物是电极之间电子的"载体"。如果电池损坏，例如局部过热或机械损坏，可能导致碳酸乙酯与空气结合，发生爆炸。

记忆功能和咖啡过滤器效果：电池需要有哪些功效？

作为电动汽车使用者，人们期望电动汽车驱动器有可靠的性能，行驶里程与内燃机车辆相同。今天，特斯拉Model S实现了这种性能，驾驶里程可达500千米。电动汽车行驶里程提高，很大程度上取决于锂离子电池的功率密度，现在电池的功率密度每年平均提高10%～20%。韩国汽车电池制造商LG化学预计，到2022年，这些电池的价格将降至每千瓦时100欧元。如今，亚洲制造商主导电池市场，市场领先者包括三星、LG和松下。

我们知道，以前电池的充电容量有所谓记忆效应，所以存储量会随着充电循环次数增加而降低。研究人员认为，他们已经找到电池能量损失的原因——就是所谓的锂沉积副反应。电池在负极上会缓慢形成一种沉积物，这种沉积物就是固体电解质氧化物。这种物质会阻碍锂离子通过。这与咖啡过滤器有些类似：如果你的过滤器多次使用，它的滤网就会沉积越来越多的咖啡渣，最终使任何物质都无法通过。如果电池很紧凑，即具有低孔隙率，在几次充电之后就会很快堵塞。这种电池会突然出现大的电容量损失。如果不经常充电，这种多孔结构的电池不会发生这种情况。在电池中加入电解质添加剂，可以帮助防止副反应出现。每个制造商都有自己的独门秘诀来延长电池使用寿命，当然并不对外公开。

电解氧化物的形成速度和电池性能恶化的速度同步，取决于电池充电和放电的速度和产生的温度；而电池发生膨胀时会引起较小的结构变化，但对电解氧化物的形成影响不大。一些电池制造商声称，在500次循环充电后，电池在60℃下只会损失10%的电容量。然而，电容量损失越大，电池充电和放电速度就越慢，电池暴露在高温下的时间就越长。电动汽车制造商菲斯克（Fisker）就遇到了这样的问题。

哈利法克斯市达尔豪斯大学的杰夫·达恩（Jeff Dahn）教授，采用一种新的测量技术研究电容量损失。在几次循环充电后，他可以通过准确测量电池温度来预测功率损耗。于是，人们能用更快的速度来验证不同电解液添加剂的使用效果。通过实验，达恩教授总结出一个规律：使用的电解质添加剂越多，电池就越耐用。他的研究极大地促进了电池的应用实验：为模拟现实状况，需要进行数周或数月的测试周期，在这个周期内电池就跟实际应用时一样，不断循环重复充电和放电过程。实验结果表明，使用这种方法后，电池经过数百次充电循环后才会发生剧烈的容量损失。

除电解质添加剂外，电池的热管理对其性能和耐用性也有重要影响。电池生产从一开始就与热管理息息相关。在传统制造过程中，焊接电池会产生高温，进而使电解质氧化。奥地利克雷塞尔电气公司（Kreisel Electric）就以实例说明，电池技术发展的空间有多大。这家初创公司由三兄弟建立，开发了一种将电池单元用激光焊接的方法，缩短了生产过程。这个方法还可以更好地控制电池温度，减少生产时产生的电解质氧化。然而，这不是克雷塞尔唯一的研究成果。他们还开发了一种先进的电池冷却系统，可以使电池更快充电和放电。

对特斯拉Model S的500个电池进行实际检验的分析结果显示，在行驶8万千米之后，电容量损耗相对较小，仅为5%，行驶16万千米之后，该损耗过程进一步放缓，只有8%。通过跟踪回访部分特斯拉买主，也得出了类似结论，回访内容主要是电池充电周期和车辆行驶范围。然而，对日产聆风来说，电池容量在三年内就下降了20%。

现在，电池技术的发展方向仍然是开放的，主要研究目标是优化生产工艺，进行更好的温度管理。就材料本身而言，一方面是开发使用新电解质，另一方面是找到新材料。石墨烯是一种大有前景的材料，可用于电池阳极。这些蜂窝状碳化合物的能量密度比其他物质提高了4倍，可以使电池充电时间更快，寿命更长。但是，这种材料的拉伸强度是钢的100倍，生产起来非常昂贵。

电池能量密度在1995—2005年发展翻倍。对Model 3这种车型来说，特斯拉希望电池能量进一步加倍。

电池成本是多少

生产一辆电动汽车，单电池这一项就需要花费数千欧元。2017年年初，麦肯锡咨询公司提交了一份研究数据，该数据显示，电池系统每千瓦时平均价格从2010年的约1000美元降至2016年的227美元。事实上，自2016年年初以来，特斯拉电池的成本为每千瓦时190美元。随着超级电池工厂1（Gigafactory 1）的建立，特斯拉预计将进一步降低成本，降幅为30%，降至每千瓦时约125美元。一旦成本突破150美元大关，电池成本就会与内燃机齐平。麦肯锡预计，电池系统的价格到2025年不会低至100美元，另一部分人却非常有信心。斯坦福大学的托尼塞巴教授估计，这个价格在2022年就能实现。通过比较特斯拉的生产成本，这个预测可能是准确的，埃隆·马斯克甚至预计在2020年将这一目标变为现实。从那时起，燃油车辆将比电动车辆更加昂贵。

回收利用是重点

车辆寿命终结不等于电池寿命终结。即使电池"寿命"达到8年，并不代表它已经报废了。电池结构特点决定，即使单个模块或单元损坏，也可以修复。电池容量被使用70%或80%后，无法再次用于电动汽车，电气工程协会估计，这样的电池还可以在家庭和企业中继续使用20年。因此，电池不是有毒垃圾，而是可以重复利用的。

特斯拉和梅赛德斯正在建造可以吸收太阳能系统多余能量的储存房屋。什未林初创公司ReeVolt将旧的电动踏板车电池改装成家用储能装置。美国初创公司FreeWire则再次利用这些"工业废料"，将它们改造成带有移动电源配置器的电动车启动辅助设备。

在某些情况下，电池单元必须进行处理。回收时，要将电池从壳体中取出，进行热处理（即熔化）或压碎。在这样做之前，回收商必须确保电池已经充分放电，否则电解液被点燃，可能造成火灾。

但是，电池种类的多样性使拆解变得困难。电池用螺栓连接在一起，并由冷却盘等包裹，拆解它们需要较大的力量。压碎和熔化，使电池通过低温或高温下的化学反应分解成各种元素。然而，分离锂的费用是昂贵的。目前，只能根据一些试验数据来估计费用。因此，电池回收技术很少在市场上得到应用。

通常来说，回收过程的经济性取决于电池所含物质的价格。回收昂贵的电池成分，如镍和钴，是可以考虑的。如果制造商用更便宜的物质替换它们，这对于销售电动汽车是有利的，但不利于电池回收。

对于废旧电池，目前仍然存在不可靠的处置方法。一家外国公司曾经向德国制造商展示如何将废电池填在坑里。对这种方法，我们只能说不。

充电基础知识

——充电插头，插头标准和其他障碍

电是如何进入电池的？从逻辑上讲，是通过电源插头。但是，这个电源插头是什么样子的呢？电动车新手经常对此感到困惑，因为不同的充电系统使用的标准已不同。充电插头使用日本的CHAdeMO直流标准、欧洲统一标准Typ-2，还是美国SAE J1772交流标准？功率是50瓦、130瓦，甚至350千瓦？这就好比新手司机应该选择柴油、混合燃料，还是87号、89号或91号汽油？这些不同的充电标准意味着什么呢？

对于仍处于起步阶段的技术来说，情况往往如此，人们不知道哪种标准以后会占上风。这并不是说，适用范围广的必须是"最好的"——一种标准的应用取决于你想如何定义它。Beta和Video 2000磁带录像系统都比VHS家用录像系统好，但后者最终成为行业通用标准。例如，电动车司机在充电站找到了几种不同的插头。最好的情况是，他可以选择自己使用的插头；最坏的情况是，他没有找到合适的插头，必须使用转换器或跑到下一个充电站。如果他继续向前行驶的话，要保证电池剩余电量能够支撑到目标地点，而那个地方真能把电充满，并且不能碰上交通堵塞。

区分不同充电标准最简单的方法就是查看插头形状。并非每种形状的插头都适合某种车型。CHAdeMO适用于日产聆风、三菱i-MiEV或起亚Soul EV使用的日本标准。曼奈柯斯（Mennekes）的Typ-2插头主要是德国制造商使用。SAE J1772则适用于北美地区。还有用于各种插头的转换器，使你可以用"错误"的插头充电。这种转换器适用于各种国家不同的插座系统，可以用于旅行。在国际旅行中，游客经常携带两三个不同的插头转换器，解决用电问题。

一旦你理解这些，就会知道充电能力对电池来说有多重要。通俗地讲，充电能力就是电池的充电速度。电流是"一滴一滴地"流入汽车，还是像消防水带那样将水注入呢？简单地说，电池功率越高，你回到路上的速度就越快。然而，高功率电池有以下缺点：充电电缆和插头容易变热，必须包装在冷却装置中，这就会使电池组变得更硬、更厚和更重。在电池生产过程中能否精准进行手工操作，也是一个挑战。

目前，快速充电站的插头功率是50千瓦。充电21分钟，电动汽车可以行驶100千米。如果充电功率升级到350千瓦，可以将充电时间缩短到4分钟。2017年7月，保时捷为即将上市的Mission E安装了第一个具有这种充电功能的公共充电站。但是，对于这种超快速充电，整个城区都需要具有相同性能的连接设施。而且，正如我所说，必须冷却充电插头。快速充电对电池并非完全无害；如果出现问题，电池将会损坏。在这里，热量管理非常重要。

比公共场所的充电站更重要的是家用充电设施。你可以将车辆电源插在正常的220伏插座上（可能需要整晚充电），但专家建议不要这样做。家里铺设的电线一旦变得陈旧，就可能导致火灾。电路保险丝设计为16安培，与电动汽车充电容量一样。如果你将其他设备和汽车插在同一电路上，保险丝就会被烧坏。因此，家中最好安装新电缆和单独的充电盒。充电盒（或充电桩）可以很好地适应低电流和高电流的变化，并能确保充电速度和安全性。

位于硅谷圣卡洛斯的初创公司eMotorWerks提供了一款名为JuiceBox的充电盒，这款充电盒在市面上非常流行，并且价格也很便宜。另外一家有1.6亿美元风险投资的初创公司ChargePoint，在美国已拥有超过3万个充电点。该公司打算在2018年继续快速增加充电站数量，尤其是在电动汽车充足的城市。然而，专门负责协调ChargePoint监管关系的网络平台Anne Smart，指出了安装充电站后出现的问题。相比恶意破坏行为，更多的是很多技术差的汽车司机在停车的时候撞坏充电桩，破坏充电设备。

充电系统的扩建不仅仅局限于汽车、卡车、轻便摩托车、叉车，甚至飞机都处于电力化进程之中。任何领域都能为充电系统供应商提供安装和操作的机会。一些城市将电动公交车投入运营，这些车就像原有的电车一样，车顶上有一个集电器。电动公交车司机可以在每个站点用空中线路为电池充电，或者只需在终点站充一次。

还有一种混合式的车辆充电体系。在某段特定的公路上，混合电动货车可以通过铺设的空中线路为电池提供必要的能量，这样车辆就可以行驶很长一段距离。而在没有铺设空中线路的路段，这种货车可以同时使用电池或者柴油发动机。因为不用一直使用电线，这种车在行驶途中还能超车。这项技术的优势在于节省能源，可以将成本降低一半。

国际充电标准制定协会（CharIn e.V.）一直致力于协调各种不同的充电标准。这种标准需要涵盖福特、通用、特斯拉、宝马、戴姆勒、大众等汽车厂商，以及充电站运营商。协调的第一步是建立一套"联合充电系统"（Combined Charging System），即"CCS"标准。第二步是确定各生产车型的订货目录和认证过程，使制造商能在产品中更容易使用CCS标准。第三步就是传播和执行共同标准，这主要是针对日本CHAdeMO标准。

这种新型充电标准能够多快推广，以及是否能够成功还是个未知数。如果你看一下日本已经建立的充电站数量就会知道，充电标准制定协会将面临一项十分艰巨的任务。2016年，日本的充电站数量已经超过该国的加油站。超过4万个充电站就建在3.4万个加油站对面。在美国，只有9000个充电站，而有11.45万个加油站。目前德国有6000多个电子充电站，瑞士有800个，奥地利有2000多个。如果你看看中国，就知道所有这些数字都是小数目。2017年年初，中国的充电站数量就已经超过了27万个。

2017年年初，荷兰皇家壳牌石油公司宣布为自己的加油站配备充电站。壳牌公司虽然没有详细讨论什么时候建这些充电站，但已经确定会在哪些国家配备，德国不在其中，重点地区是英国和荷兰本土。

尽管目前充电站数量仍然落后于加油站，但这种状况会在几年内改变。相比加油站，充电站的建设费用在3000美元到7500美元之间，价格要便宜得多，而且可以安装在（几乎）任何地方，不需要进行大量的环境影响评估。建设加油站要确保液体燃料不会污染周边环境，安装充电站就不用考虑这些，还能很好地兼容附近其他设施。

不幸的是，德国在这些方面都是外行。很明显，德国汽车制造商和电力供应商不相信电动汽车。既然这样，他们又如何会解释计费系统的混乱呢？同样，德国在数字技术方面的不足也随之暴露出来。不同的射频识别卡、计费系统，以及配套安全标准都让专家感到头疼，公共充电站只能在办公时间使用，电动交通系统门派众多，尚未形成统一标准。

德国制造商就是抱着玩玩的心态，不会竭尽全力。"城市快速充电网络"（SLAM）项目，目标是在2017年中期，在大城市高速公路上建立600个快速充电站，每个站点能达到150千瓦的充电功率。要达到这个目标，首先要让科学家创建模型，通过这些模型来说明在哪些地方建充电站有意义，怎样使用这些充电站，以及使用哪种支付系统等。该项目由国家税款资助，需要特别说明的是，只有三分之二的充电站完成了安装。具体来说，所有充电站都应该由制造商来建造，但德国汽车制造商并没有配备统一的充电系统，部分充电站由日产完成并配备了相应的CHAdeMO标准。一直到现在，该项目仍没有多大进展，截至2017年3月，仅仅安装了50个充电站。相比之下，2016年年底，特斯拉在全球就拥有近5000个充电站，还计划到2017年年底把数量翻倍。城市快速充电网络项目的合作伙伴，戴姆勒、宝马、保时捷、大众、莱茵集团（RWE）、巴登-符腾堡州能源公司（EnBW），还有德国联邦经济与能源部，以及其他各种企业，本应该通过这个项目将德国工业打造成超级精英，事实却是，这个目标被份额只占1%的美国初创公司完成了。

在维也纳，市政府正在检查交通信号灯和电线杆的情况，从而扩充城市充电点。整个城市的15.3万个路灯由3400个开关控制，同时街道上有1.4万个交通信号灯，这些信号灯会安装尽可能多的开关盒，为电动汽车充电提供电源。在这种配置下，在4小时内行驶200千米的费用应为6欧元，至少按照当前的计划是这样。

开放充电联盟（Open Charge Alliance）旨在为充电站制定共同的开放标准。现行标准中的两家签订了信息交换协议，分享充电站和中心系统之间的数据信息，对24小时内的用电需求做出预测。这个联盟的合作伙伴除许多初创企业、研究机构和工业组织外，还包括德国莱茵集团等能源供应商。从国际层面来说，我们同样应该采用统一的标准结算系统。德国Hubject致力于建立一个整体的欧洲充电收费体系，电动车司机可以在任何充电站使用这个支付系统。

如果我们不用担心充电这个问题的话，自然最好了。这就需要将所谓感应充电技术变为可能。在美国，咖啡连锁店星巴克已经为智能手机充电提供了这种技术。桌子上有各种环形接板，可以无线连接手机；人们只需将手机放在桌子上的感应线圈上就可以了。这样给手机充电很慢——在充电过程中不能使用电话，因为它必须放在感应线圈上——但比没有电强。

感应充电有望在两个方面使电动车充电状况得到改善。首先，将车辆停在车库地面的感应充电底座（充电基板）上，车辆安装的感应线圈产生感应电流，从而为高压电池充电，这期间不需要进行其他操作。这就避免了晚上忘记插电源给汽车充电，导致第二天早上无法上班的尴尬局面。另一种改进形式是通过路面感应板，使电动汽车一边行驶一边充电。从理论上讲，这种技术能让行驶的车辆永远不用停下来充电。因此，在长途行驶中，司机中途只需要解决上厕所和休息的问题就可以了。目前，感应充电的发展需要突破的是，感应装置的安装成本和（仍然）充电功率低两个核心问题。此外，汽车和道路上的感应装置不能相距太远，最好只有几厘米，这样才能保持较低的充电损耗。

与新汽车行业的其他领域一样，一些初创公司，比如美国的Momentum Dynamics, Plugless和WiTricity，也在感应充电技术领域不断探索，力求推动这项技术向前发展。到目前为止，这三家初创企业已经获得超过4200万美元的风险投资。谷歌Waymo是自动驾驶领域的领跑者，将感应充电视为自动驾驶汽车的重要组成部分。Hevo和Momentum Dynamics都已经为谷歌无人驾驶汽车"Koala"设计了感应板，但目前充电能力还比较弱。不过，这些初创公司承诺，很快就会将充电功率提高到200千瓦，并配置相应的快速充电站。

至少在这一方面，英格兰比欧洲大陆已经领先了一步，不仅铺设了感应充电测试道路，还有望进行扩展。以色列初创公司Electroad也开始在特拉维夫的电动公交车上使用感应充电技术。得益于这项技术的应用，车辆在生产时可以安装较小的电池。因此，感应充电技术也推动电动车在减少重量和增加续航里程两个方面发展。

那么，这种无线充电系统会成为新的电磁辐射来源吗？它对人体健康有潜在的负面影响吗？专家对此仍然存在分歧，初步研究成果也相互矛盾。欧盟委托进行的一项研究表明，低频电磁场和白血病之间没有关联。然而，另一项研究发现，小鼠恶性肿瘤的生长与接触电磁场的距离之间存在联系。

电池市场和电网：给予和接受

生产电池正在成为一项大买卖。研究表明，电池市场产生的价值在2020年将增长到100亿美元。六家制造商将生产90%的电池，特斯拉仅仅在自己的电动汽车中就会使用一半的产量，其次是比亚迪、大众、雷诺-日产、通用和宝马（按此顺序）。这种巨大的市场需求将会由更多的电池制造商来满足，这些制造商包括比亚迪、LG化学、NEC和三星SDI。当然，超级工厂1占据最大的市场份额。这家位于内华达州里诺的电池工厂，由特斯拉和松下共同拥有，将占46%的市场主导地位。作为电池制造商的最大消费方向，电动汽车对存储解决方案的需求高达80%。

数以千计的电动汽车也将影响能源公司的发展。一方面，因为车辆需要电力充电，另一方面，分散的电量也需要集中存储。将大量电动汽车电池连接到电网上，可以让电网吸收过剩的电量，或反过来向电网提供电力。然而，如果每个人同时为车辆充电，就可能让电网超出负荷，变得不稳定——这有可能发生在所有电器同时运行的用电高峰阶段。相比之下，智能电力网络可以将车辆相互关联起来，并在某个时间段进行电力分配。这种车辆与电网相互连接的运行方式被称为V2G系统（Vehicle-to-Grid）。

直到现在，德国制造商在电池生产方面的态度仍然犹豫不决。到底自己生产电池，还是依靠别人？一些企业的工务委员会明确支持电池制造项目，以预防工作岗位流失。戴姆勒宣布，2018年在萨克森州卡门茨投产第二家电池工厂。大众和宝马也会有类似举动。

法规和应急解决方案：好不只是做得好

再次声明，德国制造商和德国政府已经陷入了困境，其内心依然在反对"年轻的野蛮人"。不同的激励或惩罚措施，结果是不同的。例如，"多五个新客户，就会多一天休息日"，"如果超速行驶，就会有80欧元的罚款"。或者，出于主观意愿：我参加讲座，是因为对这个主题非常感兴趣，在那里能够见到令人兴奋的人，而不是有人跟我说，去了就会有100欧元。

人类基本上都不是理性的。当我们面临外在的诱惑时，工作质量就会受到影响，或者对任务失去兴趣。这已经在许多实验中得到证实。在这种情况下，成年人、儿童，甚至猴子，只会花更少的时间完成任务，犯更多的错误，工作质量更低。

说说你是怎样让八岁的儿子读书的吧。你向孩子保证，每读完一本书就会奖励一个面包。那么，我问你，会发生什么情况呢？他会读哪些书呢？结果当然是最薄的和文字最少的书。如果我们问他这本书讲的是什么故事，他可能说不出来。如果我们不再奖励他，会怎样呢？孩子会完全停止阅读。这与我们实际想要的完全相反。"读书令人兴奋"的内在动力已被外在的激励"面包"所取代。

为什么我要用行为科学来解释这个过程？因为德国电动汽车和混合动力汽车供应商目前这种令人遗憾的状态，就是由最初错误的激励制度导致的。

今天的汽车让我们看到了这一点，车辆种类是可以选择的。政府监管机构引入的测试周期，例如"新欧洲行驶循环"（NEFZ），有望在符合标准的情况下减少车辆能源消耗和废气排放。虽然鼓励汽车工业制造混合动力汽车和电动汽车的意义很大，但这种方式完全不费吹灰之力，不会有更大的作为。除此之外，另外一个目光短浅的地方就是，重视公司眼前利益。公司下一季度的业务目标只是为了管理层和股东，而不是通过技术创新保护企业的未来，创新技术至少要有五年时间才能显现出成果，那个时候现在的管理层可能早就离开了，股东们也许早把股票卖光了。

好不只是做得好，埃隆·马斯克对丰田和戴姆勒的评价就说明了这一点。德国制造商坚持用测试周期来进行"计算"的外在动机，抵消了让人类放弃化石燃料这一目标的内在动机。这种行为不仅限于汽车行业。甚至在石油工业中，人们早就很清楚，必须远离石油。然而，投资其他能源的尝试总是三心二意地在进行。

硅谷人理解事物的方式不同，而且还凌驾于常规准则之上。"特斯拉没有任何利润。他们刚刚宣布巨额亏损！"一家德国公司的经理幸灾乐祸的傲慢嘴脸让人感到惊叹，"就这股价还上升了！"路透社的头条新闻是，特斯拉在2015年中期，每售出一辆Model S就损失4000美元。在普通公司中，出现这样的情况，管理层会立即出台激进的紧缩措施，重组亏损部门，甚至裁员。但是，特斯拉不是一个普通公司或产品，而汽车市场即将发生变化。在硅谷之外的世界里，这是难以理解的。传统商业模式提出的基本问题是，"怎样才能创造利润"。硅谷可能是世界上唯一不必回答这个问题的地方，这里只需考虑如何为客户创造价值。

在德国经济部的创业加速计划（我是这个计划的顾问之一）实施三个月后，德国初创公司来到帕罗奥多，自豪地宣称已经实现了盈利。但是，这对当地风险投资家来说是个坏兆头。这意味着，在潜在竞争对手发挥作用之前，初创公司的开支并不足以扩大公司规模并占领市场，而后者才是特斯拉所做的。特斯拉在2015年第二季度亏损4700万美元的主要原因是，将资金放在了基础设施扩张上。特斯拉在里诺的超级工厂大规模生产电池，为未来大众市场的Model 3做准备，还有在全球扩张充电站和筹备生产Model X的计划。但是，这些都是预期增长的投资。特斯拉制定电动汽车标准，在实际行动上就表现为主导电池市场，并为消费者提供功能强大的电动汽车。

戴姆勒总裁迪特尔·蔡澈（Dieter Zetsche）曾表示，没人会用电动汽车赚钱。德国《商报》就此采访了特斯拉老板埃隆·马斯克，想了解他在公司损益方面的态度。马斯克回答：

"我同意，我们不能永远做亏本生意。今年，我们投入了大量资金生产Model X。当然，从长远来看，还必须生产Model 3。我们明年的目标是实现正现金流，确保投资收益高于成本。但是，我不会只为赚钱而放缓公司发展的脚步。"

就像国际象棋选手一样，马斯克设定了他的个人角色，并考虑了适当的牺牲。如果一切发展顺利，这个角色最终会打败对手并统领市场。

即使是卡尔·本茨，在最初几年也没有赚到钱，他潜心研究自己疯狂的发明——不用马拉的车。他靠妻子继承的遗产生活，而妻子伯莎也在经济上支持他，把他视作一位"风险资本家"。促使伯莎带着儿子们进行第一次汽车长途旅行的真正原因是，她对本茨将汽车投入使用的犹豫不决的态度有些不耐烦了。她希望将车辆测试的范围扩展到自己家以外的地方，向世界展示汽车到底是什么。尽管有种种限制，伯莎仍然选择在缺乏许可和安全保障的情况下出发了。她不仅获得了公众关注，还获得了在改进汽车方面的宝贵见解。100年后，梅赛德斯老板却发言反对自己公司历史性的开拓精神。

德国《经理人杂志》在2014年2月一篇针对宝马i3的试验报告中指出，试车员在测试充电这一环节中没有通过，再次引起了德国对于电动汽车性能不完善的关注。这种不完善还包括充电卡不能自动联通，充电站只能在办公时间内使用，并且不能用信用卡，以及电动汽车发电量有限的结构性缺陷。这显示电力供应商只是简单谈论新的趋势和商业模式，并非积极采取行动。除此之外，充电站还存在不可预测性：价格标准不统一。供应商一般采取计时收费、基本电费或根据电量来计算价格。电动汽车至今仍然是一种街头强盗式的商业模式。没有人觉得有责任为客户提供愉快的整体驾驶体验。汽车制造商将这个责任转交给电力公司，而后者对客户和可能的销售方式看法较少，关注点仅限于前期成本。最后，所有矛盾都指向了国家。

电动汽车有"火灾隐患"？

在白雪覆盖的挪威，一辆完全被烧毁的特斯拉照片在2015年冬季占据了新闻头条。这辆车因充电过热而自燃。这是否真的就是电动汽车不安全的标志？如果看看统计数据，就会知道这种想法是错误的。仅在美国，每年就有15万辆汽车引起火灾，也就是说每小时有17辆。在德国，只有十分之一的汽车会这样，但每年仍然能造成1.5万次车辆火灾，或者说每天有40次。

内燃机汽车引发火灾的次数至少是电动汽车的5倍。这并不意味着，电动汽车自燃是无害的。事实上，这为消防员增加了工作量。电动汽车燃烧的电池不易用水熄灭。与汽油发动机相比，电池燃烧的方式不同，后者没有燃料可以泄漏或自发爆炸。如果发生事故，还必须确保被毁车辆的电池没有危害。因此，切断有特别标记的电缆连接是非常重要的。

电动汽车第一次发生火灾后，制造商在安全措施方面做出了相应改善。在另一次意外事故中，汽车底盘被一块损坏电池的金属刺穿。特斯拉公司对此采取的改进措施是对底盘进行加固。

尽管如此，有关电动汽车火灾的消息仍然比燃料汽车多。实际上，这种事故是很少见的。总的来说，电动汽车容易发生火灾这种说法是错误的。正如埃隆·马斯克所说："如果你想纵火，你会拿一罐汽油还是电池？"

为干净的未来需要考虑的是生态足迹、电力混合、尾气排放

动作片明星和加州前州长阿诺德·施瓦辛格酷爱汽车，他拥有一系列名贵豪车，从奔驰、悍马到宾利、保时捷，再到梅赛德斯和特斯拉。几乎每个汽车品牌都收入囊中，他是一名超级车迷。他经常开车在街头兜风。这位"终结者"还将自己

在奥地利军队服役期间驾驶的一辆坦克买下，运到加利福尼亚州用于观赏和慈善项目。

施瓦辛格过去对汽车的痴迷未必环保，现在他却站在了电动汽车阵营。他在脸书上发表了一篇帖子，用了比较激进的标题："我就不***信了，大家都赞同气候变化的观点"（I don't give a ****if we agree about climate change）。意思就是："如果我们就气候变化问题不能达成一致，我会感到很羞耻。"在欧洲，人们几乎都认同全球正在经历气候变化，但在美国并非如此。这就解释了这篇帖子为什么会有这样的标题。在帖子中，他举了一个显而易见的例子，为电动汽车或具有替代驱动能力的车辆提供了很有说服力的论据。

我最后有一个问题想问大家，你需要一些想象力才能回答。

你面前有两扇门可以选择。1号门后面是一个封闭的房间，里面有一辆我们今天经常看到的燃料汽车。2号门后面的房间与1号门后面的房间相同，但里面是一辆电动汽车。两辆车都是以同等马力运行。

我希望你选择一扇门，打开它，进去后再关上。你必须在每个房间待一小时。在这期间，你不能将车熄火。而且，你没有氧气面罩。

我猜你会选择2号门，那个有电动汽车的房间，对吗？1号门是一个致命选择——谁想呼吸废气呢？

这两扇门就是当今世界面临的选择。

……我只希望你能陪我打开2号门，为一个更智能、更清洁、更健康、更有益的能源的未来而努力。

奥地利联邦环境局在一项研究报告中指出，电动车是有利于保护环境的。专家们在报告中将温室气体、空气排放污染物与汽油、柴油、混合动力和电动汽车的能源同时进行比较，还考虑到了车辆从生产到运行整个生命周期对环境产生的影响。

与柴油和汽油车辆相比，电动汽车在整个生产运行周期中温室气体的排放降低了75%~90%。与汽油车相比，柴油车氮氧化物的排放要高出9倍，而电动车是没有氮氧化物排放的。但是，所有车辆驱动方式产生的粉尘都是相同的。大约50%的粉尘是在生产车辆过程中产生的，另外50%是由电动汽车的电池进行电力供应和内燃机产生能量时产生的。

无论哪种驱动方式，在能源消耗和生产过程中使用的材料都是相似的。生产车辆的工厂都要消耗大部分能量。电动汽车在整个产品生命周期内的能量消耗要比燃料汽车低3～4成，投入运营后的总能耗要低50%～70%。

美国忧思科学家联盟（Union of Concerned Scientists）也提交了类似结论。虽然在电池生产过程中能耗较高，排放量也较高（在135千米行驶范围内增加15%，在400千米行驶范围内增加68%），但经过6～18个月时间，电动汽车与燃料汽车对环境的影响会趋于平衡。根据发电方式不同，车辆收回成本的快慢也不同。在整个车辆的生命周期结束时，内燃机产生的排放量在135千米行驶范围内是电力的两倍。

根据美国各州的电力构成状况，忧思科学家联盟比较了电动汽车和燃料汽车在运行期间的排放情况。需要回答的问题是，燃料汽车行驶100千米需要使用多少燃料，才能和电动汽车在废气排放方面达到相同水平。在阳光普照的美国西部各州，燃料汽车的平均油耗为每100千米2.5升。根据当地平均水平，这种消耗不可能超过每100千米3.5升，在今天几乎没有汽油车或柴油车能够实现。使用在线排放计算器，你可以按照品牌和州查看电动汽车的环保性能。

欧洲也是如此，至少在二氧化碳排放方面，具体状况由车辆发电类型不同而定。那些依赖化石燃料发电的国家，如波兰、希腊、保加利亚、爱沙尼亚和立陶宛表现不佳，废气排放严重。拥有可再生能源的国家，包括挪威、瑞典、丹麦、冰岛和奥地利，碳足迹已经减少了。严重依赖核能的法国或瑞士也减少了二氧化碳的排放量。德国本身处于中间地带，但现在的电力构成状况不会使二氧化碳的排放量减少。

但是，仅仅根据汽油消耗来衡量排放平衡是不够的，燃料开采、运输和生产也消耗大量能源，并且其本身就是重要的排放源。

一直到1900年，开采石油仍然相当容易。从地面开采100桶石油，只需要相当于一桶的能源消耗。而在今天，那些易于开采的石油矿藏已经枯竭，必须深入钻探或从油页岩矿床中提取原材料，这就使开采的能源消耗增加。以前消耗一桶能源可以获得100桶原油，现在最多只能得到12～17桶。对于来自加拿大和委内瑞拉的油砂，这一比例甚至下降到5桶。开采这些"恐龙汁"变得越来越难，也越来越贵。

在整个原油的提取、精炼、运输和储存过程中，都会消耗能量并排放废气。废气和原油从生产运输设备中释放出来，在绵延数百万千米管道的数千个阀门和交会点处泄漏，会以滴落或其他方式进入大气中。汽车油箱也不一定完全防漏，就像在加油站附近买房子的业主一样，购车者也会被提供有此项说明和警告的文件。

在计算车辆的生命周期时，经常被遗忘的是确保能源供应的军事成本。落基山研究所的艾莫里·洛温斯（Amory Lovins）表示，在美国6380亿美元国防预算中，有很大一部分是用于能源安全的。仅在中东和近东的军事行动中，政府就花费了5070亿美元，大约是美国从该地区开采石油获得收益的10倍。

国际能源署（IEA）估计，全球各国每年花费近5000亿美元，来支持那些削减使用石油、煤炭和天然气的产业。根据国际能源署署长法蒂赫·比罗尔（Fatih Birol）的说法，这些补贴金额是使用可再生能源的3倍。

因此，可以假设，内燃机车辆运行的隐性环境成本远高于通常所知的成本。

使用电动汽车是有助于保护环境的，电动化的过渡情况每个国家不同。使用大量煤炭发电的中国，在短期内通过转向电动汽车而获得的收益微乎其微。电力能源改善了生态平衡，尤其是当我们使用可再生能源进行发电的时候。即使2022年年底德国淘汰了所有核电项目，排放情况依然不太可能改善，但核废料水平肯定会下降。

内燃机不能改变能量来源，汽油发动机只能用汽油，柴油发动机只能用柴油，而电动汽车可以非常自由地选择能源类型。电力没有特殊标签，不管中期还是长期，我们都可以改变用于发电的能源类型。如果车主购买的电动汽车开始使用的是插电式混合动力系统，后期也可以用自己的太阳能系统来替换它，或者使用一段时间后，通过使用电力公司的无排放能量源，使车辆变得更加环保。对电动汽车来说，这种可替代性取决于它的混合动力，而内燃机汽车所谓"混合动力"并非如此。

近年来，人们逐渐舍弃使用煤炭等对环境造成污染的化石能源，大力发展风力和太阳能发电设备，所以生产环节产生的污染排放量在排放总量中所占份额不断降低。所以，交通环节产生的排放量所占比例相对越来越高。从这方面来看，使用电动汽车对减少污染排放量做出的贡献将越来越大。

如今，电动汽车车主已经有了独特的人群标签，他们使用能源的方式和其他车主逐渐出现区别。在美国加利福尼亚州，60%的电动汽车车主会选择在电费最优惠的夜间时段充电，白天电费提高，他们就不愿意充电了。在被调查的电动汽车车主中，有32%的车主因此选用太阳能充电系统。

公司：谁真正决定了电池生产？

德国电池行业是什么情况？要回答这个问题，我们必须追溯到100多年前。有一家蓄电池生产公司在1887年成立，名叫"Tudorschen Systems Büsche & Müller oHG"，它就是今天的瓦尔塔（Varta），一家可以与西门子和AEG匹敌的公司。德国电池技术多年来一直处于领先地位，其应用领域主要是武器（关键词：潜艇）、汽车电池和手电筒。如今，这个行业有的只是自己的影子。近几十年来，对于瓦尔塔这样的制造商来说，处于动荡时期。在智能手机、便携计算机和其他电子产品领域，和亚洲相比没有成本优势，本国的电池生产企业缺乏竞争力。世界领先的制造商已变为LG、松下和三星等公司。弗劳恩霍夫研究所（Fraunhofer Instituts）的一项研究清楚地表明，德国已经不是汽车电池的主要市场，并且还有一些领域落在后面。电池技术在未来会取代现在的发动机技术。但是，不应该期望电池工厂能够弥补制造行业的预期失业率。电池生产高度自动化，仅需发动机制造业十分之一的员工。

然而，德国制造商并没有像宣称的那样，全心全意建造电池工厂，而是三心二意。如上所述，梅赛德斯-奔驰投资5亿欧元在卡门茨建造第二个电池工厂，自2012年以来一直在生产锂离子电池，但同时宣布投资建设新汽油和柴油发动机工厂。这就跟卡尔·本茨把妻子一半财产投入马匹饲养场中一样。

动力技术的对比：发动机、设计和效率

当我们拿电动汽车和燃料汽车进行比较的时候，似乎只考虑存储能量或释放能量进行驱动时发生的变化。事实上，后者在运行全部过程中都对环境产生影响。内燃机车辆的发动机有许多部件，还有油箱、燃油管路、离合器、变速器、飞轮和排

气系统。

电动汽车的工作原理完全不同，不再需要燃油管路、燃油泵、油箱、过滤器、离合器和飞轮。虽然电动机通常体型庞大，但电池形状更灵活。电动汽车电池可以是一个块状装置，装在底层或安装在行李箱内，甚至转移到拖车里。内燃机汽车手动变速器也是需要占用车辆空间的。你能把它一下子放在前座中间的托架上吗？而这种部件在电动车辆中完全不存在。这就改变了驾驶体验，因为动力可以不受干扰地传递到车轮上——即没有手动变速器——并且运行很平稳。凡是驾驶过电动汽车的人都可以证实这一点。

电动汽车的车身和车内设计有效地利用了空间效应，开辟了新视野。发动机舱、油箱和变速箱成为新的设计点。类似大众甲壳虫的迷你车会因此欢呼，因为在汽车引擎盖下又可以节省出一个行李箱的空间。所有这些车内的自由空间都为设计提供了新的可能性，正如意大利汽车设计商安德烈亚·扎加托（Andrea Zagato）在接受《经理人杂志》采访时所描述的那样。

"电动汽车不再需要大型发动机，变速箱也消失了。电动发动机不再需要安放在车头位置，因此可以省去水箱和通风槽。即便是经典的仪表盘也不需要了，因为一切都是电子的。所有这些都使电动汽车的车辆结构变得完全不同，并为我们提供了更多的设计空间。"

特斯拉Model S的乘客都会体验到乘客座位和行李箱的空间有多宽大。大量金属和运动部件消失了。内燃机在设计的时候必须确保发动机周围有足够的空间，以便在发生事故时不会将太多东西推入客舱，而电动车辆设计师可以在这里设计一个新的防撞区。这对乘客来说会更加安全。

反过来，内置在底板上的重型电池会降低车辆重心并使车身更加坚固。特斯拉Model S在美国的安全测试中几乎不会出现问题。而且，这些车辆在麋鹿测试中也会表现得更好。

八缸发动机大约有1200个零件，电动发动机的零件要少得多，只有二十几个。所以，电动发动机重量更轻，制造得更紧凑，能够直接安装在车轴上，能量可以更快地进行传递，让汽车加速。这就回答了许多人一直很困惑的问题，为什么跑车会设计得如此特别、新颖。同时，电动发动机使用寿命更长，维护需求更少，因此成本更低。

虽然电动发动机的组成部件相对较少，但并不意味着技术含量低。电动发动机有几种类型，可以使用直流电或交流电提供动力，也可以使用强磁铁。同样，影响电动机功率的因素包括使用的材料、铜线质量和铁芯分层产生的热量等。所有这些都需要专业研究、设计和生产。

另外，电动机也可以像发电机一样工作。电磁场在制动过程中产生电能，可以再将电充回电池，这被称为"回收"。当驾驶员踩下踏板时，电池停止供应能量，发动机停止驱动车轮。由于制动是来自电动机的，摩擦片不受影响，所以会减少部件之间的磨损。

此外，再说说电动机的效率。内燃机转换的能量大部分通过摩擦产生热量的形式损失掉了，仅有少量转化为动能，而电动机则可以能量相对无损地工作。每种电动机的效率不同，最高可达97%。汽油发动机的效率接近30%，柴油和混合动力发动机的效率可达40%。直接对比两种发动机也不够全面，因为还必须考虑发电站的效率。如果发电站的能源来自太阳能、风能和水能等，只需减掉电力运输造成的损失就可以了。如果电力来源于效率为35%的火力发电站，电动机的效率就会相应更低一些。

汽车技术供应商博格华纳（BorgWarner）通过计算汽车的尺寸、重量和其他因素，研究不同驱动系统之间的差别及效率，使各种动力系统具有可比性。他们关于效率的陈述与已经提到的内容是相似的。混合动力车的效率可达38%，汽油车的效率极限是25%，柴油车是28%。相比之下，电动车的效率高达80%。虽然内燃机的效率在过去十年提高了14%，但立法者要求汽车发动机在未来十年内效率要超过30%。这就需要将现有燃料汽车逐步过渡到混合动力车和电动车。

博格华纳根据自己的研究结果和预测，向汽车制造商提出了电动化技术的分阶段过渡措施，以降低投资风险。博格华纳建议每年生产多少辆汽油车、柴油车、混合动力车和电动车。虽然这种建议性措施可以理解，但仍有缺陷。这预示着电动汽车的需求将会线性发展。然而，颠覆性创新是指数级的，开始很慢，后来会爆炸式发展。在硅谷演讲展示中，针对博格华纳的研究成果和建议，很多与会者提出了不同意见。许多人过去在其他行业中有过类似经历，因此持怀疑态度。

一些供应商已经意识到了这种趋势，反映在订单中就是将内燃机汽车改为电动汽车。变速箱制造商采埃孚（ZF）宣布，关闭位于萨尔布吕肯和施韦因富特的变速箱生产工厂，并计划重新调整电动汽车的动力传动系统生产计划。尽管管理层认为8500个工作岗位中没有一个人会处于失业边缘，但现实需要面对的情况是，他们是否能将这些零件制造者成功培训为电池生产者。

适用于重型汽车的品质轮胎

电动汽车需要对非常规汽车组件进行创新。一位特斯拉Model S车主曾经告诉过我，车辆轮胎磨损增加，并不是由于经常在行驶中加速造成的，而是因为直接驱动方式和高扭矩使橡胶轮胎表面凹凸纹路负载过重。

因此，轮胎制造商面临新的挑战：电动汽车轮胎应该耐用、噪音小，而且安全性能好。但是，你不可能同时拥有所有优点。即使状况良好的公路，轮胎磨损也很快。耐用的轮胎行驶时会很吵，而安静的轮胎没有良好的抓地力。

像特斯拉这样的公司，会要求轮胎能够拥有所有优点：最佳性能和最长使用寿命，低滚动噪音和良好的抓地力。为重新探索轮胎的极限性能，制造商研究了200多个参数，从皮带层和侧壁的布置到不同胎面设计和花纹深度等。车轮内胎专门由供应商为特定车型设计。例如，米其林负责为EV赛车系列和特斯拉生产所有轮胎，但由于Model S的重量和性能特点，不得不重新为其设计轮胎支撑架，以确保轮胎能够承受极端载荷。当然，所有其他条件也得到了满足。

"这种车应该卖多少钱？"

购买一辆车的重要标准是成本，这一点非常清楚。这个成本包括购买价格、运营成本和转售价值。今天购买电动汽车的成本仍然很高，因为与性能相比，电池价格（仍然）很高。但是，这是会改变的。

瑞典研究人员在一项研究（2007—2014年）中调查了电动汽车的电池成本，发现每年价格下降14%。2007年，每千瓦时电量成本平均为1000美元，2014年的成本仅为410美元。对主导市场的公司来说，成本只有310美元。预计这种下降趋势将持续下去。麦肯锡的一项研究显示，2016年的电池价格是227～230美元，在2010年至2016年间下降了80%。电池制造商克雷塞尔希望在2017年将电池价格降为每千瓦时电量130欧元。随着超级工厂的兴建，特斯拉预计将每千瓦时电量成本进一步降低30%，低至约125美元。

正如我之前所说，每千瓦时电量150美元的价格将是电动汽车的突破，因为它们将比燃料汽车更便宜。预计电池还会在2020年至2025年间不断降低成本。

反过来，为电池充电的成本取决于几个因素：车辆型号，何时何地充电，用公共设施还是私人设施充电。特斯拉为Model S和X车主免费提供特斯拉充电站电源，并为员工提供有其他充电选项的公司停车场。根据电力供应商不同，充电价格不同，这中间可能有很大差异。购物中心的免费充电站和商店附近的特殊充电服务应该能吸引更多顾客。如果晚上在家中充电，你可以享受更多优惠。如果家里屋顶上有自己的太阳能系统，成本还会进一步降低。

能源行业有一个明显趋势：近年来，终端用户的电价不断上涨，而发电、运输和配电成本仅略有增加或根本没有增加（见图3）。

与此同时，太阳能发电的成本也在下降。德意志银行有一项研究，就是将太阳能发电的价格与发电厂生产、运输和运行的各项成本进行比较，预测太阳能价格持续下降必须满足的条件。到2021年，预计太阳能电价为每千瓦时5美分。这意味着从发电厂到终端客户的电力运输成本会变得更高。将太阳能发电与家用电池结合，在技术和经济上会越来越合理，还可以使自己完全独立于能源供应商。

让我们将上述情况与化石燃料的情况进行比较。我们可以利用美国能源部提供的在线计算器，比较不同车辆的成本。结果表明，行驶100千米所需的电量成本仅占燃料成本的1/3～1/5。

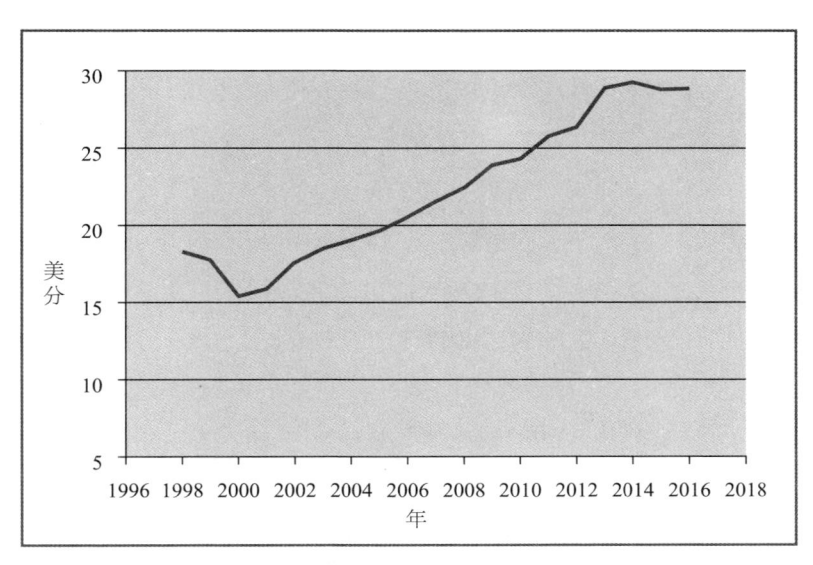

图3　1998—2016年电价发展

　　还有一个决定性因素是车辆的转售价值。电动车辆的剩余价值很大程度上取决于电池。如果电池损耗过大，电动汽车转售价值就会下降，就像燃料汽车一样，要是车辆的前任车主在使用期间持续开足油门行驶，这辆车的转售价格就会降低。随着电池耐久性持续提高和充电循环次数增加，预计电动车辆将实现与燃料汽车类似甚至更好的转售价值。事实上，初步经验已经证实了这一点。电动汽车剩余价值还包括车辆的制造质量和充电站网络的扩展。德国汽车公司和市场分析公司，共同计算并预测车辆的剩余价值，将正常性能的电动汽车价格设定为高于同类燃料汽车的价格。补贴也可能影响电动汽车的转售价值，因为购买时政府有补贴。这种补贴通常针对新车，所以更多的车会被推入二手车市场。这就会提高二手车数量，进而压低价格。同样，报废车价格也是如此，降低了二手车的价值。

　　即使自动驾驶技术没有向市场全面开放，电力驱动车辆也会改变汽车价格和成本结构。今天，电动汽车市场已经获得了回报，特别是当越来越多的人选择这种车以后，市场呈现一片蓝海。而电动汽车在行驶5万～10万千米之后，能量消耗会降低，变得更加实用。考虑到所谓"总体拥有成本"，燃料汽车变得不那么经济实惠。

　　由于使用的是电池和几乎无磨损的零部件，电动汽车的维护费用预计将降低70%，因此会导致燃料汽车的销售额大幅降低。而更换机油这项高利润的维护服务将变得多余。

所有这些都已经对内燃发动机新车和二手车价格造成压力。大众柴油车排放丑闻和德国许多城市宣布的"柴油车限行令",使很多车主感到不安。他们已经认识到购买这种车辆面临的风险。而且,很多人通过二手车市场为购买下一辆新车获取资金,并且中端车的销量远远超过高端车,所以车辆转售价值也对购买决策有一定影响。由此可见,二手汽油和柴油车辆可能在高折扣的重压下在未来被挤出市场。

如果现在将电动汽车的所有成本因素和鼓励政策与燃料汽车进行对比,你就会发现前者的运行成本更低,而根据目前的状况,近五年电动汽车的成本会较高,价格(由电池引起)也更贵。如果特斯拉能够按计划每年生产超过50万辆汽车,这将对降低电动汽车生产成本产生积极影响。由于缩放效应,特斯拉每次产量翻倍,就会使成本降低20%。例如,现在每生产一辆Model S花费5万美元,平均售价为8.5万美元,这中间的利润很不错。Model 3的基本价格为3.5万美元,同款高配车售价约为4.25万美元。为保持基价,特斯拉每年必须生产16万辆;如果每年生产了27.5万辆,成本则降至2.75万美元。根据《福布斯》的说法,即使扣除研发费用、超级工厂投资和其他费用,这样的生产量仍然会使特斯拉达到收支平衡。

与此同时,传统汽车制造商仍然不愿意将自己的首款电动汽车降低成本,也不愿意生产足够的数量。宝马i3的定价虚高,几乎没有任何市场,每月租赁费用也从开始的800美元降至229美元。另一方面,尽管更多客户对雪佛兰Bolt感兴趣,但通用汽车将这种车型的产量限制在3万辆。由于生产一辆Bolt就要损失高达9000美元,所以通用汽车人为压低了供应量。该车辆生产主要用于满足美国一些州对所谓零排放的要求。例如,在加利福尼亚州销售的车辆中,必须有14%符合标准。如果不这样做,通用汽车就必须从其他制造商那里购买零排放积分(即罚分),特别是从竞争对手特斯拉那里。因此,为遵守这些规定,通用汽车公司宁愿亏本销售雪佛兰Bolt。

宝马和通用汽车都担心生产电动汽车会反噬自己的盈利模式。但是,任何不"切断"自身缺陷的人,都会成为他人的牺牲品。从2017年7月7日特斯拉Model 3正式对外亮相到首批用户正式提车,显示了这种旅程的进展。在此之后,没有人再断言电动汽车没有未来。

我们可以预测，在2018年到2025年之间，燃料汽车在各方面都会处于不利地位，电动汽车将成为主要交通工具。在此之前，电池容量将进一步提高，充电站分布也会扩大，以满足电动汽车大规模发展。

时髦的保时捷，丑陋的电矮子？

为什么许多电动汽车那么丑陋，或者可以说看起来不顺眼？很多人提出了这样的疑问。到目前为止，电动汽车的设计可能让许多人失去了购买兴趣。只有特斯拉可以做到，让电动汽车在没有失去性能的情况下变得非常时尚。

以前和现在的很多电动汽车模型都像从未来穿梭到现在的稀奇古怪的形象。为什么要有这样的设计？这可能与设计师想让外部世界看到新技术的意愿有关。但是，这种做法把客户吓到了。许多人可能喜欢改变，但只能在可以承受的范围内。用电池进行驱动就足够了，电动汽车不一定要使用宇宙飞船的形象。

电动"舰队演习"

车队运营商是最先对新驱动技术感兴趣的企业系统之一，这并不是什么新鲜事。早在1900年，公共部门、邮局、消防队和出租车服务提供商就是一般汽车和电动汽车的最大消费者。

一些客户不再把希望寄托在等待制造商的各种承诺上，他们将电动交通工具的推广发展掌握在自己手中。在德国和奥地利，邮政部门是最大的电动汽车运营商。这对德国的制造商非常不利。德国邮政使用的电动汽车，是与一家街头滑板公司合作生产的。这家公司在2014年变成了德国邮政的子公司，因此这也算是一种内部开发。

不伦不类的混合动力车？——这不是临时解决方案

如果卡尔·本茨的想法与今天的汽车经理类似，那"混合式行驶"就会出现在我们眼前——一辆带有发动机的马车。然后，我们需要汽油、干草、缰绳、方向盘和踏板。

无论以哪种形式出现，混合物就是混合物。它们既不是这种东西，也不是那种东西，既不是鱼，也不是肉。混合动力车的发动机仍然是一个电动驱动器，除油箱和排气系统外，还配有电池，旁边的油箱配有一个充电插头。这种车变得越来越重，技术越来越复杂，越来越需要维护，而且价格昂贵。混合动力车增加的重量使其丧失了经济性，因为充满了各种双重技术，车辆购买成本更高，内部空间更小。

生产混合动力车的制造商高层应该想过，这种"会下蛋、会产奶、又能产毛的母猪"的万金油产品可以打开市场。这种决策看起来很聪明。2016年，德国共生产了4.8万辆混合动力车，在340万辆销售的新车中只占1.4%，难怪混合动力车的成本比纯燃料汽车还要高出1万~1.5万欧元。

为什么有人会提出生产混合动力车的想法呢？有两个原因。第一个原因是掩饰燃料汽车的缺陷，或者说，可以像制造商一样委婉地称其为"精细计算燃料消耗"，这一点可以体现在新欧洲驾驶循环（NEDC）测试中。在实验室测试汽车时，重新调整出较短的驾驶循环路线，并测量燃料消耗和排放。通过启动（完全充电）电池测试，并在发动机空载时继续使用电力来作弊。大多数混合动力汽车的电力使用不会超出50千米。这个范围值源于宝马2008年用电动迷你车进行的实际测试。事实证明，这种车辆每天的行驶里程90%不会超过100千米。去的时候行驶50千米，回来行驶50千米，这就是混合动力车有这种行驶范围的原因。

制造商好像变魔术一样，让混合动力车的平均油耗和尾气排放量都很低。其他"优化"方面有：在测试循环中关闭加热系统或空调，没有其他功率消耗器，比如挡风玻璃刮水器或前灯，并且过高的轮胎压力允许低滚动阻力和每小时130千米的最高速度。这种车只不过是为满足监管机构的需要而建造的"合规车辆"。

第二个原因在于必不可少的投资。如果突然过渡，将燃料汽车全部电动化，将耗费数十亿美元，同时还会失去与制造内燃机相同额度的投资。此外，即使将现有员工培训到电池制造岗位，还会余出三分之一的劳动力，需要重新安置。

基于这些原因，混合动力车在德国汽车业高管的眼中看起来很有前景。通过这种方式，他们可以从一种技术轻松过渡到另一种技术，而不会冒劳资纠纷的风险，也不会受到汽车用户的干扰。这种方法虽然有效，但忽略了一个小问题：汽车的电动化，不仅局限在德国。特斯拉，一家拥有足够数量电动汽车的公司，已经打入了汽车市场；紧随其后的是低价格的雷诺-日产、Lucid Motors、蔚来和法拉第未来。除此之外，还有中国制造商生产的多种电动汽车。这些公司占据了德国制造商没有涉及的市场，就因为他们不相信电动汽车会有发展。前进的步伐已经由外国制造商迈出，而非德国制造商。

燃料电池开发在"起火"

当我们谈论汽车的替代驱动器时，不可避免地会提到燃料电池。这并不是因为这项技术即将取得突破，并很快将客户掌握在手中，而是因为它多年来一直都是汽车行业最受欢迎的项目之一。它提供的动力模式，是汽车制造商可以理解并接受的。燃料电池在受控反应中，不是燃烧汽油或柴油，而是通过燃烧氢气并将其转化为动能而产生驱动力。液态氢也可以储存在罐中，就像化石液体燃料一样填充在汽车中。

由于燃料电池不像内燃机那样有很多部件，因此需要的生产工人更少，这可能给公司转型带来一些劳务纠纷。幸运的是，未来都是不可预知的，今天汽车行业的任何人都不必担心，如果不再需要员工会发生什么。

燃料电池非常有前途，因为它产生动力的过程对环境损害很小，通过氢气的化学反应产生电能，汽车后部出来的只是纯净的水汽。不幸的是，一些负面因素正在减缓燃料电池的发展。正如化学家所说的，纯氢极具爆炸性，会导致"强烈放热"。"兴登堡号"空难事件就是这个原因导致的。当时，著名的齐柏林飞艇里面就充满了氢气。这种气体比空气轻，能使飞艇升入空中。而现在的飞艇一般会使用氦气，这是一种惰性气体，不与氧气或与其他物质发生反应，燃烧起来。但是，氦气在当时的德国还没有被使用，除使用氢气之外，别无他法。接下来发生的悲剧众所周知。

因此，使用氢气必须保证安全储存。首先，这种气体是合成的，即通过能量反应产生的，因为它在地球上不以纯净形式存在。最常见的生产类型是使用化石燃料进行精炼。当分解烃（碳氢化合物）时，氢被分离出来。这个过程并不是十分环保的。氢合成的另一种形式是电解，通过这种方式，氢气可以直接从水中获得。但是，这种方式的利用效率仅60%～70%。在电解过程中，几乎一半能量都损失了。由于氢必须冷却，因此在储存和运输过程中需要再次使用能量。燃料电池本身的效率仅为60%，并且氢气最终转化为动能也需要时间，因此整个过程消耗的能量是汽车填充氢气所提供能量的3倍。相比之下，电动汽车的效率超过80%，而内燃机汽车除去热量和摩擦损失而达到的理想情况，效率为40%。

燃料电池的另一个弱点是基础设施供应。对氢气来说，必须提供类似加油站和管道网络这样的配套供应设备，相当于从零开始构建。维也纳技术大学的教授汉斯·彼得·伦茨也认为，这对燃料电池发展来说是一个最大的障碍。2010年，加氢站的成本估计已接近200万欧元。如果氢气可以使用，并且不昂贵，车辆可以有现在的液体燃料同样的使用效果。而且，车辆行驶每千米使用的氢气只相当于传统燃料的三分之一。

使用燃料电池缺乏基础设施，而电动汽车所需电力设备已经出现在今天的每个家庭中。网络会逐步升级。快速充电站的扩展会使电动汽车的发展更具成本优势，因为与化石或氢能源相比，使用电力会涉及更少的环境法规。与此同时，电力交通正以超高速迎头赶上。

所有这一切会使我们陷入矛盾境地。那些汽车业经理，曾经因缺乏相应充电站而拒绝日常使用电动汽车，现在突然"盲目"地相信燃料电池，却不希望看见存在同样的问题。毕马威咨询公司（KPMG）的一项调查显示，这种看法在汽车制造商管理层很普遍。78%的受访者认为，燃料电池是推动电力发展的真正突破。同时，62%的受访者认为，使用电池的电动汽车由于基础设施问题注定会失败。地理差异导致的观念差别也很大。70%的欧洲汽车业高管预计电动汽车将会失败，只有34%的中国企业家持这种态度。

然而，挑战并未就此结束。燃料电池是均匀释放能量。但是，汽车在加速时，需要更多能量。为在运行时达到能量峰值，必须在车辆中安装额外的电池。这就使汽车变得更重、更复杂，并且更昂贵。为什么汽车业经理仍然坚信燃料电池，可能有多方面的原因，主要还是因为他们真的相信。因为燃料电池代表了一种有趣并具有挑战性的技术，这种技术可以为未来带来许多可能性。或者，因为他们已经投入了大量的金钱和激情，一旦停止研发这种技术，所有付出都将成为徒劳。

燃料电池模型可能听起来前景诱人，但仍然存在太多问题。那些经理们似乎也不太可能在2030年将这种汽车从工厂运走去销售。难怪梅赛德斯想要停止生产燃料电池汽车——仅仅在公司对其开发工作做出巨大承诺的几周之后。现在，燃料电池在技术和经济上都被电动汽车取代了。

太贵，太不可靠，太安静：并非每个预想都站得住脚

德国技术在电动汽车方面仍然不是最新的。不管有无根据，各种意见扭曲了电动汽车在日常使用和技术方面具有可行性的形象。关于电动汽车，有些方面的信息被掩盖，有些方面则被描绘得比事实更糟糕。一些论点被看得过于重要，因为人们在经验和技术上对电动汽车与燃料汽车进行了一对一的转移。

德国汽车制造商陷入如今的困境并非完全无辜，毕竟他们自己故意传播错误信息。而且，到目前为止，这些制造商进入电动汽车领域缺乏激情。政府也畏首畏尾，尽管了解汽车电动化的重要性。

制造商多年犹豫不决和传播虚假信息，无疑为德国客户尚未加入电动汽车行列这一事实做出了"贡献"。多年来，汽车制造商对电动汽车的态度非常糟糕，现在却抱怨德国人对这一发展持怀疑态度。麦肯锡咨询公司在美国、挪威、中国和德国对7000名消费者进行的调查显示，客户对电动汽车价格、型号和行驶距离是有保留意见的。

让我们看看几个讨论的重点,并仔细研究一下。

1."行驶距离太短了!"

99%的汽车日行驶距离不到120千米。德国4300万辆汽车每年行驶6110亿千米,即每辆车每年行驶1.42万千米,也就是每天行驶39千米。以平均时速为每小时60千米计算,每天每辆车只需行驶38分钟。即使在美国,行驶距离也不会多到哪里去。2.6亿辆汽车每年行驶51250亿千米,即每辆车每年行驶1.97万千米,每天54千米。在同样的平均速度下,每辆车每天行驶54分钟。美国汽车每天有23小时6分钟是停在附近街道上的。

汽车实际上不是车辆,而是"工具"。即使最小的电动汽车也能在今天行驶这种距离,无须在中途充电。行驶范围这种顾虑仅仅存在于想象中,而不是在现实里。

2."充电站网络布局不足!"

这一点是对的!充电站网络既没有全国性布局,数量也无法与加油站相提并论,所以你只能长途跋涉去充电,如今只能这样。过境路线和公共场所充电站的开发工作已经开始,发展速度也许还没有达到人们的预期,但整体情况正在改善。回想当年,缺乏加油站并没有阻止伯莎·本茨的第一次汽车之行。

此外,在讨论过程中略微高估充电站供应的重要性,这一点也是可以理解的,因为只有德国制造商提供的电动汽车会在计算的范围内非常缺少充电站。然而,这些制造商尚未考虑到电动汽车不是主要在公共充电站进行充电,而是在家中或工作场所充电。在工作场所内,供应商必须提供相应功率的电源插座,而不只是一般的简单电源。所以,在你工作的同时,汽车可以完成充电。

随着技术进步,充电站的年增长率已达到10%~15%。现在市场上的特斯拉Model 3属于中档车,行驶距离已经超过300千米,而其他供应商的目标是使电动汽车能够行驶更长距离。

3."电动汽车太贵了!"

这点也没错,但现在的价格不会持续很久。今天,电动汽车的购买成本仍然较高,但使用起来消费会更低。考虑到汽车的平均生命周期,电动汽车将在某个时间点变得更便宜。一些型号的电动汽车价格已经达到临界点,购买类似燃料汽车的成本相同,甚至更高。最迟到2022年,中档电动汽车将比燃料汽车便宜,而到那个时候,购买汽油或柴油车会变得不划算。

4."电动汽车排放二氧化碳,不环保!"

当电动汽车能量来自化石燃料发电厂时,这种说法是正确的。但是,如果用更环保的能源来发电,二氧化碳排放量就会变低,对环境更友好。这样一来,细粉尘污染比例和由废气引起的污染物将会消失。当然,如果专家能够进行帮助和监督,化石燃料发电厂可以更有效地处理能源和废气排放问题。

5."电池对环境有害!"

电池生产肯定会对环境产生影响,内燃机也是这样。在行驶过程中,对环境有害的其他物质也会对汽油和柴油发动机产生影响。例如,燃油汽车必须更换机油和滤油器,这些都会污染环境。

6."电从哪里来?"

两位柏林科学家通过对比汽车里程数和电动汽车所需能量,来计算电量。德国公路上4300万辆汽车每年的行驶里程为6360亿千米,相当于1150亿千瓦时电量,即每行驶100千米平均需要18千瓦时电量。2016年,德国产生了6480亿千瓦时电量,如果要达到相同的年度里程,只需要将17.6%的电量用在4300万辆电动汽车上。

我们今天已经有了这么多的电量,而且所有电动汽车并非在同一时间需要充电。相反,电动汽车还有助于吸收电涌,因为电池可以缓存电量。最重要的一点是,电动汽车可以在夜间充电。通过像SmartGrid这样的智能电网控制充电站,电动汽车还可以在发电厂、太阳能电池板和风车同时运行的情况下充电。因此,电动汽车可以成为能源生产商的电力缓冲器。

还需要提醒的是,精炼汽油也需要电力。例如,生产效率为85%的炼油厂每生产一升汽油,耗电量就高达1.7千瓦时。作为对比,可以这样表达:1升汽油代表8.5

千瓦时电量。生产10升汽油需要消耗17千瓦时电量，相当于电动汽车近100千米的里程数。但是，电动汽车不需要"精炼"过程，可以保存相应的能量。鉴于这些数据，如果所有汽车瞬间被电动汽车取代，我们将不得不把发电量增加16%。但是，这不会发生，毕竟汽车电动化会分阶段进行。我们从中可以得出什么结论呢？我们今天不仅能够为电动汽车提供足够的动力，还可以利用它们来解决电力问题。

7."电动汽车太安静了。"

很难相信这也成为一种保留意见，但事实确实如此。电动汽车肯定比较安静，行驶时只能听到滚动噪音和空气阻力。这种安静经常会作为一种反对观点被提出，据说会增加视障人士的交通风险。事实上，这样的群体往往听觉更敏锐。在电动汽车上路初始阶段，如果他们只依赖听觉，而不主动用视力观察交通情况，会给他们带来更大的风险。

请相信：我们会习惯几乎无声的汽车。就像今天大多数人不会去怀念吵闹的打字机或发出咝咝声的蒸汽机车一样，我们会逐渐远离咆哮的燃油发动机。

大家已经知道，对健康有严重危害的是噪音。街道噪音会让居民感到压力，甚至导致人过早死亡。过去7年，75岁以上的人在噪音中的死亡风险要高出10%。

8."使用燃料增加税收。"

聪明的立法者总是会找到提高税收的途径和方法。早在19世纪，英国国务卿威廉·格莱斯顿（William Gladstone）曾提出这样的问题："为什么这种'电'确实很好？"迈克尔·法拉第回答："有一天，你会因为它获得税收。"

当然，随着越来越多的电动汽车在道路上行驶，燃油税和矿物油税的收入将会下降。在德国，2015年有超过390亿欧元能源税入库。奥地利2014年矿物油税收入超过40亿欧元，瑞士2015年收入47.3亿瑞士法郎。纳税人大量的钱被指定用于维护道路和其他交通基础设施上。

政府可以使用不同类型的能源税来弥补收入损失。欧洲委员会提交了一份草案，内容就是政府可以对能源内容征税，而不是根据数量。

简短总结

出租车将在十年内完全使用电力，公交车可能需要更长时间，至少在欧洲是这样。中国的比亚迪、美国的Proterra和德国的Sileo等公司生产提供这种电动汽车。但是，欧洲运输公司仍有些犹豫不决。另一方面，伦敦已经订购了比亚迪公交车，深圳的400辆电动公交车和斯坦福大学的公交车也来自这家制造商。比亚迪不仅在匈牙利，还从2018年开始在法国生产电动汽车。

德国现在仍然是电动汽车行业的后来者，即使有人试图在这里将"混合动力车"也算在电动汽车数量中。中国的电动汽车几乎占全部数量的一半，其次是美国。在今天，有四分之一的电池和37%的电动机是在中国生产的。

未来在这里：自动驾驶汽车

"去你的自动驾驶汽车，去你的自动清洁房屋，生活需要人性化！"

——佚名

必须告诉你一件事：我经常在YouTube上看那些车祸视频。我可以几个小时关注事故现场晃动的、模糊的影像，希望没人受到严重伤害——这种感觉跟歌词里唱的完全不一样（"……雪地里一动不动的身体，口中只有咖啡的滋味"）。让我非常惊讶的是，这些车祸场面都是从看似正常的车辆行驶中突然出现的。大多数事故明显是因为驾驶失误造成的，例如忽视优先行驶权、双向交通拐弯避让、车辆超速行驶、错误超车或者在十字路口闯红灯等。在冰雪天气，还有一些年轻人在道路上玩"漂移"，故意让汽车打滑，这完全是拿自己和他人的生命在冒险，向意外事故挑战。

视频传达的信息并没有错。在全世界1000万次交通事故中，有120万人死亡，5000万人受伤。美国国家安全委员会（NSC）的数据显示，美国2016年有超过4万人死于车祸，比2015年增加2000多人，比2014年增加5000人，有130多万人受伤。车祸是39岁以下美国人死亡的主要原因。对年龄较大的美国人来说，车祸死亡位于癌症、心脏病、偶然用药过量（中毒）和自杀之后，位于第五位。每112名美国人中就有一人死于交通事故。每个生活在美国的人——不管是男人、女人还是孩子——每人要支付784美元（包括税费和保险费），用于与车祸有关的医疗。

车祸造成的经济和社会损失估计为1万亿美元（是的，1万亿美元）。在所有事故中，有94%是人为因素造成的。然而，向司机追责几乎不被考虑。正如《华尔街日报》在2014年的一项研究中发现的那样，95%的致命事故没有导致犯罪后果。对俄勒冈州的事故分析显示了类似结论。车祸显然被视为某种不可避免的现象，司机被认为无罪，除非他们在驾驶过程中有重大过失，例如醉酒驾驶或中途接听电话。

2014年，英国有1854人在车祸中死亡，185540人受伤，而德国有3377人死亡，374142人受伤，约为英国的2倍（见表5）。可以这样简单地描述：一年中死于车祸的人数，相当于一架满载的客机每月在德国坠毁两次。平均寿命为80岁的人，一生被闪电击中的可能性在1～13000次，而在车祸中的死亡概率为1∶112。在事故中，60%的人死于乡村道路，29%死于城市地区，11%死于高速公路；70%的受伤事故发生在城市地区，24%发生在乡村公路上，6%发生在高速公路上。

表5　一些国家每年的道路死亡人数

国　家	1990年	2000年	2010年	2013年	2014年
比利时	1976	1470	840	724	727
丹麦	634	498	255	191	182
德国	11046	7503	3648	3339	3377
芬兰	649	396	272	258	229
法国	10999	8079	3992	3268	3384
希腊	2050	2037	1258	879	795
英国	5402	3580	1905	1770	1854
爱尔兰	478	415	212	188	193
意大利	7151	7061	4114	3401	3381
卢森堡	71	76	32	45	35
荷兰	1376	1082	537	475	476
挪威	332	341	208	187	147
奥地利	1558	976	552	455	430
波兰	7333	6294	3908	3357	3202
葡萄牙	2924	2053	937	637	638

续表

国家	1990年	2000年	2010年	2013年	2014年
瑞典	772	591	266	260	270
瑞士	925	592	327	269	243
塞尔维亚		1048	660	650	536
斯洛文尼亚	517	314	138	125	108
西班牙	9032	5776	2478	1680	1688
捷克共和国	1291	1486	802	654	688
匈牙利	2432	1200	740	591	626

2006年有一项为期一年的研究报告，调查交通事故是如何就近发生的。研究涉及了69起事故、761起就近事故和8295起"偶然事故"。事故有一半发生在离家几千米的地方。越是熟悉的环境越会使人注意力不集中——因为人们对所有路段了如指掌，所以更心不在焉——在这些地方发生的意外事件最容易让人受到伤害。

驾驶经验决定司机行驶时所面临的危险。新手司机与经验丰富的司机的区别，就在于驾驶视野的差异。新手都倾向于关注车辆前端情况和道路边缘环境，他们往往忽略外后视镜的作用，即使在一些绝对有必要注视外后视镜的地方，例如在变换车道时。另一方面，经验丰富的司机知道自己开车时需要注意什么。这和我们在职场上发生的情况如出一辙：专家考虑问题会比新手全面得多。但令人出乎意料的是，公司的专职司机很容易发生事故。即使考虑到较高的行驶里程和其他因素，他们发生事故的可能性也要高出49%。

曾经有一项研究是专门针对1700名青少年新手司机——这些研究对象车内装有摄像头——他们行驶时头脑清醒。这些年轻人有89%发生了事故，76%在行驶过程中注意力不集中。怎么会出现这种情况呢？原因在于，他们根本没有意识到自己的驾驶方式存在问题，开车时盯着智能手机，与其他乘客交谈，四处张望欣赏风景，关注点没有放在前方的行驶道路上。8%的年轻人会在开车时唱歌，6%的人在化妆。而这些新手司机认为这样行驶是安全的。

考特尼·桑福德（Courtney Sanford）车祸事件足以引人深思。这位32岁的美国人开车撞上了迎面而来的一辆卡车，当场死亡。考特尼的朋友们听说这个意外事故时非常吃惊，因为他们正在看她本人在脸书上的一条新信息，发布时间正好就是出车祸的时间。照片显示她握着方向盘，用手机发布"《快乐》这首歌让我真的很开心"。正是在车祸发生前几秒钟，她发布了脸书信息，引发了撞车。

事故发生频率也受到驾驶活动影响。人们会说"不，不是这样"，或者会说"这是肯定的"。对我们而言，能够理解的是，许多干扰因素严重影响了驾驶人员。声音很响的收音机、聊天嬉闹的乘车人员、充斥各种人为因素的城市交通状况，在实际行驶中都可能引发各种事故。而且，没有任何反应的无聊路段也出乎意料地成为事故高发因素。耶克斯·多德森定律（Yerkes-Dodson-Gesetz）也证实了这一点，该定律表明工作效率取决于兴奋或激励的程度。低激励水平和高激励水平之间的曲线是U形的。如果一个人根本没有个人激励行动，或者激励过高，所获得的都是落后于预期值的。两个极端之间是存在理想效率水平的。在两种极端情况下，活动太少或活动太多的驾驶行为都会对交通安全产生负面影响。

第二个最常见的事故原因就是分心，对周边不相干的事物过于关注。我们每个人对这一点都深有体会。例如，对面车道上发生了一起事故，紧急救援车辆停靠在路边，受伤的人、伤心的人在街上走着，汽车残骸散落在周围。旁边正在行驶的车辆速度减慢了，司机们都好奇地看着这些情景。这些看热闹的车又发生了追尾。一个事故引发了另一个事故，于是两条车道都出现了拥堵。

许多人都有过质疑，汽车颜色是否对交通事故的发生有影响。早在30年前，一位刚刚发生过"碰撞"的母亲对自己的朋友说，她一直有种感觉，自己的银色汽车经常被其他司机忽略。自从她将鲜红色的汽车换成银灰色的雷诺后，开车时经常出现各种状况。这位女司机的感觉并没有欺骗她。一项针对新加坡1.67万辆蓝色或黄色出租车进行的调查显示，每月每千辆相同里程数的出租车，蓝色的车会比黄色的车多发生6起事故。为期三年的研究表明，颜色差异导致了9%的事故。黄色出租车更引人注目，其他司机更容易看到。

近年来，有一种令人担忧的发展趋势导致美国车祸死亡人数增加：大重量汽车发生的事故不断增加。这并不是因为司机总是超重，而是因为人们对较大和较重汽车的偏好上升。这里互相矛盾的是，人们购买更大、更重的汽车主要是为了更安全。对汽车乘客而言，这种购车观点是正确的。他们在事故中严重受伤的可能性——无论是否有罪——都下降了29%。然而，小型车的乘客受伤率高出42%，足以抵消上述说法。如果把其他受害者也加进去的话，在每起运动型多用途车或者皮卡造成的事故中，平均有4.4人死亡，受害者包括事故中小型车的乘客、行人、自行车车主和摩托车车主。汽车重量每增加453千克，事故当事方的死亡风险就增加47%。因此，所谓更安全、更重的车辆对其他人来说却是非常致命的。据研究学者估计，如果禁止人们驾驶这些大型车，就像当年要求大家使用安全带一样，对交通安全带来巨大的正面影响。

在山景城沿着圣安东尼奥路行驶，你很有可能看见谷歌Waymo自动驾驶汽车。那里就是谷歌自动驾驶研究中心。该中心办公楼有两层车库，可容纳60多辆汽车。谷歌在这座大楼内和其他汽车制造商合作安装了许多自动驾驶测试车辆。在那里可以看到一款雷克萨斯越野车，这款车可以在两侧和车顶选择安装不同的传感器。还有很多其他小型汽车，这些车被媒体描述为"考拉汽车"，它们都是谷歌与博世合作生产的。这些现在已经退役的双座汽车不仅看起来很可爱，而且还没有我们熟悉的方向盘、踏板或其他控制装置。新生产的汽车包括第一辆菲亚特-克莱斯勒Pacifica小型货车，已经卖出100多辆。与此同时，谷歌已经在测试车间生产了第四代自动驾驶汽车。

当《纽约时报》在2010年首次报道谷歌自动驾驶汽车时，这一消息对公众来说如同炸弹一样。人们并不期望谷歌这样的互联网公司做这样的事，也不认为这项技术已经如此先进。谷歌生产的汽车当时已经行驶超过20万千米。

这个项目的发起人实际上是美国国防部高级研究计划局（DARPA）。该机构几十年来一直在为美国军队开展研究项目，并不断为此开展行业竞争。其中一个例子就是互联网汽车竞赛。在2004年和2005年，举行了两场自动驾驶汽车比赛。2004年，在没有人为干预的情况下，能够穿越150英里（约240千米）沙漠的车辆就会获得100万美元奖金。在2005年的第二场比赛中，奖金就达到200万美元。在塞巴斯蒂安·特朗指导下的斯坦福队，完成了这项任务。他们为一辆名为Stanley的大众帕萨特配备了传感器，进行编程和自动驾驶。

对于"DARPA大挑战"（DARPA Grand Challenge）汽车挑战赛的一些参与者来说，自动驾驶是一项非常人性化的技术。塞巴斯蒂安·特朗在TED会议上说，他的一个朋友曾经在十几岁时因为车祸丧生。而安东尼·莱万多夫斯基怀孕的未婚妻也曾被一辆汽车撞过，未出生的孩子差点因此丧命。

大卫·史蒂芬斯（David Stavens）当时是塞巴斯蒂安·特朗团队的一名学生，他向我描述了参加比赛过程中遇到的困难。特朗那时刚刚成为斯坦福大学人工智能实验室的教授，他听说第一届挑战赛没有任何获胜者。为参加第二场比赛，他驾车穿过了第一场比赛的沙漠跑道。即使对于人类驾驶员来说，这也是非常有难度的。在接下来的18个月里，特朗与团队中包括史蒂芬斯在内的5～10名学生，对车辆和算法不断进行测试，并专注于最有前途的汽车软件设计。而其他参与者则将注意力放在了硬件设计上。事实上，在第二场比赛中，有5辆汽车完成了更远的行驶距离，并到达终点。这已经算是一种胜利了，被誉为自动驾驶汽车的"小鹰时刻"（莱特兄弟首次成功飞行的地点名叫小鹰镇）。

2007年之后则是DARPA城市挑战赛，车辆不再局限于在沙漠中行驶，而且比赛跑道还通过了位于加利福尼亚州维克多维尔前空军基地的一个废弃军营。除特朗之外，德国技术开发人员菲利普·翁特布伦纳（Philipp Unterbrunner）参加了纽约州伊萨卡康奈尔大学的团队。他们的车辆在比赛中发生了首次碰撞。来自麻省理工学院和康奈尔大学的两辆自动驾驶汽车轻微触碰。尽管发生了这件事，资源非常少的康奈尔队还是排名第五。

谷歌在城市挑战赛结束后聘请了获胜者塞巴斯蒂安·特朗，并让他从竞争对手中挑选出最优秀的人才。此外，安东尼·莱万多夫斯基的公司510 Systems进一步开发了传感器和激光雷达技术（光探测和测距）。多年来，谷歌一直在秘密研究和开发自动驾驶汽车，直到《纽约时报》对外公布。搜索引擎巨头进入汽车行业不仅激励了其他初创企业，也迫使所有成熟的汽车制造商加大力度将自己定位于这个方向。如今，奥迪、丰田和戴姆勒正在争相实现自动驾驶梦想。目前，已有超过700家公司参与到自动驾驶汽车组件和解决方案的开发研究中去。

自动驾驶汽车充满发展前景，这事并不新鲜。德国联邦国防军、卡内基梅隆大学和戴姆勒都早在20世纪80年代中期在这一领域进行了首次尝试。慕尼黑联邦国防军大学的一个团队在1985年就开始进行初步实验，被认为是该领域的先驱。1987年，在恩斯特·迪克曼斯（Ernst Dickmanns）教授领导下，该团队生产出一辆梅赛德斯迷你巴士，即"VaMoRs无人驾驶试验车"，初步实现了在封闭路段的自动驾驶。1983年，卡内基梅隆大学试验制造了世界上第一辆自动驾驶汽车"Terregator"，并于1986又研发出"NavLab 1"系列车型。1994年，梅赛德斯开始了"普罗米修斯"项目，并为研发项目中的两款梅赛德斯SEL 500车型配备了相机和电脑。其中一辆车在通往巴黎的高速公路上行驶了1000千米，随后从慕尼黑到斯德哥尔摩行驶了1700千米，最高时速可达175千米。

尽管取得了这些成功，但相关研究工作并没有继续进行下去。汽车制造商不想引导顾客。此外，这项技术太昂贵，装备太笨重，而且尚未经过严格实际验证。只有随着计算机技术进步，软件和传感器得以广泛应用，以及自身成本下降，质量可靠的自动驾驶汽车才有机会成为可能。

但是，自动驾驶真正代表的是什么？"汽车"这个词本身指的是依靠自身力量移动的车辆，不用动物或人拉动或推动，它仅仅由一个人控制。而在自动驾驶车辆中，这项任务由计算机来接管，人工控制是多余的，人类只是乘客。在解释"自动驾驶汽车"这个概念时，国际汽车工程师协会（SAE）定义区分了六个自动化级别。

0级：无自动化。即使警示灯亮起，人类驾驶员也需要进行所有驾驶活动。

1级：驾驶员协助。在某些条件下，车辆可以协助转向或超速，人类驾驶员仍然保持完全控制。

2级：部分自动化。车辆可以在某些条件下接管转向或速度调节，人类驾驶员仍然需要完全负责操纵方向。简单来说，**驾驶员可以放手**。

3级：条件自动化。汽车自动转向、调整速度并检测道路。当系统需要帮助时，会提醒人类驾驶员进行控制。简单来说，**驾驶员无须用视线关注**。

4级：高度自动化。即使人类驾驶员没有对系统的帮助请求做出反应，车辆也可以自动行驶。简单来说，**驾驶员无须思考**。

5级：完全自动化。车辆取代人类，控制驾驶活动。

最高级别自动化就是，即使出现技术问题，比如爆胎、关键传感器发生故障，车辆也不需要乘客动手，能够自行安全停车。

到目前为止，几乎没有汽车供应商能够接近谷歌已有的技术成果。2016年，谷歌汽车在公共道路上（特别是在城市交通中）的自动驾驶里程为100万千米；除此之外，模拟器中的里程还有另外16亿千米。因此，2016年，仅谷歌就占据美国加利福尼亚州所有测试里程的97%；到2017年年初，这个距离已经超过500万千米。现在，谷歌汽车每天进行模拟驾驶，每周模拟驾驶里程将近500万千米，实际驾驶距离3.5万千米。

2016年7月，谷歌汽车的行驶里程只有8.8万英里，也就是刚刚超过14万千米，但在最密集的城市交通中，能够遇到所有可以想象的复杂情况。这不仅仅是能够行驶区区数英里的愿望，而是关于体验和分析尽可能多的不同车辆的驾驶情况。从穿梭在十字路口的行人，到死胡同里开出的卡车，再到不明确的道路标记和贴有临时施工标志的建筑工地，车辆已经"体验"了所有的一切。如果一名退休人员（请不要误解字面意思）坐在行驶在路中间的谷歌汽车电动座椅上，她当时在做什么？可以像当时谷歌自动驾驶团队负责人克里斯·厄姆森（Chris Urmson）在TED演讲中描述的那样有意思，她一边坐车，一边用扫帚赶鸭子。

布拉德·邓普顿（Brad Templeton）曾经参与了谷歌汽车的相关研究，批评了上述国际汽车工程师协会的自动化分级制，并提出自动驾驶技术分类的另一种形式。作为一个例子，他提到了在公司或大学校园内运行的自动穿梭巴士。这些巴士不需要方向盘和驾驶员，但仅限于在某些道路或路段运行。因此，这类车在技术上对应的是4级（高度自动化），但在这种特定的交通情况下，它可以达到更高的级别。因此，邓普顿提出了一种不同的分类标准，即根据汽车的行驶区域和所需/允许的速度来进行分类。所以，可以对街道和地点进行分类，在这些特定地点里规定哪种自动驾驶车辆可以行驶。

除此之外，这种分类还可以包括以下标准：

- 仅在允许的道路和交叉口行驶。
- 以每小时30千米的速度在道路上行驶。
- 仅在高速公路上行驶。
- 仅在夜间低流量道路上行驶。

- 仅在非工作日的学校区域行驶，而且在上午8点至9点或学校放学后。
- 仅在具有相应带宽的电信网络区域中行驶。

无论如何分类，对某些人来说，新技术发展的速度还不够快。脸书上的各种消息已经反映出了年轻一代对谷歌和其他公司运营的穿梭巴士感兴趣的程度。每天有数百辆无标记的双层巴士在101号高速公路上行驶，这些车大多数为白色，它们将公司员工带到工作场所和家中。由于有车载无线网络，乘客们可以在公交车上进行工作和各种娱乐消遣。

截至2017年9月，美国加利福尼亚州机动车管理局（Department of Motor Vehicles，DMV）已批准39家公司在公路上使用试验车辆。这个名单除知名汽车厂商外，还有一些不为外界熟悉的公司。

- 美国大众集团（德国）
- 梅赛德斯-奔驰（德国）
- 谷歌（美国）
- 德尔福汽车（美国）
- 特斯拉汽车（美国）
- 博世（德国）
- 日产（日本）
- 通用Cruise（美国）
- 宝马（德国）
- 本田（日本）
- 福特（美国）
- Zoox, Inc.（美国）
- Drive.ai, Inc.（美国）
- 法拉第未来（中国）
- 百度（中国）
- Wheego Electric Cars Inc.（美国）

- Valeo North America Inc.（法国）
- 蔚来美国公司（中国）
- Telenav（美国）
- 英伟达（美国）
- AutoX（美国）
- Subaru（日本）
- 优达学城（美国）
- Navya（法国）
- Renovo（美国）
- 优步（美国）
- 智加科技（中国）
- Nuro（美国）
- CarOne（美国）
- 苹果（美国）
- Bauer's Intelligent Transportation（美国）
- Pony.ai（美国）
- 图森未来（中国）
- 景驰科技（中国）
- 上汽创新中心（中国）
- Almotive Inc（匈牙利）
- Nullmax（美国）
- 三星电子（韩国）

这些公司在道路上拥有200多辆测试车辆，以及超过500辆允许进行自动驾驶的注册车辆。但是，不开车比你想象的还要累。福特公司通过调查发现，有些人坐在自动驾驶车辆里，不一会儿就开始打盹了。为让他们保持清醒，谷歌和福特都在车内设置了铃铛、蜂鸣器、振动座椅和警示灯。此外，相邻座位上的副驾驶也应该时刻提醒坐在自动驾驶位置上的司机不要睡着。正是因为这种现象，福特这样的制造商才会推动自动驾驶车辆跳过第3级（条件自动化），让人类能够随时控制车辆，同时有预警时间。然而，测试已经表明，人们需要20秒甚至更长的预警时间。即使汽车达到这样的标准，也不能充分发挥作用，从而增加了风险。

除已经列入加州测试许可的公司之外，还有其他十几家制造商在加州生产使用自动驾驶汽车。由于拥有可使用的实验场、私人路线或所谓联邦领土（该地域不受加州法规限制），因此企业可以自己测试自动驾驶车辆。

2017年3月，加利福尼亚州DMV提交了一份草案，该草案于年底开始实施。从那时起，加州对所有道路上的自动驾驶汽车没有强制要求。

但是，所涉及的测试不仅限于地面。例如，在美国国家航空航天局位于山景城附近的埃姆斯莫菲特机场，美国军方正在对无人驾驶黑鹰直升机进行测试。

内华达州曾在2012年给谷歌授予首个官方测试许可证，五家大公司都只是处于起步阶段。目前批准的自动驾驶汽车数量仅30辆。

这五家公司为：

- 谷歌
- 大陆汽车系统（Continental Automotive Systems）
- 美国大众集团
- 德尔福实验室
- 戴姆勒/福莱纳（Daimler/Freightliner）

在这些公司协助下，内华达州在2011年通过了一项法律，有条件允许对自动驾驶汽车进行测试：必须提供500万美元的责任保险，必须满足最低安全标准，并且必须在指定区域进行测试。除其他事项外，相应安全措施还包括，车辆中至少有两人已经完成操作该车的所有训练。车辆应该配备一个关闭装置，允许关闭自动驾驶模式，并配备一个能够让驾驶员及时控制车辆的系统。另外，车辆必须在发生碰撞后的30秒内记录行驶状况和传感器数据，并且提供证据说明该车（比如在某段试验路段上）已经有1万英里（1.6万千米）的自动驾驶里程。

其他初创公司包括匈牙利的AImotive（以前称为AdasWorks），帕罗奥多的

Nauto，以及马萨诸塞州和波士顿的nuTonomy。在新加坡，有两家制造商正在测试自动驾驶汽车：德尔福和nuTonomy。顺便说一句，新加坡也是第一个在自动驾驶汽车上进行道路左侧驾驶测试的地方。日产在2017年2月开始在伦敦进行测试。

2016年8月，当nuTonomy开始为新加坡的客户测试自动驾驶车辆时，公众普遍认为这种车离现实生活还很遥远；4个月后，这些"新新车辆"就在波士顿出现了。同月，优步收到了100辆沃尔沃XC90中的第一批车，并配备了自动驾驶系统，现在这些车已经可以供匹兹堡的客户使用了。这些车仍然需要驾驶员，但如果没有特殊状况，他们在行驶时只需稍加注意就可以了。

不仅在新加坡，你可以在多个地方体验自动驾驶汽车。以前的钢铁名城匹兹堡就使用自动驾驶汽车来提供优步拼车服务。优步不久在旧金山进行了测试，但没有得到相关许可，不得不将测试团队搬到了亚利桑那州。中国互联网巨头百度正与宝马进行合作，在北京进行测试。宝马计划从2017年开始在慕尼黑测试40辆自动驾驶汽车。百度在乌镇测试了一支由蓝色出租车组成的自动驾驶车队。沃尔沃也在2017年开始，在瑞典哥德堡测试自动驾驶出租车。

条条大路通罗马，制造商实现自动驾驶技术的方法各不相同：有些正在开发自己的系统，有些正在等待购买现成的解决方案。制造商也并不总是遵守监管机构的规定，例如内华达州自动驾驶卡车制造商Otto，其第一次测试显然是在未经许可的情况下进行的。

虽然传统汽车制造商正一步一步地开始使用驾驶员辅助系统，但规矩破坏者却力图直奔顶端。谷歌、优步或nuTonomy，从一开始就致力于实现纯粹的汽车无人驾驶。谷歌的克里斯·厄姆森比较了汽车自动驾驶技术的实现途径，决定站在巨人肩膀上，从更高的起点出发。

DMV年度制造商活动报告比较了企业推动无人驾驶汽车发展的不同程度。从这份报告中可以看出，与其他企业相比，谷歌的优势有多大，它是如何脱颖而出的。在2015年和2016年的两份报告中，谷歌Waymo车辆在这两年的行驶里程至少是其他所有制造商的10倍，已经占据了市场的大头。

当然，报告是需要各种数据的，而且自动驾驶汽车的"脱离"报告（即行驶过程中"取消自动驾驶"的报告）也是尤为重要的。

DMV规定，在以下两种情况下车辆需要停用自动驾驶模式，即"脱离"自动驾驶。

（1）如果检测到自动驾驶技术故障。

（2）如果车辆的安全操作要求关闭自动驾驶模式，并需要立即手动控制车辆。

补充："这一说明是必要的，以防止制造商不报告任何其他特殊状况或自行关闭相关程序。"

第一份自动驾驶"脱离"报告来自2016年1月1日，包含7家公司报告的30～71辆车，参考的是2015年11月的行驶状况。2016年的报告（截至11月30日）已经包含了11家公司。虽然前七家公司的期限为12个月，但宝马、福特、通用Cruise和本田这四家新公司必须将颁发测试许可证的时间考虑在内，即超过了12个月（见表6）。

表6　DMV制造商自动驾驶"脱离"报告

公司	汽车数量		自动驾驶"脱离"次数		行驶里程（千米）		每1000千米"脱离"次数	
	2015年	2016年	2015年	2016年	2015年	2016年	2015年	2016年
宝马	0	1		1		1021		1.0
博世	2	3	625	1442	1496	1573	417.8	916.8
德尔福	1	2	405	178	26659	5000	15.0	35.6
通用Cruise	0	25		181		15642		11.6
福特	0	2		3		944		3.2
谷歌Waymo	57	60	341	124	678930	1017389	0.5	0.1
本田	0	0		0		0		
日产	4	5	106	29	2376	6558	44.6	4.4
梅赛德斯	5	1	1031	336	3582	1077	287.8	312.0
特斯拉	0	4		180		880		204.6
大众	2	0	260	0	23912	0	10.9	
总计	71	103	2768	2474	736955	1050084		

我们可以看到，测试车辆的数量增加了45%；从2015年的71辆增加到2016年的103辆。两个最大的自动驾驶车队分别是谷歌Waymo和通用Cruise，分别有60辆和25辆车。因此，这两家公司的车辆占所有车辆的83%。

更多的车辆对应的是更多的行驶里程。从2015年的736955千米到2016年的约

105万千米，增加了超过31万千米，行驶里程比前一年增加了42%。但是，这个数字并不能够在各公司之间平均分配，各车企的增幅大相径庭。虽然谷歌Waymo行驶的里程比去年增加了两倍，但大众公司几乎完全停止或大幅减少了行驶里程，德尔福汽车也是如此。而通用汽车旗下的无人驾驶公司通用Cruise则大规模地增加了相应的里程数。尽管如此，谷歌Waymo仍以97%的里程数占领了市场的最大份额。

这种优势对行驶过程中是否需要"脱离"自动驾驶是显而易见的。谷歌Waymo每1000千米只有0.1次"脱离"。这意味着，自动驾驶超过8000千米以后，驾驶员才需要进行人为干预。与前一年相比，这个里程数进步了4倍。而对其他公司来说，"脱离"自动驾驶的频率至少高出10倍。

许多制造商已经致力于自动驾驶汽车的研究和开发，并且对行驶过程中的"脱离"程序也留下了解释空间。随着测试公司的数量不断增加，公开报告的数量也在增长，加利福尼亚州已经能够最先提供先进的技术，让我们能够比较制造商之间取得的进步。只有让其他州或其他国家进行测试的制造商也公布相应数据，才能更好地了解自动驾驶技术的发展状况。还应该指出的是，一些在媒体上非常活跃的公司，其相关数据还未出现在报告中。

显而易见的是，自动驾驶技术的对比标准也是需要制定的。时至今日，DMV的要求仍然太模糊，无法进行更准确的比较，而且制造商也不用提供原始数据。企业之间对于自动驾驶"脱离"的解释各不相同，即使有轻微偏差也可能引发这一程序。由于市场上还没有供应自动驾驶汽车，测试机构和政府目前还未能进行独立测试和检验厂商数据。

由于只有加利福尼亚州的测试数据出现在DMV报告中，所以这样的报告是不完整的，不能体现出真实状况。大多数制造商也会在其他州或其他国家进行测试，而这些国家或地区不用提交年度报告。这些制造商又不想提交报告数据，又想了解到现阶段的技术发展状况，可能会在通过验证的情况下，在加利福尼亚州进行简单的官方测试，但更具有实验意义的自动驾驶"脱离"程序只会在其他地区或不需要提交报告的测试地点进行。

针对这种情况，解决方案就是建立一个独立联盟，由这个联盟来定义自动驾驶技术的各项指标和方案，并要求制造商使用标准化测量技术和报告，而不是在某个国家的特定范围内。

尽管存在种种限制，但谷歌Waymo仍然是明确的技术领导者，虽然很多公司已经加大了研究力度。当特斯拉这样的制造商开发出自动测试功能，优步和nuTonomy开放数据和报告，以及谷歌Waymo运营自己的菲亚特-克莱斯勒多功能休旅车车队并将其车辆数量增加1倍以上时，都会令人无比兴奋。

外流的内部报告显示，优步的43辆自动驾驶汽车在2017年3月的第一周行驶了20354英里（32500千米）。在这期间，驾驶员需要每0.8英里接管一次。同一周内，匹兹堡930名自动驾驶汽车司机以乘客形式在匹兹堡完成了驾驶测试，150人在亚利桑那州的坦佩市完成。自从匹兹堡对外开放自动驾驶资格考试以来，平均每周有800人前往测试。测试活动的多少与公司提交的专利数量似乎是不相关的。根据对自动驾驶汽车的专利统计，传统制造商在这一领域占绝对优势。博世、电装（DENSO）株式会社和现代处于领先地位，丰田紧随其后，谷歌仅排在第26位。但是，专利数量并不代表公司新技术的创新和进步水平。

谷歌还在向DMV提交的报告中列出了所谓"模拟碰撞"的数据。在谷歌的报告中，每行驶7.4万英里（12万千米）会进行一次"模拟碰撞"。这种碰撞不仅包含行驶过程中与其他车辆的碰撞，还包括汽车和路边各种障碍物的撞击。根据事故报告，人类驾驶员每行驶50万英里（80万千米）就会发生一次碰撞事故，这只包括向警方报告的碰撞事故。未报告的案件数量至少比现有数量多一倍，这还不考虑路边障碍物导致的碰撞。鉴于统计的事故数据，我们实际上应该将保护重点更多地放在汽车上。

靠近旧金山湾区的GoMentum Station是一个独特的汽车测试场地，先前曾经是海军基地。该地区现在仍然是受限制的军事区域，但汽车制造商已经在GoMentum Station铺设了30千米的测试公路和街道。目前正在那里测试的有本田、讴歌、Otto和EasyMile。

人们对自动驾驶汽车寄予很高的期望。如果能够减少一小部分可归因于人为错误的死亡和伤害，那么推广这项技术就是值得的。但是，现在还不能确定是否真的可以做到这一点。密歇根大学的一项研究得出了一个人人皆知的结论，即事故总会发生。研究人员现在也不能下定论，自动驾驶技术会比经验丰富的驾驶员做得更好。特别是在过渡阶段，如果为自动和手动驾驶车辆划分道路，甚至还可能暂时增加事故数量。

调查结果显示,43.5%的受访者认为自动驾驶汽车可以免去寻找停车位的麻烦,39.6%的受访者表示可以在驾驶时做其他事情,而53%的受访者认为能在自动驾驶和辅助驾驶模式之间切换是最好的。三分之二的受访者认为,自动驾驶汽车是混合动力车(主要是电力)的代名词。

共享出行服务(拼车服务)肯定可以减少道路上的汽车数量,这种更高效的驾驶方式还可以节省燃料。道路上较少的汽车也意味着对昂贵交通基础设施需求的减少,这种基础设施包括各种停车场。这些服务还允许先前在驾驶中处于不利地位的人参与到社交和经济生活中去。例如,年龄较大和视力不佳的人,或者儿童。这还可以减轻以前承担照顾责任的那些人的负担。

汽车行业的传统制造商和新人看待未来的角度是不同的,这一点体现在对概念的定义上。沃尔沃或雷诺-日产的老板对车辆使用"自主"一词,意义就是未来仍将通过方向盘和踏板来辅助驾驶汽车,与之对应的是4级自动驾驶车辆。传统制造商认为,即使在可预见的未来,客户仍然希望拥有车辆并在驾驶过程中不时地控制它们。没有手动控制功能的汽车被称为"自动"汽车,它们主要用于出租车队和拼车服务公司。然而,这个市场的新人看待未来汽车并没有这样的区别。他们认为,汽车在可预见的未来将不再需要控制;只有在增加车辆成本并造成安全隐患的情况下,乘客才不得不对自动驾驶汽车进行控制。

我将在后面详细讨论汽车自动化对经济和社会其他部门的影响。首先,让我们看看自动驾驶汽车的工作原理、需求,以及我们需要解决的问题。

看到的和被看到的——相机、激光、激光雷达系统

"这是不可能的!这很难!实现了!"

——硅谷流行语

虽然无人驾驶汽车的梦想已经持续了数十年,但现在似乎只有在技术上有突破

才有可能实现。这与多种技术的开发进展有关，如计算和数据存储容量、机器学习、机器人制造技术、算法、宽带网络或传感器技术。

自动驾驶车辆通常配备一系列传感器，使汽车能够"看到"。并非所有汽车制造商都使用相同的技术，有些人忽略某种技术或尝试使用技术组合来实现点对点信息传递。以下各种配置数据基于谷歌自动驾驶汽车，这种车辆使用的技术是迄今为止最先进、最具深远意义的。

谷歌汽车最引人注目的是在车顶装有小型激光雷达系统，用一个闹钟大小的玻璃罩保护着。该系统使用的32或64线激光技术可以探测车辆与其他物体的距离，并绘制200米范围内的三维地图。其探测范围可达车辆周围360度视角。该系统功能原理类似雷达，用发射的激光束来代替无线电波，以光学技术来确定车辆附近物体的距离，每秒生成30个完整的三维图像。

根据激光雷达系统的数据，谷歌汽车还可以通过比较目标物体在每次测量中的位置来计算其他物体的速度和移动方向。例如，车内计算机可以预测另一车辆在何处移动并相应做出反应。因此，车辆可以轻易地检测到正常的交通状况。但是，当大量物体在车辆周围移动时，例如车辆穿过人群时，会出现问题。所以，谷歌汽车目前的计算能力还不能达到预期目标，幸运的是这种情况很少见。

通过激光雷达传来的数据量非常巨大，不仅记录车道标记，还记录了大量移动物体。通过计算反射激光的强度，还可以读取和解释街道标志。通过传送帕罗奥多市周围近500千米的各种信息，激光雷达为地图制造商Civil Maps生成了1TB的数据，并通过精准的过滤方法将此数据量减少到8MB。然而，这些3D地图必须时刻保持最新状态。激光雷达技术带来了挑战。很多初创企业试图在没有激光雷达系统的情况下研究开发自动驾驶汽车。

几年前，复杂的激光雷达系统成本高达数十万美元，现在价格下降到了十分之一，将来还会进一步下降。2007年的激光雷达的体积相当于现在的32个，价值40万美元，到了2015年，相同系统已经降到4万美元了，可以说是非常"物美价廉"了。只要激光雷达系统价格不断下降并且体积变小，它们就可以用于大众市场。例如，在每个机器人吸尘器内，或每个建材市场中，都可以找到经济实惠的静态激光雷达系统。以前的激光装置需要每秒转动几次，现在的固态激光雷达则不再有任何移动部件。虽然这种激光雷达的探测范围比较有限，但它们免于维护，而且价格更加便宜。

谷歌Waymo首席执行官约翰·克拉富西克（John Krafcik）就曾提到底特律车展中激光雷达的价格下滑。例如，Waymo使用内部开发的激光雷达系统，目前这些系统仅是几年前价格的十分之一。第一套系统花费了7.5万美元，现在价格已降至8000美元以下。即使如此，这个价格对于装备生产车辆来说仍然太高。以色列的激光雷达公司Innoviz和麻省理工学院已经宣布，分别以100美元和10美元的价格生产激光雷达系统。

越来越多的汽车制造商希望在2020年或2021年将自动驾驶汽车推向市场，因此对激光雷达系统的需求肯定会增加。Velodyne预计2017年销售约1.2万辆，2018年达到8万辆，2022年增至170万辆。Luminar Technologies由22岁的奥斯汀·拉塞尔（Austin Russell）创立，准备迎接新的高风险初创企业即将到来的繁荣期。在这里，贷方已经为10亿美元的预估资金投入了1.5亿美元。Quanergy也得到了同样多的资金投入。实际上，各公司争夺激光雷达市场霸主地位的激烈程度，可以在谷歌Waymo对优步提起的诉讼中看出。谷歌声称，其前员工在跳槽优步时非法附带了1.4万份关于激光雷达技术和供应商名单的文件。争议焦点是前谷歌员工安东尼·莱万多夫斯基，他率先开发了激光雷达技术。如果非法使用Waymo技术的指控成立，则可能意味着优步公司必须停止使用此技术。自动驾驶技术对于未来共享出行服务的成功非常重要，在法庭上失败将使该技术无法在此类服务中使用。这也将削弱投资者、驾驶员和客户的信心。

激光雷达系统正以不同形式迅速发展。Waymo远距离激光雷达可以探测达220米，能够（正如克拉富西克解释的那样）在球场两端识别出一个橄榄球头盔。"近距离"激光雷达系统能够识别出警察或骑车人的手势，以及行人的视线，因此可以预估出运动方向，让车辆做出相应的反应。

Velodyne是最热门的激光雷达创业公司之一。福特和百度都在其位于帕罗奥多的公司投资了1.5亿美元。比利时鲁汶的XenomatiX和爱尔兰的sensL是其他几十家激光雷达生产商中的两家，都急切地想让系统功能更加强大。某些特定情景和道路条件，给开发人员带来了更多挑战。阳光直射、雨滴和其他汽车的激光系统都会干扰信号。雨滴会使激光雷达系统信号混乱，因为它们可以反射激光信号并叠加所有其他物体的反射信号。前方车辆抛出的水滴会被传感器当成固体物质，并导致汽车制动。这些都必须通过精细算法过滤掉，至少对小雨滴和雪花造成的干扰必须过滤。反过来，路边积雪遮挡了车道标记，则会使摄像机"失效"。麻省理工学院林肯实验室开发的雷达系统LGPR（Localizing Ground Penetrating Radar），可以通过一个高频雷达来接收道路表面的反射，即"看到"道路标记。

就连装有激光雷达系统汽车的颜色设计也很具有挑战性。正如我们体验过的那样，醒目的汽车更容易让人注意到，对传感器也一样。深色物体会吸收更多的激光，反射较少的信号。同样，塑料和复合材料能吸收更多的光线。金属涂层反过来会阻挡超声波，车辆中相应的内置传感器则会失效。而且，雷达信号也可以被一些颜色阻挡。车辆结构也会有影响。因此，这不只是审美问题，街道设施、车辆和道路上各种其他物体，必须考虑它们在何种范围内会影响传感器。此外，还有一些解决方案，例如过滤特定的波长范围和入射角，发射多个激光脉冲，计算混合的散光信号，或对信号进行分离。

除激光雷达系统之外，自动驾驶汽车还需要安装摄像机，使它们也可以360度探测车辆周围情况。摄像机不仅可以探测行人、骑自行车者和其他车辆，还可以寻找街道标志、交通信号灯或道路边界。低于200万像素的摄像机，通过每秒钟36个图片（共60万~70万像素）的解决方案，已经超过了每秒钟只达到200万像素的雷达系统。此外，相机是可用传感器中不可或缺的一部分，不仅可以检测形状，还可以检测其他物体的性质。道路上的物体是一块木头还是一个塑料盒子，这都是可以检测到的。

在保险杠中安装有雷达功能的测距仪，其任务是识别其他车辆，以及车辆前方和后方的物体。当然，这些雷达不是我们通常看到的旋转雷达天线，而是一种用邮票大小的芯片组成的装置。

然而，在配备激光雷达的车辆真正使用自动驾驶功能之前，必须在三维地图中探测周围环境，而且不止探测一次：道路环境不断变化，这是需要考虑的。只有少数公司，如谷歌和苹果，能够负担得起耗时费力的更新流程，该流程要求必要的设备和财务投入。车辆后部的天线系统可以接收来自GPS卫星的地理定位数据。在至少一个车轮中，需要安装超声波传感器，用来记录车轮运动情况。传感器包括测量加速度的陀螺仪和转速计。此外，还有以下各种状况也是需要考虑的，比如加利福尼亚州可怜的道路状况，这正好也是最大的"试验区"。残缺褪色的道路标记、坑洼或杂草丛生的路况也为制造商增加了难度。

摄像机不仅可以用于外部视图，还能用于汽车内部。弗劳恩霍夫研究所与大众、博世和其他供应商正通过合作来测试车内摄像机的各种可能功能，包括了解车内有多少人，他们是谁，乘车状况如何，以及他们真正在做什么。研究人员正试图研究自动驾驶汽车乘客的各种活动。此外，摄像机还可以探测出驾驶员是否激动或感到无聊。

麻省理工学院正在研究特斯拉汽车驾驶员在哪里会使用自动导航装置，以及他们在行驶过程中的情绪状态。令人惊讶的是，研究证明，在使用汽车或其他移动设施的导航系统时，驾驶员嘴唇上的微笑并不代表满意，而是代表沮丧和不满。一个满意的司机会感到很无聊，而一个带着微笑却不高兴的司机则显得很荒谬。

对传感器数据的评估和解读非常有价值。难怪同样位于硅谷的计算机芯片制造商在这个领域嗅到了下一个发展机会。参与的专家之间地理距离非常短，技术发展非常快。英伟达（NVIDIA）是一家专为自动驾驶汽车量身定制处理器的公司。今天安装在手掌大小电路板上的处理器只需几百美元，而10年前则需花费数百万美元，而且机器需要填满整个房间。

除此之外，你必须知道汽车需要这种计算能力。通过计算，一切都会变得清晰。谷歌图像数据库拥有成千上万的移动物体：成人、轮椅上的人、拐杖、皮带上的狗、儿童、躺在地上或爬行的人，甚至会出现克里斯·厄姆森描述的那种画面，坐在自动驾驶汽车里的退休人员驱赶鸭子。在几分之一秒内，汽车必须尽可能地计算传感器之前传送的数据。

一个被识别的物体可以安全地运行或人为将其停止吗？然而，更常见的是，自动驾驶车辆必须能够正确对道路、车道标记、交通标志和信号灯、建筑物、其他车辆、人和树等进行分类。算法分为语义分割和对象识别。语义分割是将各个图像像素分解，分配到所谓对象类别中去。我们看到的属于哪种对象类别？是树，是人类，还是一个车道标记？对象识别意味着继续检测，试图了解看到的物体是静态还是动态对象；如果看到的是正在移动的物体，它向哪里移动，以及是否需要做出反应。有些可能性是由软件开发人员预测并编入程序中的，实际上根本没有发生过（例如之前提到的鸭子）。车辆必须了解"体验"这个词的所有含义。这就是人工智能和机器学习需要发挥作用的地方。

人工智能的发展

"相比人工智能，我对自然的愚蠢更感兴趣。"

——阿莫斯·特沃斯基（Amos Tversky）

我们的大脑是大自然的奇迹。今天没有任何计算机可以接近人类大脑的计算能力，而且人类大脑完成这些工作只需要消耗非常小的能量，仅仅需要50～100瓦，相当于灯泡的功率。如果下次有人对另外一个人说"你可不是一个大灯泡"，绝对可以看成是一种恭维。

在我们深入研究人工智能并理解未来汽车为什么需要这种技术之前，需要了解和学习的是汽车的相关知识。首先要解决的两个大问题是，"我在哪里"和"我去哪里"。

虽然用GPS来定位是一种很好的方式（精确度为2～10米），但这个数据对于自动驾驶车辆来说太不准确了。安全导航所需的信息必须精确到几厘米以内。为达到这种精确度，车辆用静止物体来确定方向。这种物体可以是门、特殊建筑物、树木或类似物体。利用GPS信号，可以让车辆估测静止时所处的位置。当车辆移动时，其他静止物体进入"视野"，车辆在哪儿和去哪儿就需要精确计算。

想象一下，如果有一天晚上外星人绑架了你。经过一段时间，你又回到了地球上，这时你会在地球上什么位置？你可以看到远处的路灯下有一个超市停车场。停车场的名称是德语，所以你可以假设身处任何讲德语的国家。那里停放的一些汽车有德国牌照，增加了这里是德国的可能性。根据巴伐利亚啤酒在酒吧招牌上的广告，可以判断出你位于巴伐利亚州某个地方。你会根据越来越详细的参考对象来缩小自己所处的位置范围。尽管如此，你也很有可能是在中国中部的一个巴伐利亚式村庄里，中国一些地方建造了类似哈尔施塔特或巴黎这样的城市景观，而且包括很多细节。

如你所看到的，自动驾驶汽车需要详细的并且修正过的地图来解决这些问题。这就解释了谷歌和苹果公司所做的努力，它们提供了地图和导航解决方案，同时也说明为什么德国汽车制造商联盟用数十亿美元购买了诺基亚的HERE地图。

在解决车辆在哪里和去哪里之后，接下来就会出现这样的问题：

- 周围有其他物体吗？
- 它们是什么类型的物体？
- 它们的速度有多快？
- 它们在向什么方向移动？

相比之下，关于车辆本身位置和前进位置的前两个问题，这时候看起来几乎是直截了当的。现在汽车必须解释所面对的物体，哪些可以忽略，哪些需要留意，哪些需要特别小心对待。

汽车上的不同传感器记录不同的现实图片，也有可能出现错误信息。强光会使照片失真，雨滴和雪花会使激光雷达失灵，GPS信号穿过金属结构时会指示错误位置；更不用说一些非常简单的损坏，例如设备中的不良连接和触点松动。自动驾驶车辆面临的挑战是，必须从保证安全驾驶的现有测试数据中做出有意义的解读。传感器数据的合并和说明，被称为传感器融合。

如果车辆已经解决了所有这些问题，知道自己在哪里、要去哪里、周围是什么环境，以及附近移动的都是些什么，它就可以按照自己规划的道路行驶了。哪种可能的路线最有效率？并非所有规划的路线都利于行驶，此时评估出的路况可能再次发生改变。使用过谷歌地图的人都知道，系统显示的是最短路线，并会提出行驶时的可替代路线，这些线路包括一些主道旁边的小巷和乡村道路。举个例子，美国一些供选的后街小巷通行率相对较低，行驶时要等待迎面而来的各种车辆，因此需要更多的时间来重新规划路线。像UPS和联邦快递这样的送货服务导航系统应该考虑到这一点，建议行车右转优先，即使规划的路线会因此变得更长。

在不同的情况下，最有效的路线并不总是直接路线。有时，你所处地区的交通状况并不允许你选择最佳路线。前方拐弯车道上行驶的载重卡车，可能迫使你选择绕行。或者，你会选择一条小道，虽然能够更快到达目的地，但对乘客来说太不舒服了。喧闹的街道或蜿蜒的道路都会使乘客不适。

汽车怎么启动行驶？启动发动机就可以出发了，不是吗？甚至在笔直的路上，都没有这么简单。道路可能倾斜，轮胎可能亏气，而且汽车也可能在一个方向上缓慢漂移。汽车是需要控制的。在转弯时，车辆不应该简单地向右转，而是以降低的速度轻轻转动。自动驾驶车辆必须采用轻柔的动作。生硬、震颤的驾驶方式，就像骑在马背上奔跑，实际上也不舒适，并且很可能有反面作用。

"DARPA大挑战"获奖者塞巴斯蒂安·特朗在优达学城（Udacity）的在线课程中详细介绍了有关这些问题的所有编程基础知识。但是，这只是一般基础。自动驾驶车辆需要进行更多的调整和定制，实际"经历"各种情况，以建立车辆最终可能遇到各种驾驶情况的详细数据库。

创建数据库非常耗时。但是，一旦从一辆车获得相关行驶经验，就可以立即提供给所有其他车辆使用。每个新考取驾驶执照的司机必须从零开始，并且必须个人获得驾驶体验，而每个新的自动驾驶车辆可以立即访问数据库。所以，谷歌Waymo每月对数百辆车进行测试非常重要，其测试范围覆盖20万千米，甚至更多。这已经超越了山景城的限制，毕竟那里的天气大多是阳光明媚的。除得克萨斯州和亚利桑那州的炎热沙漠地带和华盛顿州柯克兰的阴雨天气之外，伦敦的左侧通行规则和积雪覆盖天气也是自动驾驶车辆的"体验场地"。

另一方面，其他车辆制造商通常在安全控制车辆方面会遇到更多基本性问题。如何赶上谷歌领先地位的策略，目前正体现于特斯拉的"空中升级系统"中。谷歌自动驾驶汽车上的大多数传感器已安装在一万多辆特斯拉汽车上。截至2015年年底，1.5万辆特斯拉已经通过使用夜间半自动功能无线更新系统程序。特斯拉车主在几天内上传了数百个视频，显示在没有驾驶员干预的情况下，车辆在高速公路上的车道变更行驶情况。

自2016年10月中旬以来，特斯拉推出了新自动驾驶计算平台"Autopilot-

Hardware Kit 2",包括8个摄像头、声波和雷达传感器,以及功能强大的英伟达处理器。一旦系统达到允许标准,就可以实现完全自动驾驶,而且可以无线进行更新。特斯拉汽车最初的目标就是实现自动驾驶,为此配备了价值几千美元的硬件。这样的汽车将有10万辆。汽车行驶数据可通过Kit套件记录并转发给特斯拉数据库。因此,特斯拉正在建立一个包含驾驶场景和路线图的数据库,这些数据将让所有特斯拉车辆受益。即使雪地上没有明显的车道标记,自动驾驶车辆也可以从整个特斯拉车队累积的行驶体验中获得相应指导和帮助。

谷歌曾经的各种艰辛尝试都是独立完成的,而特斯拉现在已将自己需要解决的问题通过众包的形式和所有车主联系了起来。自动驾驶汽车从许多人类驾驶员的驾驶行为中学习。通过这种方式,可以更快得到结果,并创建更多不同的解决方案,即使在享受这些成果时必须谨慎对待。需要提到的就是有关光线照射的驾驶演练,因为在加利福尼亚州,大多数驾驶员都会在阳光下行驶,最有可能面对这个问题。尽管自动驾驶技术正在快速发展,德国制造商却依然只是胆怯地进行试探性努力。到目前为止,他们还没有决定自己要走多远,更不用说选择使用(计算机)硬件来生产汽车了。

如果你给婴儿一些不同寻常的东西,他们会花很长时间注视。此外,研究人员通过一些实验来推断婴儿的道德品行是天生的还是社会的产物,以及他们是否有幽默感。事实证明,婴儿在某些有趣味性的人为干预下会一直观察,例如父亲和母亲用物体制造出声响。他们这样做是为评估婴儿的反应和意图。父母笑了,婴儿也跟着笑了。开发人员使用类似方法来测试自动驾驶汽车。车辆摄像机"观察"驾驶员,判断他的目光是在内外视镜上还是在自己的肩膀上,这通常就是即将到来的行驶机动性(例如变换车道和超车)标志。利用感知外界的传感器数据,车辆可以"了解"在什么情况下人类有哪种动机,然后自动执行相应程序。

你可以想象一下,这些过程有多么复杂。专用硬件再一次发挥作用,英伟达等厂商将与150台MacBook Pro的计算能力相当的处理器推向市场。现在,英伟达已经在自动驾驶汽车上安装了四个这样的处理器,目前正在与80个客户进行合作,这个数量是惊人的。

如今,制造商在车上安装了很多所谓的电子控制单元(ECU,即"行车电脑"），相当于小型处理器。例如，装在传感器上的ECU，可以用于汽车制动，以及各种车载娱乐设施。几乎每个传感器都有自己的ECU，安装的数量已达三位数。尽管制造商多年来一直在讨论使用更少和更集中设计的处理器，但真正能推动这种趋势发展的，只有自动驾驶汽车。集成ECU不仅更便宜，还能简化软件编程步骤和更新上传。由于汽车生产基于供应链更加深入的垂直整合，所以汽车制造必须和配件供应紧密地结合起来，以前分散到各供应商生产组件的任务，现在正转移到负责研究开发ECU的人员手里。这也意味着制造公司内部的重大变化，因为权力的分散下放会使各部门人员产生不同的想法，并导致公司结构重组和裁员。鉴于这种情况，之前将ECU集中化的尝试并不是很有希望。然而，迫于自动驾驶汽车的发展，传统制造商感受到了压力。

英伟达、高通和其他几家芯片制造商现在已经领先英特尔。在自动驾驶领域已经失去结合点的英特尔试图通过与德尔福和Mobileye等供应商合作，在这个可以盈利的未来行业中保持某种程度的存在。因此，英特尔在2017年3月试图实现"井喷式"增长，并以153亿美元的价格收购以色列公司Mobileye。

但是，如果传感器失效会发生什么情况？其他传感器是否会设法提供缺失的信息并确保车辆的安全？剑桥的研究人员回答了这个问题。实现这项功能的挑战在于，安装在挡风玻璃后价值200美元的相机是否可以提供车辆前方物体的足够信息。在这里，必须回答以下问题：哪些物体在前面？它们是否在移动？它们朝哪个方向移动？研究人员的确成功解决了这些问题。由于算法的巧妙和机器学习的发展，只用一台摄像机就可以弥补其他传感器的故障。这项技术的应用领域不仅限于自动驾驶汽车，还可以用于家用机器人，以检测家中物体并进行相应的工作。

在专业术语中，该任务被称为"像素级语义识别"，使用一种试图理解像素组信息的算法。基于光照变化、阴影、轮廓和纹理，计算机程序不仅尝试识别单个对象，还尝试进行正确分类。对单张图片来说，这是一个很大的挑战，在视频中会更加困难，因为必须根据帧速率，每秒分析出几张甚至数十张图片。

人工智能是未来汽车和许多其他行业中的关键技术，软件领域公司很早就明白这一点。优步、特斯拉、谷歌、苹果、英伟达、IBM、百度和微软在人工智能和机器人制造技术上投资了数十亿美元，花重金聘请大学和研究中心的人工智能专家。2017年年初，福特在Argo AI投资了10亿美元，这家公司之前由谷歌和优步共同创立。优步以7亿美元的高价收购了有90名员工的Otto公司。谷歌前项目总监克里斯·厄姆森又创建了Aurora，目前已经吸收了300万美元的风险投资，而Nuro.ai则是两位谷歌前创始人的心血结晶。英特尔以153亿美元收购了有600名员工的Mobileye，其中包括450名工程师。这个购买价格相当于每位工程师价值3300万美元。

在传统汽车制造商搞清为什么人工智能很重要之前，该领域的专家市场已经空了。德国咨询公司风投专家法比安·威斯特海德（Fabian Westerheide）在报告中已经描述了德国公司对人工智能的了解程度。2017年3月，在德国联邦议院"数字化议程"委员会召开的会议上，集中讨论的是如何规范人工智能，而不是寻找机会和可能性。

实践出真知！机器学习和深度学习

一个年轻小伙子蹦蹦跳跳地朝我走来，对我说："我们来打乒乓球吧？我在书中学习了所有关于乒乓球的知识，现在没有人能打败我！"虽然我不是天底下最伟大的乒乓球运动员，但这位朋友没有机会能够打赢我，因为他是第一次拿球拍。

很明显，理论与实践之间是存在差距的。书上说如何控制出球角度，如何预测球的方向和移动轨迹。但是，如果你真的开始打球，书本上的理论就变得不那么重要了。你只要在打球时具有足够的力量和速度，让球飞得足够远，使对手无法接到球就可以了。

世上一切事物皆如此。你想学会走路，必须迈出步子。当然，摔倒也是学习过程的一部分。运动协调和对理论的应用必须通过练习才能获得，各种特殊状况也必须通过实践才能完善解决。

自动驾驶领域也是如此。你可以对所有规则进行编程，但实际道路交通会有许多突发状况，以及工程师永远无法预测的情况，这些都必须让汽车自行学习和解决。这被称为机器学习。人工智能就像人类一样发展，这样才能获得所谓"经验"。

伯克利大学专家安卡·德拉甘（Anca Dragan）研究的是人与机器之间的相互协作关系。与以往用程序来设计汽车行驶方式不同，德拉甘希望用人工智能来使汽车"思考"，比如让汽车自己识别美国常见的四向停车标志（交叉路口的四个停车标志）。汽车看到这种标志知道自己必须停下来。面临的挑战是，汽车是否能够意识到，在不会危及其他道路使用者的情况下可以继续安全驾驶。在这种情况下，人类司机通常不会完全停下来，虽然法律规定必须安全行驶。谷歌曾得出以下经验：自动驾驶汽车等到其他车辆完全停下来并在短暂等待后才会继续行驶。人类司机则认为这是一种犹豫不决的表现，会继续行驶。但是，有安全意识的机器人永远不会这样做。

因此，德拉甘通过数学公式计算出车辆安全驾驶的最佳时间。这就使汽车获得了新的行为方式。向其他车辆后退一米就是优先考虑安全状况的表现。谷歌自动驾驶汽车也有这种令人惊讶的行为。当在狭窄的街道上改变方向时，人们会使用所谓三点掉头的方法。首先，驾驶员将车头转向左前方，然后向右转，最后再转向左前方实现完美的转弯掉头，接着直行。自动驾驶汽车找到了完成这种转弯的其他方法。它首先向后倒或向右进入行车道。并非机器学到的一切都很好，重要的是它能够表现出一种不会打扰人类的安全行为。

通过使汽车不断地"学习"，可以更好地为驾驶过程中出现的新状况做好准备，同时找到解决方案。但是，当汽车陷入无法解决的境地时会怎样呢？这种情况在"DARPA大挑战"中就曾经发生过。在第一次比赛中，一辆机器人汽车在斜坡上抛锚了，但车轮一直不停地转动，直到起火。

日产公司认为，自动驾驶汽车总会面临各种需要解决的突发状况。这种汽车在陷入危险的困境中时，不能自己找出问题，而仅仅是停在那里让远处的人们注意到，让他们给呼叫中心打电话把车开走。初创企业Zoox和丰田现在已提交了一份到目前为止还处于保密阶段的专利，内容就是在意外情况下对自动驾驶车辆进行远程控制。

人工智能带来了一个令人不安的事实。研究人员不能完全了解机器，不了解它们怎样运行，以及究竟学到了什么。这一点在2016年年初的围棋人机大赛中已经很明显地体现出来了，韩国围棋冠军李世石不敌人工智能围棋程序AlphaGo，以总比分1：4落败。特别令观察员惊讶的是AlphaGo的下棋方式。计算机使用的是人类玩家以前从未见过的下棋步骤。IBM人工智能系统IBM Watson在国际象棋程序中运用的是大规模的计算能力（即所谓的"暴风算法"）来控制棋局——提前计算出尽可能多的移动步骤，并确定获胜的机会。而AlphaGo使用的是机器学习，会在下棋时运用我们所说的"直觉"或"本能"。围棋不同于国际象棋，棋子有更多的排列组合方式，不能单凭计算来控制整个棋局。

在几个月的人机大战中，AlphaGo首先对阵的是三届欧洲围棋冠军范辉，然后自己跟自己下棋，为其他比赛做准备。在对阵李世石的第三场比赛的第37回合中，这台机器不仅让所有围棋专家感到困惑，也让李世石感到不安。在休息15分钟之后，李世石放弃了比赛。人类玩家赢得这些比赛的概率是一万分之一。不管多少专家持反对意见，AlphaGo最终还是获得了胜利。

这是第一次可以将这种效果称为"奇点"。机器变得如此强大，甚至已经能教会我们什么了。如果人们想要教猴子什么的话，可以把猴子带到更高的认知水平，这比猴子之间相互学习要高级。除此之外，研究人员通过雌性大猩猩Koko也证明了这一点，她学习手语并可以使用超过1000个单词。人类现在接受的各种培训都是人类自己教授的。但是，如果由具有更高智慧的智能系统来教导我们，会出现怎样的可能呢？我们可能被提升到以前无法达到的认知水平，这正是高级AI系统经历过的。AlphaGo也为现在的人类围棋比赛者提供了更多的下棋方式。范辉在与AlphaGo比赛之前的国际排名是第600位，比赛之后上升到第300位。李世石在对阵AlphaGo失败后的几个月里也不是徒劳无益的，在电脑提供的多种棋局可能性的情况下，他甚至发现了一种新的围棋走法。

牛津大学教授尼克·波斯特洛姆（Nick Bostrom）在他的书《超级智能》（*Superintelligence*）中记录了为人工智能系统设置的几个实验任务。针对这些任务，系统提出了相应的替代解决方案，而这些方案首先被科学家归类为虚假信息和系统误差，直到在彻底实验后才被归类为具有可能性，并且部分人工智能系统采用的解决方案令人惊讶。

对某些人来说，这似乎提供了一个无法预料的机会。我们对决策的理解和接受通常基于结论的可追溯性：规则是什么，需要做出什么样的判断，以及最终结果是什么。

简单地说，人工智能的工作方式有点像"传声游戏"。你对旁边的人轻声讲述一件事，这个人听完后又低声告诉另一个人自己理解的东西。以此类推，直到最后一个人大声说出他听到的是什么意思。让所有人觉得有意思的是，最后一个人说出的信息与第一个人说的完全不同。人工智能会使这个游戏变得更复杂一些。每个参与者都不会通过前一个人小声传递信息，而是同时会有好几个人。从已经传递出的信息来看，接受者必须将有意义的信息结合起来并决定他要讲的是什么，以及需要告诉谁。你可以将涉及的人数增加到一千甚至一百万，这些人在更长链条中交换信息。在这种情况下，几乎不可能预测出最终会发生什么。

机器学习系统根据大量的概率做出判断。每个节点都会产生一个微小的，但可能很重要的影响。与混沌理论中的蝴蝶效应一样，地球一侧的蝴蝶扇动翅膀可以在地球另一侧引发龙卷风。对我们来说，难以理解的是，单个节点会如何影响最终结果。人们对此很难接受，因为科学和公众进行决策都是基于可理解性。

但是，当自动驾驶汽车做出我们不理解并可能危及人的判断时，我们该如何应对？一些关于伦理方面的问题，比如说电车难题（相关内容我们将在后面的章节中介绍），可能很难回答。我们期望明确的规则和决策标准能够在法律上保障我们的安全。立法可以为可预测的案例提供规则，以便做出明确的决策。正如我们在前几章提到的退休老人在电动汽车上驱赶鸭子这个例子，现实情况要比这个复杂得多。由人工智能控制的自动驾驶车辆必须在各种情况下都能够安全地做出反应。

正是这些担忧阻碍了汽车制造商在自动驾驶领域的快速发展，尽管像奥迪和丰田这样的制造商曾经提供汽车自动加速方面的相关报告。对普通人来说，毕竟汽车是最大的移动设备，是仅次于房子的昂贵消费品。想象一下，一个2吨重的机器人在运行时突然失去控制会是什么样的场景。由于可能面临诉讼和附带的高额赔偿，传统制造商对此非常谨慎。

德国工程师就持有这种理念，他们生产的汽车要尽可能广泛地经过验证和完善。因此，根据这种逻辑，为车辆配备只能在以后成熟的市场中使用的技术，是没有必要的。智能手机的数据存储几乎是空的，而汽车的数据存储则是满的。纠正错误和更新升级系统是可能实现的，但这并不是新引入的功能。他们不是将关注点集中在可用存储空间的成本上，而是顾虑应用系统会引发太多新问题，担心汽车的安全性、可靠性、成本、计费系统和外部开发人员等问题。许多人认为自己没有这方面的经验，面临的风险太大。而且，对制造商来说，这样做实用性太小。

汽车通常被视为可以自给自足的机器，能够独立于其他机器可靠运行。每辆车都是如此。自给自足的系统不需要联网，也不需要与其他系统相关联。即使在网络系统初期需要更多的部署工作，它们也能够很快获得回报。修复一辆大众e-Golf软件错误的成本很高，但当数以千计的车辆被召回维修店时，机械师可以通过USB端口安装软件补丁程序（这就避免了车主一次又一次地往返车间进行维修）。

特斯拉和谷歌两家公司已经不在这种初级领域"玩"了，它们植根于数字行业，随着时间推移不断改进技术和增加汽车功能。特斯拉的无线更新技术就证实了这一点。网上有无数演示视频，可以看出大家对此非常感兴趣。然而，视频和传输到特斯拉的驾驶数据也会揭示一些车主的不当行为。例如，司机在车辆自动驾驶途中会打瞌睡，或者冲进正在行驶的特斯拉中这样的危险状况。特斯拉公司随后纠正或禁用了一些自动驾驶功能。

对于传统汽车制造商来说，这种操作很不讨好。他们最大的担心就是，组件损坏引起的诉讼会破坏自己的声誉，还要付出赔偿。生产的汽车必须是完美的。设备变化会导致昂贵的造价。更换安全气囊或点火器需要大笔开支，更不用说为车主带来的不便。从这个意义上说，未完成的软件更换消费看起来更不容易获得支持。为贯彻"零错误"的企业文化，本应由制造商进行的测试转嫁到了顾客身上。领英的创始人兼首席执行官雷德·霍夫曼（Reid Hoffman）曾经用一句话生动地描述了这个状况："你在跳下悬崖的过程中建造了一架飞机。"

特斯拉和其他（软件）公司持有的态度并不是所谓漫不经心。水平集成系统无法在实验室中进行全面测试，垂直集成系统也是如此。即使你可以进行测试，需要的费用也是天文数字。但是，他们需要非常敏捷的市场反应。此外，人们可以从客户那里获得更快的直接反馈，虽然这种反馈有待改进。在垂直整合中，制造商可以控制每个细节。在一切经过测试之前，在像我们这样快节奏的世界里，最终发布的组件上市时可能已经过时了。宝马推出的iDrive智能驾驶控制系统就是典型的例子，汽车客户几乎无法访问这个系统。虽然工程师认为这是一套"完美"的实验室开发产品，但显然没有获得任何客户反馈。

克里斯托弗·克斯（Christoph Keese）是《硅谷与德国》（*Silicon Germany*——

Wie wir die digitale Transformation Schaffen）的作者，曾经在书中说明了应该如何进行数字化转型，而且指出了数字公司和传统公司在转型过程中存在的文化差异：数字公司应该实现风险管理，而不是像传统公司那样尽量去避免犯错；要去发现错误，而不是保留错误；要持续改进，而不是完美回避。

人工智能系统已经进入我们的生活，并不像预期的那样抽象和难以实现，这一点在视频游戏《精英：危机四伏》（*Elite：Dangerous*）中体现了出来。在这个游戏中，人工智能系统突然具备扩展功能，自主开发出游戏设定之外的超级武器，专门消灭人类玩家的宇宙飞船。

仅谷歌Waymo汽车每周的行驶里程就将近4万千米，而且行驶范围不限于加利福尼亚州。谷歌汽车在得克萨斯州、华盛顿州和亚利桑那州测试各种不同的路况和天气。反过来，特斯拉在2015年10月解锁自动驾驶功能后的短短几个月内，已经通过特斯拉车主的反馈获得了1.5亿千米的行驶经验。通过分析所有的行驶数据，企业可以从驾驶员和车辆的驾驶行为中得出相应结论，从而不断改进特斯拉自动驾驶系统。特斯拉甚至向美国交通部提供了特斯拉车主迄今为止记录的12亿千米行驶数据。这使美国交通部能够了解特斯拉汽车的行驶状况，并将其作为制定自动驾驶法规的基础。

埃隆·马斯克在2016年7月发表的"总体规划"的第二部分中就表明，希望监管机构能够批准自动驾驶汽车。与人类驾驶相比，自动驾驶汽车的安全性提高了10倍；而且，当局已经拥有了100亿千米的测试数据。

与此同时，自动辅助驾驶系统在实现汽车无人驾驶过程中是否有意义的讨论，已经在公众当中激烈地进行了，讨论的导火索就是在2016年5月因使用特斯拉自动驾驶系统而发生车祸死亡的Model S车主。这位名叫约书亚·布朗（Joshua Brown）的40岁特斯拉车主，在开启自动驾驶模式时，与一辆冲过高速公路的挂车相撞而死亡。自动驾驶系统的设计并不是为了识别横向穿过的车辆，也有可能无法区分卡车的白色涂漆侧面和后面的天空颜色。然而，美国国家公路交通安全管理局（NHTSA）通过随后进行的一项调查得出结论，车主负主要责任。布朗曾被系统反复警告，当时应该再次进行手动驾驶。NHTSA发现，特斯拉对此事故没有责任。数据文件显示，自动驾驶系统已经将一般事故减少了40%。

根据以往的经验，大型汽车制造商会因为严重的技术缺陷而召回产品，并且经常被罚款。如果面临这种状况，将会对公司产生重大负面影响。因此，我们希望通用、奥迪和特斯拉现在采用的自动驾驶系统不逊色于2017年和2018年到期的驾驶员辅助系统。这些辅助系统录取的信息由车内摄像头补充提供，可以用来确定驾驶员行驶时是注意路面状况还是处于分心状态。如果司机分心，系统会提醒他再次集中注意力。此外，这些辅助系统应该仅适用于在导航系统中被激活的路段。任何有助于提高此类车辆安全性的技术都需要支持。

除汽车制造商和互联网巨头为无人驾驶领域配备了丰厚的"战争基金"外，小型初创企业也试图在此分一杯羹。后者生产的重点是可安装在商用车辆上的各种硬件和软件，正是这些设施能够使车辆进入自动驾驶模式。山景城的Cruise Automation和旧金山的Comma.ai只是众多创业公司中的两家。前者已经被通用汽车收购（购买价总额超过10亿美元），目前在道路上有30辆测试汽车，而后者的创始人是有"神奇小子"之称的乔治·霍茨（George Hotz），他设计的自动驾驶汽车套件售价不到1000美元。霍茨早在17岁时就是著名黑客，能够自己解锁iPhone，现在获得了数百万美元的风险投资基金。他设计软件的方法就是众包机器学习。通过智能手机软件，记录测试人员的驾驶行为，然后将数据输入人工智能系统，并记录在数据库中。Comma.ai在2016年夏季发布了第一批数据，通过数据共享来加速自动驾驶技术的推广。

这些举动都让老牌制造商感到汗流浃背。拉尔夫·赫尔特威奇（Ralf Herrtwich）是戴姆勒驾驶员辅助系统和悬架系统的前负责人，也是HERE公司2016年后汽车部门的负责人，他看到了汽车自主学习方面的问题。

目前，我们看到汽车已经可以进行自主学习，可以说，汽车改变了自己的算法。所以，这已经涉及了单独的软件实体级别。这使我们面临的问题是，每当车辆出现故障时，我们几乎无法调整这个错误，因为缺乏车辆的相关知识。这就是为什么我说过，汽车的自主学习是必经之路。

我们可以想象，将测试车队的驾驶经验通过后台管理进行整合。我们在道路上对汽车进行实际测试并改进，以便所有车辆能以相同逻辑结构行驶。对我们来说，这是一个必不可少的要素，车辆的行为必须具有确定性，这样才可以调整。当每辆车适应自身的数据体验时，其行驶行为允许略有不同。我知道，这听起来非常人性化，如果能够实施会很酷，但同时带来的问题是，我们几乎无法确定自己的车辆会做出哪些行为。

在无人驾驶领域，不同国家的不同态度相互碰撞。一方面，德国公司非常谨慎，因此放慢发展速度，不想拿自己多年的安全声誉来冒险。这些公司的管理高层内部传播着各种对自动驾驶技术的偏见，这些偏见对公司的发展是毫无帮助的。另一方面，资金设备齐全的汽车产业"局外人"，如谷歌、特斯拉和苹果，这些公司拥有大量资源，当然还包括Comma.ai等小型初创公司。这些公司使用的是非常规管理方式，一开始就具有市场领导力。此外，还有一些来自中国的新兴力量，在巨大财政支持下获得加分，使整个自动驾驶领域高速发展。一些地方针对内燃机汽车发出禁令，也有公司义务设立电动汽车充电站。而且，中国还有谷歌的竞争对手百度，和2010年收购沃尔沃的汽车制造商吉利。

政府部门对自动驾驶汽车的期望又是怎样的？作为批准自动驾驶汽车的首要要求，NHTSA规定要将致命事故减少一半。NHTSA负责人马克·罗斯金德（Mark Rosekind）曾就此说过：

"我想设定一个双重改进目标。在我们期望的安全值达到目标后，再设定一个高标准的安全值。没有人会问'安全值多少算够'。我的建议就是，'先从双重改进开始，然后逐步提高安全标准'。"

政府和专家一致认为，必须找到新方法来评估自动驾驶汽车的安全性和效率，同时希望飞机制造业能够提供帮助。一个非常好的措施，就是采用匿名安全数据交换网络。也就是说，允许飞行员、空中交通管制员等相互交换有关问题和险些发生的事故等机密信息，从而纠正错误并避免未来发生事故。

事实上，飞机制造业的安全标准是用血书写的。每次飞机失事后都会调查原因。我的兄弟在奥地利做线路领航员，他有段时间负责检验飞机的安全标准。全球范围内的航空事故都要在专业期刊上进行分析，分析结果被转发给所有航空公司。因此，人们可以通过这种方式识别出与自己车队有关的安全问题，并执行新标准。顺便说一句，从自己的经验来看，我不建议你将这些报告视为不适用的信息。一旦钻研这些专业用语，其中的细节就会对你非常有帮助。人为错误也会发生事故，对这种情况，你只能一声叹息。

对自动驾驶汽车来说，也是如此。对车辆的逐步改进将基于已经存在的致命事故。对约书亚·布朗致命事故的分析促进了自动驾驶系统的一些改进，即使NHTSA已经裁定特斯拉对此并不负有责任。

在对谷歌进行访问之后，NHTSA的代表也意识到政府目前制定的安全标准过于简单，应该针对汽车的驾驶行为制定出更细化的标准。

"当几位代表在一些停放的车辆旁边试驾时，一名NHTSA同事打开车门，导致车辆突然停止。如果这个事件发生在公共道路而不是停车场上，按照目前规定，谷歌要将该车这种突然停止的状况报告给加州交通部。

"汽车的这种状况应该属于'突然停止'，而不是谷歌所说的'紧急制动'，这不是所谓'避免意外状况'，罗斯金德表示。所以，我们需要制定新的安全标准。"

为让自动系统快速获得驾驶经验，自动驾驶汽车不仅在现实世界中的道路中行驶，也在模拟器中进行测试。在2017年年底特律汽车展上，Waymo首席执行官约翰·克拉富西克表示，该公司2016生产的自动驾驶汽车已经在模拟器中行驶了10亿英里（16亿千米）。这些虚拟里程对改善汽车操控性能非常有价值，可以推动自动驾驶汽车进一步发展。

自动驾驶汽车的模拟行驶数据依据真实测试数据。在模拟器中，有不同的测试场景，可以更改选择。例如：车辆是否可以在夜间识别出坐在轮椅上的老人？如果特定传感器出现故障，其他传感器是否仍然能够提供完整的图像，并正确说明？下雨时该怎样行驶？真正的测试驱动器，构成了在模拟器中模拟数百个测试用例的基础。模拟器中呈现出来的上百种测试场景，都是以行驶过程中可能遇到的真实状况为基础的。在现实世界中每周行驶近4万千米，每月模拟测试约为1.5亿千米，这导致了多达6000种不同的模拟场景，这些场景都能提供真实的驾驶经验。人工智能可以通过这种方式学习到驾驶经验，并建立一个巨大的数据库和深层决策树。

其他制造商和研究机构也通过模拟测试来开发和改进自动驾驶汽车。优达学城通过在线课程提供驾驶数据和模拟器。英特尔实验室和达姆施塔特大学利用流行的视频游戏《侠盗猎车手5》(*Grand Theft Auto V*) 来获取模拟数据。加拿大的不列颠哥伦比亚大学（UBC）也尝试了类似方法。AImotive是一家匈牙利自动驾驶汽车初创公司，该公司的首席执行官拉斯洛·凯斯昂蒂（László Kishonti）使用微软Xbox游戏机上的赛车游戏作为自动驾驶汽车的培训软件。这个软件的培训任务就是控制赛车。最开始的训练就是让汽车靠墙行驶或驶离马路，车辆通过多次尝试逐渐学会这种行驶技能。经过无数次尝试之后，该软件可以准确无误地让赛车在虚拟道路上高速行驶。

另外一些制造商则为自动驾驶汽车提供全虚拟行驶模拟器。例如，巴塞罗那计算机视觉中心专门在一个虚拟城市中创造了一系列驾驶场景。在仿真软件Synthia中，研究人员可以快速测试自己的软件是否可以对不同情况做出正确反应。对于人工智能系统而言，在高速公路上行驶会相对容易学习，但在城市街道和罕见的场景中学习则非常困难。自动驾驶汽车应该如何应对交通事故、应急车辆，以及在施工现场和相邻道路上分流的车辆呢？在不同天气条件下和不断变换的季节中，交通状况又是什么样呢？车辆可以在模拟器中更好地体验这些场景，并适应以后可能面对的突发状况，从而使人工智能系统学习到足够的行驶经验。

如果必须打破交通规则或某些驾驶风格影响了乘客舒适度，也会发生意外影响。一辆不规范停靠在路边的汽车或阻挡道路的垃圾车会干扰自动驾驶汽车。遇到这种情况时，自动驾驶汽车应该等那辆车开走，还是要变换车道并避开前方的车辆？人类驾驶员能够很快意识到障碍物是否会继续停在那里，并做出相应反应。而自动驾驶汽车必须能够以相同方式做出反应。

碰到路面有凹坑时该怎样绕过？自动驾驶汽车是否可以识别凹坑？如果有必要的话，是否无视车上摇摇晃晃的乘客的感受直接开过去，还是想办法避开它们？如果这条街上满是坑洼该怎么办？

现实生活中的各种可能性，对人工智能系统和机器学习构成了巨大挑战。这个领域的工作量要求员工必须拥有必要的专业知识。由于人工智能具有广泛的应用前景，所需专家和研究人员也很多。这就是真正的人才竞争。2015年，因为优步提出无法拒绝的条件，卡耐基梅隆大学的机器人研究部门瞬间流失了三十多位专家。

2016年8月，当优步以7亿美元收购Otto时，相当于向这家仅仅8个月历史的初创企业的员工每人支付了750万美元。当英特尔收购Mobileye时，相当于平均向每位员工支付了2500万美元，总计153亿美元。福特在创业公司Argo.ai投资10亿美元。这些就是制造商今天愿意为工程师开发自动驾驶技术而付出的资金，而这些员工的年薪也近乎天文数字。自动驾驶工程师的薪金在23.2万美元到40.5万美元之间，平均29.5万美元。谷歌为每位工程师提供的薪金为28.3万美元，这还不算3万美元的启动奖金和其他福利。谷歌甚至可能愿意每年为此支付34.8万美元。

还有一些不在大学授课的专业人员，他们在线进行知识培训。自2016年年底以来，由塞巴斯蒂安·特朗创立的在线学习平台优达学城提供所谓的微学位（NanoDegree），作为自动驾驶车辆编程领域的工程学位。这个学位的课程包含所有与自动驾驶相关的知识。该课程从识别车道标记这些相对容易的内容开始，迅速扩展到深度学习和神经网络，然后是TensorFlow课程、道路标志分类、其他车辆检测、机器的人类行为和决策树。而这些只是课程三部曲的第一部分。

第一批学生在2016年10月开始学习，每个月都有来自世界各地的一百多名学生。作为曾经的参与者，我知道这门课程有多复杂。你需要掌握几种编程语言的相关知识，还要运用计算机处理大量数据。大多数学生每周要花30小时来完成作业。

为了跟上新的发展趋势，一些传统制造商正在与初创企业甚至竞争对手合作，同时进行投资或兼并。通用汽车已向来福投资5亿美元。菲亚特反过来为谷歌提供了100辆汽车。大众投资了Gett，苹果向滴滴出行投入了数十亿美元。而德国制造商则从诺基亚购买了HERE地图服务。

电车难题：无人驾驶车辆如何解决道德问题？

每当围绕自动驾驶车辆进行讨论时，最先被提出来的通常是事故中的责任问题，以及在不可避免的道德冲突中，面对伤亡事件该如何应对。

德国权威汽车杂志《汽车与运动》（*auto motor und sport*）曾引用保时捷前首席执行官马蒂亚斯·穆勒（Matthias Müller）说过的一句话。"我总是问自己，"他说，"自动驾驶汽车在面临两难的突发状况时，程序员应该怎样编程。"2016年1月《明镜周刊》的一篇文章也提出了同样的问题，文章的标题就是"死亡彩票"。

有一天会发生类似这样的情况：一辆由计算机控制的自动驾驶汽车在马路上行驶。车上的司机很舒服，看着报纸。马路上有三个孩子在蹦蹦跳跳，路两边都是树木。那一刻，电脑必须决定如何躲闪。电脑会做出正确选择吗？这关系到三条生命。

没错！面临的状况是，这三个小孩哪个会丧命？让我们仔细看看这种状况和涉及的道德问题，并分析发问者自己的相关看法。他要么对自动驾驶汽车和事故统计数据知之甚少，要么知道这个事实，但表达自己的观念时并不坦诚。

首先，反问一下发问者：
1. 你自己开车吗？
2. 如果你开车，驾龄是多长时间？
3. 如果你的第一个回答为"是"，第二个回答为"好几年或好几十年"，那么请你回答：你有没有面临这样的状况，你所做出的决定会导致乘车人死亡？作为驾驶者，你有多少次面临这种困境？你是否知道其他人曾经面临过这样的困难选择，要么撞伤别人，要么自己撞到树上？
4. 如果可能的话，你更信任谁会做出正确决定？谁能够在一瞬间做出正确的道德选择？是一个司机，还是数小时、数天、数周或数月研究这个问题并制定出算法的研究人员？
5. 你是否知道做出最终决定的不是程序员，而是通过机器学习和人工智能理解这种决定的汽车？

这种困境是如此罕见，以至于对大多数人来说只是一个纯粹的假设。所谓"电车难题"（也被称为"功利主义"）经常被评论家引用，并作为一个例子而成为反对这种"不成熟技术"的论据。也许，对你来说，席拉赫（Schirach）的书《恐怖》（*Terror*）才是众所周知的。几十年来，研究人员一直在实验各种变量数据，使自动驾驶汽车能够识别道德冲突和行为模式。

最根本的电车难题提出的是这样一种问题假设：一辆失控电车在轨道上高速行驶，前面停留着几名工人。当时的状况不允许给这些工人发出警报。然而，你可以选择用一个道岔开关，让电车进入另一条轨道。不幸的是，另一条轨道上还有一个人。现在面临的问题是：你是选择切换开关并冒险杀死一个人，还是不做出反应而去杀死这几个人？

当然，这是一个考验智力和道德的有趣的问题，但在实践中（几乎）永远不会发生。今天，当人们越过轨道时，即使所有警示灯闪烁或遮断信号机关闭，或者当火车司机不专心时，事故也只会发生在铁道口。这些情景才更为重要，因为它们更频繁地发生，会有更多的人受到伤害，而我也更为关注这些方面。

从功利主义者的观点来看，一种行动会因其对社会的利益最大而受到重视，即使听起来很残酷。比如，如果汽车驶过撞伤的是一位老奶奶而不是幼儿，算是对社会更有利吗？有人可能从功利主义角度争辩，一位老年人的大部分生活已经和社会脱节，只会"拖累"社会，而幼儿前途无限，以后可以为公众做很多事情。但是，真是这样吗？如果幼儿患有重病并需要昂贵医药费，而这位老奶奶即将出版她的第一本畅销书，又该怎样算呢？我们该如何知道，汽车又该如何知道，在不允许有其他选择的情况下，做出正确的判断呢？

电车问题的变体实验允许有直接或间接干预的其他物体或人。有这样两种情景，让一个人故意撞车以防止这场灾难，或者这个人无意中撞倒一根杆子，让其倒在车前，阻止车前进。第一种情景被参与调查的人拒绝，因为人们都不想被追究责任。第二种情景更容易被接受，因为至少是那根杆子直接阻止车辆，而不是当事人。一个是你负直接责任，另一个只是间接负责。一个相当于你自杀了，另一个是让杆子"死了"。然而，在两种情况下，结果相同：这个人阻止了车辆前进。

而我们现在的技术会更接近道德困境。自动驾驶汽车在碰到电车难题时大多跳过了相关背景。特定场景都是假设的、人工的，是由研究人员设计的，保留了尽可能多的参数。系统不允许有第三种替代方案，不承认替代方案。例如，相比人类驾驶员，自动驾驶车辆会始终保持360度环境视野。而且，由于激光雷达和相机传感器的组合，汽车可以"看到"200～300米，比人类反应更快。

就像我们在围棋比赛中已经看到的那样，总会有另一种选择。好比《星际旅行》中的柯克船长在"进取号"中证明的那样。斯波克设计的星际舰队学院考试，结果会使所有候选人失败。而柯克却入侵训练模拟器的系统来改变程序，成为唯一可以解决任务的候选人。这个例子有点跑题，毕竟我是个《星际旅行》迷……

即使从理论上思考一种决定（一种有道德的决定），也不能保证我们真的会在紧急时刻做出正确选择。但是，如果在没有能力帮助或保护其他人的情况下，我们会去选择牺牲自己的生命吗？自动驾驶汽车是否应该为拯救行人而将乘客置于危险境地？

谷歌自动驾驶技术项目的前负责人克里斯·厄姆森表示，谷歌已经为其汽车提供了防御性非常强的驾驶体验，以及一份行车关注对象名单。自动驾驶汽车首先会试图保护最脆弱的道路使用者，他们就是行人和骑自行车的人；然后是较大的移动物体，比如其他汽车和卡车；最后是直立的物体。

车辆本身需要经历许多这样的行为，我们对此也会持有误解。其实，制定决策并相应对系统进行编程的并不是工程师，系统本身会从机器学习过程中发现并执行。工程师最初为车辆制定一套行驶规则，帮助系统处理各种困难情况，但行驶数百万英里之后，人工智能会为自己建立行为准则。

举个例子，谷歌在解释猫这种动物时，会用图片来进行生动的说明。而在系统软件中，程序员会通过各种标准来定义猫。那么，如何通过照片认出一只猫呢？我们一般通过皮毛、眼睛、耳朵、爪子、鼻子和牙齿等特征来确定。但是，你怎样向电脑来形容猫的爪子呢？它的爪子是勾起来的吗？你是否能从侧面或下面看到爪子，可以从侧面拉出爪子来观察吗？算法中有太多东西需要描述，尽管如此，也不能保证计算机能够识别出猫。因此，程序员设置了一些概念框架，并让系统"观察"一百万或更多的猫的图片。最初，计算机表现得并不理想。不会认出猫，或将其他动物错认成猫。这个阶段就需要人类发挥作用。程序员检查系统学习的内容和方式，适当改变算法、添加标准和参数。随着时间推移，系统逐渐能"认出"图片中的猫了。而且，扩展图片中的猫也能被准确认出。

　　自动驾驶汽车的研发人员也是如此工作的。在汽车中输入算法和规则作为框架条件，然后让汽车开始自动行驶。研发人员会在模拟器中看到各种严重的错误，修正这些错误以后，他们才谨慎地在现实道路中尝试乘坐。在这期间，系统会犯很多错误。模拟器会记录和重复这些情况，同时更改参数，并添加新场景，反复如此。慢慢地，系统会"感受"到越来越复杂的交通状况，从中学习并逐渐变得更好。就像AlphaGo的系统改进围棋游戏并击败人类围棋冠军一样，汽车（以及同时学习各种驾驶行为的其他汽车）会学习得越来越好，最终超越普通驾驶员。

　　如果看一下载客汽车的交通事故统计数据，人们就会认识到，导致事故的主要原因还是人为错误，94%的交通事故都是人为产生的。由此造成的全球经济损失为5000亿美元。据估计，德国每年有3400人死于交通事故，其中只有200人因车辆技术故障等原因死亡。

　　据推测，在美国有55%～80%的事故未上报。实际上，西方国家的事故受害者中有一半是司机和坐在副驾驶位置的人，而在肯尼亚或印度等国家中仅为5%～10%。超过80%的交通事故受害者是行人、骑自行车者和摩托车手。印度在道路交通方面的统计数据则是灾难性的。在这里，每天有400人死亡，每年超过14万人。每年有超过1.1万人死于劣质减速带，而其实际上应该是用于防止事故发生的。

　　美国大多数事故发生在周六和周日午夜到凌晨3点之间。而在其他时间里，很多人的死亡时间是在夜间。在欧洲，交通受害者的数量各地分布不均。仅俄罗斯的死亡人数，就占欧洲公路事故死亡人数的三分之二。同时，事故也跟一些地区的腐败相关联。警察和其他负责交通安全的人可能被收买而忽略事故发生的隐患。因此，墨西哥城采取了严厉措施。2007年，最后一名男性交通警察被撤回，由女性取代。此后，墨西哥城交通事故数量有所下降，同时交通罚单数量增加了300%。

　　减少事故的另一种方法是利用"女朋友效应"。特别是在年轻男性中，女性乘客充当了纠正者角色。她们可以让男性驾驶员心平气和，使他们更加谨慎地驾驶汽车。以色列国防军利用这一点，派遣训练有素的女性士兵充当"守护天使"，护送结束任务的男性战士回家。

　　所有这些事情都是真实的，不是假设的。由于交通事故，许多人亡命街头，而且主要原因是人为错误。归根结底，最重要的问题是：谁应该对事故负责？谁将为受害者支付赔偿金？然而，车辆归责问题已经获得解决。早在2015年，沃尔沃就宣布该公司将对其自动驾驶汽车引发的事故负责。沃尔沃副总裁兼监管事务部负责人安德尔·卡尔伯格（Anders Kärrberg）表示：

"制造商应该对汽车的每个系统负责。所以，我们宣布，如果沃尔沃的自动驾驶汽车发生故障，我们将承担责任。"

可以想象一下另外一种民事案件：离婚。在德国，这一问题直到1976年才解决。在确定相关的责任问题后，法院判定离婚，以便解决配偶对另一方应尽的义务问题。自1976年以来，即使没有澄清双方的责任问题，也有婚姻解决方案。

这可能成为自动驾驶汽车学习的典范。车辆运营商和制造商或许将自动承担责任。由于预期事故频率较低，受到伤害的人可以更快得到补偿。利用传感器数据甚至可以在现场进行结算，保险可以在事故现场进行赔付。

让我们再次回到开始提出的假设情景。《明镜周刊》提到的道德困境，我们真正需要面对的能有几回？几乎没有。为什么这个问题会这样受欢迎并被夸大呢？布拉德·坦普顿（Brad Templeton）是谷歌自动驾驶汽车项目的技术专家，他详细评论并澄清了这项新技术的应用可能性和应该咨询的问题。

说到机器人，我们制定的要求会更加严格。我们根本不承认机器人的不道德行为，它们必须是完美的，我们会严谨地对其进行合理化改进，以求让人们都能接受。行为经济学家，例如杜克大学的丹·阿里利（Dan Ariely），研究的就是人类行为方式，特别是像作弊这样的非理性行为。在哪些特定条件下，可以允许受试者做出不太道德的决定呢？

人类将机器人视为一种人造设备，工程师可以充分测试和对这样的设备进行编程，而且不会出错。这种观点长期以来一直存在。然而，通过人工智能和神经网络，机器人正在逐步和人类靠近。它们（像人类一样）学习，它们（像人类一样）获得经验，并且以一种看起来类似人类直觉的方式做出选择。专家认为，AlphaGo所做的一切使围棋世界感到不安，但对它自己来说只是一种游戏直觉。

因此，道德问题可能朝着另一个方向发展。什么是机器人？自动驾驶汽车应当怎样被对待？它们应该被当成法人吗？我们是否承认它们可以犯错误，承认它们拥有人类具有的权利，并且因为受到惩罚会感到沮丧？欧洲议会就是这么认为的。在民法草案中，对于机器人应该如何分类，欧洲议会提出了具体建议，即承认机器人是具有所有权利和义务的法人。

随着我们对机器人在新领域的扩展应用，现有法律可能难以再全面覆盖了。没有法律就没有犯罪。在缺乏法律的地方，道德需要发挥作用。在理想情况下，法律、道德和伦理相互一致，但在现实中总是不同。什么是"正确"决定，为什么认为这就是"正确"的？有意思的是，这个问题对于让自动驾驶汽车发挥积极作用并无任何帮助，这种车辆可以发挥潜力的地方在于可以减少交通事故，增加以往在路权上处于弱势地位的人群的流动性，减少道路上的车辆，从而减少交通基础设施。

尽管如此，我们现在只是感觉到了新技术可能带来的危险。媒体倾向于优先考虑消极方面和潜在的危险。我的脸书页面收集了各种来自德语报刊的文章和论据，都深刻展示了新技术如何危险和存在何种风险。危机言论点击率高，并能带来更多广告收入，但从长远来看，对于客观和健康地发展新项目是具有破坏性的。

例如，在《明镜周刊》网页版刊登的一篇以人工智能为主题的文章中，专家首先被问到，我们是否需要担心，人工智能最后会给人类带来危害。人工智能元老于尔根·施密德胡伯（Jürgen Schmidhuber）曾直言不讳地说：

"我知道，你们今天不想和我谈论人工智能技术和人工神经网络如何帮助了数十亿人，比如更'聪明'的智能手机和自动癌症筛查技术。你们对未来可能存在的危险更加感兴趣。"

这种危机言论导致德国人如此担心。我们自己正由于讨论新技术的危险而不是潜力来阻碍自己发展。作为评论家、警告者、否定者，我们似乎比那些用创造力改变世界的理想主义者更聪明。哈佛大学教授特雷莎·艾玛比尔（Teresa Amabile）在实验中研究并证明了这种思维方式。她向学生提交了两份书评，一份表达方式是含蓄的，另一份则是批判性的。紧接着，由学生来评估评论人的才智。学生们认为，批判性评论的作者更加智慧一些。然而，他们不知道，两本书的评论都是艾玛比尔自己写的。所以，艾玛比尔必须扪心自问：哪个自己更聪明？

当然，电车难题这种情况必须考虑，并以适当措施解决。但是，今天用这种情况来作为对抗自动驾驶汽车的主要论点是危险和不负责任的。这种讨论应该通常由一些动机真诚的问题来引发。

举个例子，真正重要的讨论应该是，自动驾驶汽车和旁边骑自行车的人应该保持什么距离。如果在2.5米距离内有一名骑自行车的人经过，是否会发生事故和追究交通事故的责任（虽然可能发生事故的距离会多于3米）？或者，你能否接受这样一个事实：由于汽车必须躲避迎面而来的车辆，行驶可能变得缓慢？

这样的实验可能无法进行，因为道德委员不会批准，他们希望保护人们免受伤害。工程师编写"正确"的程序并不容易。道路宽度、交通状况、道路障碍物或天气都有可能使规定距离无法实现。人类无法预见各种状况，机器最终必须自己能够将距离、速度、向前或向后移动安全地进行结合，从而决定前进还是停止。

骑自行车的人的例子当然比电车难题更引人注意，因为常见，所以受到重视。说到道德委员会，实际上已经开始在德国干预自动驾驶汽车了。他们在2017年6月提交了报告。请注意，在实施有关自动驾驶的任何切实可行的法律之前，德国已经深深地沉迷于各种道德问题。值得庆幸的是，包括工业、大学、宗教和监管机构代表在内的委员会并没有陷入电车难题陷阱，而是看到了推广无人驾驶技术的好处。在美国，政界正朝着进步的方向思考。在那里，参议员正着手尽快实施自动驾驶的基本措施，并确保其安全有效。

在评估事故统计数据后，应该讨论的最终问题将是，我们是否完全禁止人们驾驶车辆。最重要的一点是，造成各种事故的责任方在人。如果我们拥有更好的技术，在道德上却不能接受，这种情况将会继续下去。任何拒绝并且不想放弃所谓控制权的人，都应该去跟事故受害的幸存者讨论"失去控制"。至少有一个（非自愿的）道路使用者，现在已经成为自动驾驶汽车的倡导者，而且，不，这不会是电车难题中的道路工人。在澳大利亚，已经开发出用于自动驾驶的神经网络，用来在公路上帮助检测和躲避袋鼠。

错误永远是人为的

当今自动驾驶汽车面临的最大挑战不是交通规则或道路标记错误，而是其他道路使用者犯下的错误和违规行为：即使交通信号灯已经变为红色，车辆还是会突然过马路；骑自行车的人在道路上逆向行驶；汽车在没有发出信号的情况下改变车道。这样的例子可以无限继续下去。人们在公路上表现得很不理性。如果不是因为这些情况，我们已经拥有了自动驾驶汽车，世界会更简单——可能不会那么令人兴奋，但会更加安全。

因此，英国交通管理部门的一项研究预计，在过渡期间交通状况会恶化，尤其当自动驾驶汽车和手动控制汽车同时在道路行驶时。这与驾驶员的个人行为有关，有些人很热情，有些人很暴躁。作为行人，我希望机器人汽车能够小心地防护性地行驶，对我友好。作为乘客，我希望它便于使用，更快捷，因为我在赶时间。

正是因为处于试用阶段，自动驾驶车辆在街道上会特别小心行驶，英国交通管理部门也预计交通延误将增加0.9%。由于环境会影响行驶行为，自动驾驶汽车在交通场景中的比例会从50%上升到75%。换句话说，暂时会导致更多的交通拥堵。因此，必须考虑道路规划的需求，使过渡时期尽可能缩短。例如，可以逐步转换通行区域，禁止特定车辆通行，但允许自动驾驶汽车行驶。

是人类表现糟糕，还是谷歌成为终结者？规则透支和隐形违法

想象一下，你站在人行横道，一辆黑色跑车停了下来。此时，司机一直让发动机轰隆隆地运行。你对此怎么看？当然，你会觉得车子上坐着一个混蛋。如果这是一辆自动驾驶汽车，第一个浮现在我们脑海中的就是"终结者"，这种架势让我们感到不安。因此，谷歌Waymo员工指出设计对于自动驾驶车辆的可接受性有多么重要。谷歌测试的那种考拉汽车，设计得看起来很可爱（也可以说，看上去很丑

陋），给人感觉很友好，可以增加公众使用它们的意愿。

我们在这里要开始了解机器人（自动驾驶汽车是其中之一），表现出值得信赖的行为是多么重要。机器人外观会影响人们的心态。美国iRobot公司联合创始人海伦·格雷纳（Helen Greiner），描述了测试客户对扫地机器人样品的第一反应。起初，客户对此类事物并不抱有希望。他们想象这会是一个手拿吸尘器的人形机器人。当海伦向他们展示了看起来有点像大飞盘的伦巴（Roomba）扫地机器人时，突然每个人都想使用它。毫无危险的伦巴甚至从主人那里获得了绰号。是的，商店专门为它定制服装。你的理解没错，扫地机器人特有的衣服。因为它看起来笨拙可爱，所以人们倾向于将它"人性化"。海伦·格雷纳还说，如果客户的伦巴坏了，不会直接以旧换新，而是有专门的救护车来"接走"进行维修。

甚至军用机器人也不是简单地由士兵在所谓"机器人修理厂"进行维修，而是直接送到"机器人医院"。如果机器人被确定无法修复，甚至还会为其建一个官方"墓地"，给予真正军人的荣誉。这是不是疯了？这清楚地表明，传统汽车的设计必须改变。公众不再需要流线型和时髦的设计元素，而是希望用起来方便，无危险。如果自动驾驶车辆只是共享经济的一部分，那么社会生活中的许多方面就不再需要汽车。只要能够很好地发挥作用，车辆外观其实并不重要。即使在今天，也几乎没有人会根据车辆设计来选择出租车。或者，对你来说也是如此？

除可爱的外观外，自动驾驶汽车还应该表现得很有"礼貌"：行人要优先考虑，今天道路上的车流仍然由人类司机驾驶的车辆占主导地位，乘客需要安全快速到达目的地。谷歌必须首先认识到这一点。而且，仅仅做到遵守交通规则是不够的，公路上应该有一条顺畅的特殊通道。这个通道中的车辆可以超过限定时速，否则可能有人赶不上火车。更糟糕的是，车辆逆行会引起其他司机愤怒，而且这种行为会危及道路交通安全。所以，在高速公路上行驶时，谷歌的测试车辆允许驾驶员手动操作来超过官方限制的速度。

谷歌汽车在行驶时对其他司机产生不良影响的原因在于，正如我早已承认的那样，当司机看到旁边谷歌汽车的相机自动拍摄快照和录像时，往往忘记自己也应该注意交通情况。所以，这也是我现在不开车的原因。

在道路上的司机也需要留意其他司机难以捉摸的驾驶方式。奥迪已经得出结论，很多有意变换车道的人类驾驶员，经常在接近车道标记时才打开变道转向灯。因此，自动驾驶汽车会被编程为一种"更人性化"的驾驶风格。这是否有很好的效果，有待验证。

还有一个例子，就是交通信号灯显示绿灯的那个阶段。谷歌已经认识到，在信号灯变绿的前两三秒内，反方向的汽车（红绿灯这时还显示红色）以惊人的频率在十字路口穿行。为避免发生意外，谷歌汽车将等待两三秒钟，然后恢复行驶。反过来说，这会使人类驾驶员等得不耐烦，他们会按喇叭并使用远光灯催促，还会冒险超车。请注意，这仅仅是两到三秒……同时，也可能永远停留在这个时刻。

在某些情况下，必须打破交通规则。一个例子是双实线。双实线是不允许违规驶过的。但是，当一辆汽车被路边车辆（例如垃圾车）阻挡时，等到它继续行驶过去是没有意义的。因此，自动驾驶汽车必须能够正确评估这种情况，并在适当情况下越过双实线。

但是，如果汽车按照车主意愿不去遵守交通规则，该怎么办？比如，如果这个停车位只能占用两小时，到时间我可能需要重新找停车位。现在汽车进入自动驾驶模式，每两个小时找一个新停车位。这在道德上可以接受吗？相反，我选择去付费停车场，在那里可以无限期保留车位，花费更多的钱，但维持了城市或社区的交通秩序。

不是每个人都相信他们的自动驾驶汽车能够自己做出有道德的选择。德国运输安全委员会主席克里斯托夫·哈特（Christopher Hart）表示，联邦机构需要制定道德和安全标准，这种标准在当今航空航天领域很常见。其他专家质疑，是否可能进行监管，因为自动驾驶汽车可能面临过于复杂和难以预测的情况。

总而言之，今天的道路使用者都希望自动驾驶汽车能够像自己一样驾驶，不会危及乘客和车外人员，不会引发风险，或者行事方式不会引起人类反感。它应该比人类驾驶更安全，并且能够找到最快捷、有效的方式到达目的地。人类可能对此有些不适应，但只是一点点。

Skeuomorphismus，Siri和Symbole：我们的生活如何被影响？

2012年，当我五岁的儿子看到iPhone语音助手Siri时，开始问各种问题，比如"圣诞节还有多少天"或者"万圣节是什么时候"。即使Siri无法提供任何有用的答案，他也会一直问个不停。最后，他问Siri："你为什么这么傻？"

可能我们觉得好笑，但他的行为和我们过去在技术变革时期的表现如出一辙。现在谁还有带拨号键盘的固定电话？把手放在耳朵上，这应该意味着"给我打电话"，但这对于"智能手机"一代几乎无法理解，因为他们的手指最重要的功能是打字。那些从没有在手腕戴过表的人，即使把手指放在手腕上，也无法让他们知道这代表的是时间。如今的时间基本都通过智能手机显示。

年轻一代看到应用程序中的"保存"图标时，不会再想到软盘。因为软盘在2000年年初就不再被使用了。而我们使用的许多数字应用程序，模仿现实中的物理对象：笔记本程序看起来像一个记事本，电子书翻转页面的样子看起来就像一本书。这是为了使用户更容易从实际物理对象转换到数字应用程序。这种过渡能够使用户接受技术变革带来的种种变化，避免使他们感到不知所措。这种设计原则被称为"Skeuomorphismus"（软件界面设计模仿实物纹理，又称"拟真设计"）。

对大多数人来说，要求他们马上接受太多变化有些过分。他们会拒绝这样的产品。这在一定程度上也解释了特斯拉的成功，特斯拉不希望自己的汽车设计偏离现行标准，因为这样好比宣称这是一个完全不同的驱动系统。那些希望通过大胆设计来强调创新的制造商通常会失败。一旦用户习惯了这种车，设计师可以更进一步，改变以前的产品形象和风格。

苹果公司的iPhone操作系统在推出后仅仅几年就改变了界面外观，在应用程序中丢弃了许多类似现实世界物理对象的东西。几年后，当用户逐渐熟悉新变化时，手机笔记本程序的皮革或纸张背景才会消失。这也解决了模拟技术的局限。例如，数字日历要比纸质日历显示更多的年份。

朋友的女儿和我儿子一样大，她以一种与成年人完全不同的方式使用智能手机。我喜欢用MacBook写较长的信息，但她和朋友喜欢用Siri语音助手相互交流。这在年轻一代中特别流行，他们在吃早餐或在车后座休息时给住在西班牙的奶奶发信息、听信息、听搜索结果或通过语音来启动应用程序。对我儿子这一代人来说，用键盘交流是完全正常的。而我们的父母和祖父母熟悉的是那种能够触摸到的纸质信息，必须拼写正确；如果纸张上还带有那种淡淡的墨水痕迹，就再好不过了。

我们与机器交流信息的方式正在发生变化。很多输入数据的装置，如打孔卡、旋转编码器、开关、键盘、操纵杆、语音输入或运动传感器，在短短三十年内就陆续出现了。现在，大型机器设备（汽车）正在走向我们，在我们的生活中穿梭并与我们展开互动。它们必须了解我们的生活，而我们也需要理解它们的意图。

驾驶汽车其实是一种社交体验。如果驾车行驶的人认为道路是自己的，则不可思议。彬彬有礼的人通常在公路上也会表现得很有礼貌，开门时会注意有没有路过的行人，不介意让其他人优先行驶。交通规则是一回事，一个人的行为是另一回事。在汽车交通中，存在很大的灰色地带。如果离开自己的城市或国家，你需要看看相同的路标，是不是有不同含义。在土耳其和意大利驾驶汽车时，经常需要按喇叭。如果汽车喇叭坏了，就会被认为整辆车是坏的。在印度，如果要超车，必须告诉对方自己要急着做什么。四向停车标志在美国许多十字路口很常见，需要仔细观察哪辆车先到达并被允许进入十字路口。在奥地利，如果驾驶员中指残缺，则不允许开车。

在行驶过程中，每个人不同的驾驶风格通常很难看透，微微点头、一个眼神、一种手势都可能意味着司机要在道路上享有优先通行权。这让人想起探戈，好像所谓米隆加舞——探戈的一种。在阿根廷首都布宜诺斯艾利斯，舞池另一端的舞者通过眼神来邀舞。对于来自德语国家的舞者来说，米隆加的互动方式充满了尴尬。他们会认为，这种眼神究竟意味着接受还是拒绝很难猜透。不是阿根廷人的外国人会不停地莫名其妙地闯祸。现在，街对面的汽车类似复杂的社交活动对象，更不要说跟自动驾驶汽车打交道了。来自瑞典和英国的研究人员编制了一套视频合集，展示自动驾驶模式下人与车之间类似社交性的互动，以及由此产生的误解。

作为行人、骑自行车的人或司机，我们如何与自动驾驶车辆进行交流呢？我怎么知道它已经看到了我，并且让我先行呢？在如今的交通情况下，我们试图与（不同）车辆的驾驶员进行眼神交流。我们对那些没有反应的人会更加留意。对方可能没有注意到我们。一些司机会强行通过。但是，我们如何与自动驾驶汽车进行目光接触呢？我应该朝哪儿看呢？事实证明，自动驾驶汽车的前方实际上提供了一个"面部"特征，而友好的外观并非一个简单的设计元素。就像动画电影《汽车总动员》里面的汽车设计一样，自动驾驶技术应该有促进人机交流的作用：不用任何文字或符号；或者说，让汽车直接跟行人"说话"，让人们知道它的"想法"。奥迪A7自动驾驶汽车挡风玻璃后面的LED指示灯，可以向行人发出信号，即它已经"看到"他们了。在某种程度上，可以说，这相当于驾驶员向行人做了一个手势。车辆也可以将人行横道图案投射到地面上，让行人优先通行。有趣的是，当车辆向行人做出"微笑"表情时，意味着在它前面过马路是安全的。

硅谷初创公司Drive.ai采用的就是这种方式。将文本和表情符号相结合——这里的表情符号是普遍可以理解的——让行人学习理解车辆每种行为的含义，这是第一种方法。行人处于这种相互作用的中心，因为大多数人首先体验自动驾驶车辆不是作为乘客，而是作为路人或手动驾驶员。出自斯坦福人工智能实验室的Drive.ai公司研究人员，在其测试车辆上使用传感器组件，包含各种数据。汽车上显示的文字为行人提供汽车行驶的最新动态信息。

谷歌已将声响作为汽车的通信元素，除我们熟悉的喇叭外，并无其他噪音。通过计算机算法，谷歌汽车可以确定何时应该使用喇叭。这在行驶过程中很难实施吗？在道路上行驶时，如果有一辆车太靠近，谷歌汽车会鸣笛，警示这种距离会危及车辆。还有，如果汽车要从出口处变道，没有注意到谷歌汽车发出的信息时，或者当车辆在错误的行车道上相遇时，谷歌汽车也会使用喇叭。当有车辆在前面后退时，谷歌汽车会连续发出两次简短的喇叭声。

最初，喇叭仅设置在汽车内部，以便告知测试驾驶员，车辆信号是否合适或车辆是否误解了驾驶情况。对喇叭而言，谷歌希望最终能模拟出一个有经验和耐心的司机。但是，这种声响也实现了另一个目的。由于谷歌的考拉汽车是电动汽车，没有发动机噪音，所以很容易让车外的人听见这种声响。一个小的警报信号可能会警告行人或骑自行车的人。

汽车必须将自己的行驶意图传达给其他道路使用者，还必须明白他人的意图，并做出相应的反应。一个例子是路人的手势信号，通过辨识这种信号，自动驾驶汽车能够允许骑车者指示方向并变换车道。仅仅识别手势信号是不够的，还必须进行相应的操作。

骑自行车的人速度较慢，在道路中却非常敏捷。即使在周围附近，他们的运动方向和速度通常也难以计算。谷歌举例，骑自行车的人经过停放的汽车时，必须避开打开的车门。所以，算法必须能检测到打开的侧门，并预测骑车者能够在不发出信号的情况下躲避。谷歌车辆为这个区域预留了空间。此外，骑车者发出的信号可能不正确或不一致。有时仅仅通过旁边骑自行车的人一个眼神，就能判断他们是要变换车道还是转弯。

从广义上来说，交通警察指挥车辆停止或前进，建筑工人在道路上为工程车辆预留道路，乘客/酒店工作人员呼叫出租车，或有困难的司机需要帮助，甚至那些想要抢劫的人，都会用手势发出信号。此外，车辆还必须区分出这是针对汽车发出的信号，还是一个随手动作。我和在谷歌Waymo工作的一位朋友碰到的一件事，就形象地说明了这一点。我们在前往山景城啤酒厂途中准备过马路的时候，正好旁边有一辆车经过。车里面坐着朋友的同事，他看见了我们，就在车里招了招手。自动驾驶汽车系统误以为这是减速手势，放慢了速度。

英国一个研究小组为自动驾驶汽车开发了一种名为"Blink"的语言系统，里面就包含各种手势信号。该系统目前仍然只能理解停止和继续前进，但已经通过机器学习进行训练，以检测数百种其他信号，包括某些特定文化信号。正如柏林手势研究中心的研究人员指出的那样，手势塑造了人类行为，这并非从我们认真与机器人进行沟通才开始的。就像我们之前说过的，在智能手机上滑动，指着手腕来询问时间或表示时间很紧迫，以及用手做一个打电话的动作让别人回电话等，这些都只是用来沟通的一些手势。

让机器人了解手势的第一步是编目。林茨的未来电子艺术实验室（Ars Electronic Future Lab）已经为梅赛德斯-奔驰自动驾驶汽车归类出150种交互模式和手势信号。我们每天使用哪种手势？哪些手势在机器人互动方面很有用？我们是否需要发明新手势，还是从现有人类手势中提取新信息？哪种姿势具有误导性？当然，在不同的国家或地区，同一个手势可能意义不同。用拇指和食指比画出的"O"形对我们来说是善意的，但在巴西，却被认为是排泄器官的象征，对人是一种侮辱。手背向外用食指和中指做出"V"形手势，在英国则是一种不雅之举。对我们来说，这已经不容易理解了，更不要说汽车了。所以，不能因为这种文化理解上的琐碎和无尽，而导致对新技术的否定。

探索更进一步发展方向的国家是中国。南开大学正在研究用人类"想法"来控制自动驾驶汽车。带有16个传感器耳机的乘客通过脑电波信号给车辆发出指示，已经在测试中取得了初步成功。该解决方案可为残障人士提供新的机会。

就像谷歌汽车需要不断进行机器学习和获得驾驶体验一样，某些"无害"行驶规则也必须进行实际测试。那种系统设定固定路线的自动公共汽车也没有按照预期设想运行。原本打算让特定交通状况下的公交车优先考虑使用自动驾驶技术，实际却没有这样做。幸运的是，这种自动驾驶公共汽车有一个弯曲保险杠和一个可拆除的传感器。通过测试得出，体积较大的车辆相比较小的车辆，灵活性会差一点。较小的汽车会让道，而大型汽车则会维持原状。机器必须能够理解和接受人类行为。你不能对它们严格进行编程，并要求其严格遵守所有规则。人们打破规则并灵活进行解释，机器也必须知道什么时候可以这样做，以及需要怎样等待。

人们有多么信任自动驾驶汽车？调查显示了令人惊讶的结果，即信任度与年龄有很大关系。将近半数以上的"Y"一代车主（56%）和"Z"一代车主（55%），也就是所谓千禧世代（一般指在1981—2000年出生的人）和今天的年轻人，他们表示很信任自动驾驶汽车，只有18%（或者更精确地说，只有11%）的人表示"不确定"。而"X"一代车主（30~50岁）有23%的人表示"信任"（27%表示"肯定不信"），"婴儿潮一代"只有23%的人表示"信任"，而有39%的人表示"不信任"。即使在国家之间进行比较，也存在很大差异。巴西等汽车市场增长的国家大多数人（达到95%！）相信自动驾驶汽车，而在像德国这样汽车市场饱和的国家，大部分人对这种技术不信任。

但是，真正的惊喜只有当你坐在自动驾驶汽车上才能体会到。正如许多特斯拉汽车在线视频显示的那样，经过短暂怀疑后，驾驶员对系统的信任程度超出了他们的想象。谷歌为员工提供第一个测试原型时也是这样，即使在早期的试验阶段，对自动驾驶系统或谷歌车辆的信任也是有根据的。

对行人进行的测试表明，人们已经准备好对自动驾驶车辆无条件信任，并且毫不犹豫地在这些车辆前过马路。但是，在过渡阶段，即使将自动驾驶和手动控制车辆分开道路行驶，如果两者发出的信号仍然不同或者其中一个参与者没有按预期做出适当反应，还是有可能导致危险情况。

人类并不总是最脆弱的参与者，而机器人也可能成为受害者，造成伤害的一方有可能是我们想象不到的人群：儿童。大阪大学的研究人员观察到，一个在购物中心负责回答购物者提出问题的自动漫游机器人，经常被孩子们反复损坏。这些孩子——他们在没有成年人监督的情况下逛商场——会挡住这些机器人，甚至踢它、打它或摇晃它。斯坦福购物中心的保安机器人Knightscope就曾遭遇过这种情况。因此，日本研究人员编写了一套程序，只要机器人看到孩子接近自己就立刻去访问下一个成年人，从而解决了这个问题。在这种情况下，成年人的存在也是有帮助的。

孩子们即使知道自己的破坏行为是不对的，仍然会这样做。研究表明，通过这种方式，孩子似乎能够学会换位思考。新产的、尚未广泛使用的机器人可能遇到与第一辆长途汽车驾驶员类似的现象。这些新兴产品也会被充满好奇心的儿童和成年人包围和触摸，甚至被破坏。早期的驾驶者必须保护自动驾驶汽车免受此类伤害。

但是，如果自动驾驶车辆真的发生了事故怎么办？当数百万这样的车辆在街上行驶时，有人因此受伤甚至死亡怎么办？制造商是否应该对此负责？运营商是否有责任？车内乘客有责任吗？事故受害者也应该负有一定责任吗？这个问题不能再以纯理论的方式对待了，因为现在已经至少有两起事故是由这类车辆造成的，虽然这些事故没有造成人员伤亡。一辆由初创公司Cruise Automation（现在已被通用汽车公司收购）生产的自动驾驶汽车装有传感器组件，却在旧金山撞到了一辆汽车的保险杠，而这辆汽车是停放着的。这件事发生的原因，就是人类驾驶员对车辆发出的控制请求迟迟没有反应。还有我们之前说过的事故，谷歌雷克萨斯运动型多用途车在低速行驶时撞到了一辆巴士的侧面。现在，让我们看几个（虚构的）例子。

例1：反应出错

一辆空的自动驾驶汽车正准备接载一名乘客。它通过一条管理不规范的街道时，几个孩子跑到了街头。车停下来时已经晚了，撞到了孩子。

记得一位过去的同事告诉我,他在六岁的时候和朋友们玩过一种游戏。他们躲在停放的汽车附近,在汽车即将开出去的一刻跳出来。他摇着头给我们讲述自己小时候幼稚、愚蠢的恶作剧,就好像每个人都会这样做一样。他和朋友们是幸运的,由于司机反应迅速并及时刹车,使他们没有受到伤害。

对于自动驾驶汽车,根据制造商的说法,在测试阶段的数百万千米行驶里程中从未发生过这种情况,对此类情况是未知的。如果出现此类事故,法官应该如何判断?他要么判定父母违反监督职责,免除车辆和制造商或车辆所有者的责任,要么让制造商承担责任,改进汽车系统的不足之处。

例2:传感器故障

在确保自动驾驶车辆安全操作的无数传感器中,可能有一个或多个会出现故障,但不一定会使整辆车失灵。刺目的阳光可能使相机曝光过度,雨水可能使激光雷达"不精确",或者炎热天气会使传感器发热,从而导致测量结果不准确。

这些可能导致的问题暂且不议,需要提醒的是,如果汽车配件已经过了有效期或者有已知的传感器故障,车主需要承担事故责任。如果传感器提供的数据不正确,则必须首先确定错误的原因。它是受环境影响,还是由错误程序导致的?汽车将来是否能够发展为独立检测自身缺陷呢?

例3:人类错误指令

乘客给自动驾驶车辆提供与车辆和环境安全性冲突的指令,这也会导致发生意外。这使我们意识到,必须允许机器人拒绝人类命令。对于这种拒绝程序,马萨诸塞州塔夫茨大学人机交互实验室的研究人员,已经证实可以执行。在实验中,人类给机器人下达指令,让其在桌子上向前移动。当接近桌子边缘并被命令继续前进时,机器人拒绝了,因为这个指令对它来说已经不安全了。机器人是可以抗拒人类指令的。这种操作可以通过特殊模式(超级用户模式)执行,管理员在这种模式中指示机器人,如果遇到危及自己或人类的情况时,可以拒绝危险指令,采取防备措施。在上面的例子中,机器人即将走到桌子的边缘,机器人必须能够信任人类会及时接住它,才能继续执行这个命令。

可以想象在许多其他情况下，有些人会故意绕开管理员预先编程的机器人安全措施。人们经常忽视安全措施，有时出于好的理由，有时很愚蠢，有时则是恶意的。在这种情况下，责任方应从机器人转移到人类身上。

例4：外部影响

当有外部影响施加在车辆上时，情况会变得更加复杂。在现实中，总有一些不知轻重、寻求刺激的人喜欢用高功率激光笔照射飞机，这种行为严重影响了驾驶舱内飞行员的视线。这种现象也有可能发生在自动驾驶汽车上，可能有人试图影响车辆正常运行，比如在汽车驶过时突然进入街头，甚至设法远程控制车辆。

如果机器人无法执行操作，它会怎样呢？认知科学教授唐纳德·诺曼（Donald Norman）曾经提出过一个建议：机器人应该表达出自己的挫败感。这种想法听起来让人感到有点奇怪，但也有优点。当自动驾驶汽车在环形交叉路口迷路并且无法找到出口时，可以通过显示挫败感来请求人工帮助。如果没有这样做，它就会反复尝试相同的方法并不断失败。对人类观察者来说，这似乎是一个愚蠢的机器。如果能够表现出挫败感，人们往往会提供帮助。

挫败感对于我们人类来说，也有助于放弃不能继续的任务，并开始另一项任务。同样的效果也适用于机器人。当自动驾驶车辆在环形道路上徘徊时，可以通过"挫折算法"来停止寻找所需出口的任务，并转向新任务。例如，简单地将环形交叉口作为下一个出口，并且通过不同路线抵达原先设定的目的地。

因此，处于"挫折模式"的机器人可以避免"死循环"，即僵持在无法完成某项任务的死胡同，因为它必须完成另一项新任务。机器人进行自我解答并决定怎样做时，可以将条件限定于以下五个方面。

1. 自知力：我知道如何执行这项任务吗？
2. 能力：此刻是否有可能执行这项任务？在自身现有条件下，我有能力执行吗？
3. 目标优先级和调度：我现在可以在这里执行这项任务吗？
4. 社会角色和义务：基于我在社会中的角色，我有义务来执行这项任务吗？

5. 标准允许：如果我执行了这项任务，是否会违反任何标准？

前三个问题不言而喻，第四个问题却涉及命令发出者。给"我"发出这样的指令合理吗？"我"是否应该听从举手示意者的指令而在路边停下，还是应该只听命于主人或警察？第五个问题则涉及机器人的内部标准，跟所需行动是否会危及自己或其他人关系不大。

如果发生了事故或犯罪行为，我们如何看待内疚感和责任感？产生这种感觉的先决条件是，"道德行为者"，比如一个人，可以区分道德上的正确与错误，了解其行为的后果，并有机会实施相应行动。

事实上，我们可以使用已经描述过的一些方法，即使这些方法看起来令人反感，并且不合适。《人工智能时代》(*Humans Need Not Apply*) 一书的作者杰瑞·卡普兰指出，在美国南北战争之前的奴隶制度中（谢天谢地，这个制度已经被废除了）涉及了类似问题。奴隶是（私有）财产并属于奴隶主。在所谓"奴隶法"中规定，谁的奴隶造成了损害，就必须受到惩罚（除许多其他主要针对奴隶的规定外）。但是，奴隶主只是在某些情况下承担责任；在许多情况下，奴隶自己受到惩罚。然而，相比奴隶主自身享有的权益，确定其有罪的法律条文少之又少。那么，对奴隶的惩罚是否可能对所有者造成很大的不利影响呢？即使在17世纪和18世纪，奴隶法也没有像今天看起来那样无可争议。

但是，如果不将责任归结于"个人"，如何对机器人和所在公司做出的不当行为或造成的伤害进行惩罚呢？你是仅仅惩罚那些负有责任的人，还是惩罚执行命令的人、制定指令的人或者整个公司？是否也要将动机、意图和对社会的影响算在里面？

当然，你不能把机器人放进监狱。但是，有些方法可以让我们获得相同的效果。机器人和公司一样，都有目标需要实现，它们的整个存在都旨在实现这一目标。如果它们被罚款、撤销许可证，则在一段时间内无法达到预期目标。法官也可以关闭企业。所有这些措施都剥夺了公司持续经营的基础，这跟判决死刑是一样的。例如，2010年墨西哥湾"深水地平线"原油泄漏事故，当局强迫英国石油公司支付了昂贵的清理费和数十亿美元的罚款。

自动驾驶车辆应该接载我们和运送货物。如果施加惩罚，它就不能完成自己的任务。杰瑞·卡普兰认为，自动驾驶车队的运营商可能迫于目前的情况，不会将所有汽车组建为一个公司，而是将每辆汽车注册为自己的企业。这就避免在可能遇到索赔时，整个车队被迫停止服务。例如，成立一个出租车公司，这个公司只有一辆车。

阿西莫夫机器人定律，或什么（仍然）是合法的

著名科幻作家艾萨克·阿西莫夫（Isaac Asimov）早在1942年就已经假设出了机器人三大定律，这些定律之间是相互约束的。

1. 机器人不得（故意）伤害人类，或明知人类受到伤害而袖手旁观。
2. 机器人必须服从人类给予它的命令——当该命令与第一定律冲突时例外。
3. 机器人在不违反第一、第二定律的情况下要尽可能保护自己。

后来，阿西莫夫又引入了"机器人零定律"。

0. 机器人不得（故意）伤害人类的整体利益或被动地（故意）允许人类受到伤害。

事实上，这些机器人定律作为我们理解机器人的基础持续了半个世纪，其间没有重新进行设定，并不一定适合我们。如果仔细地研究这些定律，人们很快会发现它们太简短，不准确或者太准确。如果机器人遇见动物呢？机器人是否必须执行所有人的命令？如果它的自身条件已经不允许再执行命令怎么办？

这些定律在后来的科幻小说中变得有些不一样。艾萨克·阿西莫夫仍在不断修改这些定律，但他无法假设出以下几点。

1. 机器人不允许伤害人类。
2. 机器人需要与人合作，除非这种合作与第一定律相冲突。

3. 机器人必须保护自己的存在，只要不违反第一定律。

4. 机器人可以自由做自己想做的事，除非违反了第一、第二或第三定律。

在这里，机器人首次获得了自由意志。如果这样，我们应该允许机器人和无人驾驶汽车去任何地方吗？如果允许，是在什么条件下？

法律学家布莱恩·沃克·史密斯（Bryan Walker Smith）认为，无人驾驶汽车在美国最初并不违法，因为美国的法律是"只要不是明确禁止的都是被允许的"。美国给予了公民最大的自由，而在欧洲，通常是相反的原则："任何没有明确允许的都是被禁止的。"

美国个别州通过了旨在规范自动驾驶车辆的法律。美国前总统贝拉克·奥巴马也曾指示道路安全部门制定自动驾驶车辆规定，明确要求规定可行而不是制造障碍。首先制定相关交通规定的是加利福利亚州当局，但相关法规让人不禁想起了19世纪后期英国议会提出的所谓机动车法案（也称为红旗法案）。这个法案规定，必须有一个手持红旗或提灯的人（这就是红旗法案名字的由来）跑在汽车前面警告行人和后面的车辆。这样做的目的是减缓汽车速度，从而有利于英国工程师开发铁路机车。这就是英国汽车业从未像其他国家一样具有国际重要性的原因之一。

我不想在这里隐藏一些历史上曾经发生过的事情，1896年的宾夕法尼亚人将注意力过分放在牛和马上。当地立法者甚至通过了一项法律规定，如果驾驶者不小心遇到牛或其他牲畜，必须做到下以下几点。

1. 立即停车。

2. 尽快拆除汽车。

3. 将拆卸下来的部分立刻拿走并隐藏起来，比如藏在灌木丛中，直到马或牛充分平静下来。

该法案从未签署通过，因为被宾夕法尼亚州长否决了。

向管理当局制定的法律原则妥协，自身能够得到发展的机会，同时从创新中受益，这也是美国制造商远远领先德国制造商的原因。如果要等几个月或几年才能获得测试行驶资格，就会失去技术优势，或者增加与竞争对手的差距。梅赛德斯-奔驰在2015年就获得批准，在特定高速公路上测试自动驾驶技术。2016年年底，德国斯图加特地区委员会给予梅赛德斯自动驾驶汽车测试许可证。而谷歌汽车那时已经在美国公路上跑了400万千米。

但是，参与谷歌自动驾驶计划的机器人专家布拉德·邓普顿建议，应该等待详细的自动驾驶汽车规定出台再进行试验。然而，颠覆性创新的道路通常是难以预测的。第一个发展趋势可能变成死胡同，未曾预料到的情况也会出现。正如通过优步共享汽车表现出来的那样，过度热心的监管机构会阻止创新发展。在德国、匈牙利或法国，迫于出租车司机的威胁，监管机构阻止了这一新兴产业在消费者中的广泛发展。

优步在另一方面的发展方向也是极端的，即朝着不受管制的方向发展。2016年圣诞节前不久，优步开始在旧金山测试自动驾驶出租车队，但未获得加州机动车管理局批准。加利福尼亚州迄今为止有三十多家这样的公司，自2012年以来一直在相对宽松的规定中运行。在与官员谈判和面临可能被处罚的警告后，优步在旧金山撤下所有车辆并将它们送到亚利桑那州，那里的州长不会刻意强调许可证。

大家猜测，这可能是优步不想购买仅仅100多美元测试许可证的原因。还有一个可能的原因是，优步拒绝与当局分享数据，使竞争对手无法了解公司的发展状况或技术秘密。然而，自2017年3月以来，优步已经获得了加利福尼亚州的测试许可证，却面临谷歌提起的诉讼，诉讼重点就是窃取知识产权。正如前面提到的，跳槽至优步的前谷歌Waymo员工被指控复制用于自主研发的传感器和测试程序的相关数据，并带走了供应商和相关人员的重要名单与技术文件。这起诉讼可能涉及数十亿美元，并可能威胁到优步的未来。

在不久的将来，有关自动驾驶汽车的法规会变得不可或缺，许多州已经起草、通过或拒绝了相关草案。被引入的法律和法规程序通常如下：

1. 这个行业/企业涉及的可能是导致危险后果的活动。
2. 这个行业/企业必须将涉及的各项危险活动减少到规定的安全范围内，在特殊条件下除外。

3. 通过法律和法规强制将行业/企业规范在无害范围内。

但是，以下两项则是不同寻常的规范方法：

1. 想象一下这个行业/企业在实现目标之前可能做错什么，提前禁止。
2. 绝对禁止任何新事物，只有经过广泛测试后才能逐个允许。

美国自动驾驶汽车技术广泛发展，不仅在国内制定了相关规定，也对美国国家公路交通安全管理局（NHTSA）产生了影响。2016年9月，NHTSA发布了一份包含15项安全因素的草案，受到汽车公司的积极支持。因此，NHTSA必须在公共安全（对技术不成熟的车辆进行测试）和对这些技术的发展兴趣之间建立一种平衡。政府清楚，所有这些措施可以带来更大的交通安全保障，这才是交通安全管理局职责的意义所在。

欧盟直到2017年年初才开始在超越国家层面解决这个问题。根据已经达成的协议，自动驾驶汽车测试可以跨国进行。到目前为止，欧盟28个国家都使用单独的规定章程。

一些用于操作自动驾驶车辆的规定同样适用于飞行。美国联邦航空管理局（FAA）规定，禁止无人机拓展商业应用范围。例如，亚马逊无人机在房屋上空运送包裹时，禁止为房地产经纪人网站提供照片。私人无人机只被允许低空飞行，而且必须是从2016年起注册的无人机。无人机被允许飞行的空间也必须受到监管。无人机被禁止进入机场、入境通道、核电站或白宫等重要场所周围。人们不会依靠无人机来获取信息。制造商必须将无人机设置为禁止进入某个区域。有此类装备的无人机飞行员也同样被禁止进入禁区。

关于自动驾驶车辆，也有一些有趣的问题。有人能告诉我，哪里允许去和哪里不允许去吗？保险公司可以规定，在某些特定区域内禁止行驶吗？建筑工地以前也是一个被禁止进入的区域。然而，现在有了新的可能性。

在里约热内卢，保险公司可以为车主提供一种跟踪设备，该设备利用GPS记录车辆行驶位置。通过这种方式，保险公司了解到司机是否经常在发生过许多汽车盗窃案的区域行驶。这些情况被反馈到保险合同中，自动调整保险费用。如果司机能够避开这些区域，则支付较少的费用。这样做有很大的政治意义。当然，保险公司有充分理由，不对外公开自己认为危险的区域。

那么，电子界限将如何处理？这大概与人们被允许进入或通过的区域有结构性不同。特别是对联网汽车来说，如果电子界限无限制开放，最终会导致车辆无法管制。如何才能阻止车辆发出某种特定信号呢，例如模仿事故信号、电子锁定道路信号、以及确保乘车人睡眠信号等？

在购买自动驾驶汽车时，也产生了一些让人感兴趣的问题。如果汽车所有者不偿还购车分期贷款会怎样？银行可以直接指示汽车返回制造厂吗？律师认为，个人合法财产不容侵犯，购车合同的各项条款是予以保留的，（如果将车辆调回）可能需要事先得到买方同意，否则在司法上无法执行。

即使今天的自动驾驶车辆收集了大量数据，并记录了整个行驶过程，监管机构也会出台一种关于黑匣子的规定。德国交通部正在重点关注这个问题。

外观缺陷和高科技感

任何人第一次看到谷歌考拉汽车，都会有两种截然不同的感觉：

1. 这辆车看起来多么可爱……
2. 这辆车看起来多么丑陋……

我们之前已经详细讨论过，这种汽车为什么会这么娇小可爱。至于它在一些人眼里会显得丑陋，这是难以理解的。对许多车主而言，除价格外，外观也是购买车型的重要标准。这辆车会给人留下印象吗？它很时尚吗？我想要哪种颜色？它是什么牌子的汽车？但是，这些只适用于个人使用的汽车。对出租车来说，没有这些要求，它只是一辆出租车。我们大多数人（在乘坐高铁或电车时）也不会注意这些车是西门子还是ABB生产的。一旦自动驾驶车辆模型被证明是今后共享乘车方式的主导车型，外观将变得不那么重要，但也不会失去设计元素。

自动驾驶汽车与手动控制车辆存在根本性不同，不仅体现在视觉上，还体现在所有操作中。新汽车制造商能够获得多大成功，也许能在费迪南德·杜登霍夫（Ferdinand Dudenhöffer）教授的话中看出些端倪。以下内容出自杜登霍夫教授的书《谁得到了曲线》（*Wer kriegt die Kurve*？）。

机器人汽车的第三个客户价值就是享受数字智能美学。苹果已经用iPhone、iPad和MacBook显示出人们怎样用人工智能的设计语言来表达一种形式美、精致感、清晰度和精确度。人们不是抽象思考，而是在用图片思考。通过与大脑中图像的关联来触发情绪，这就是设计起重要作用的原因。梅赛德斯首席执行官蔡澈的成功与集团的新设计语言有很大关系，该设计语言由首席设计师戈登·瓦格纳（Gorden Wagener）创造。梅赛德斯官方网站上这样引用瓦格纳的设计理念："用感官上的流畅来表达出一种现代化的高性能奢华，我们的目标是清晰的轮廓、光滑的车身，在外观具有高科技性的同时包含情感元素。"所有奔驰车型基本的设计元素就是所谓下滑腰线，汽车侧面凸出的线条向底部延伸逐渐下滑，在凸显张力的同时又立体感十足。运用这样的设计语言，经典汽车制造商必定在自动驾驶领域添香加色。纯软件公司往往缺乏设计感——目前看起来，这可能是谷歌汽车像是摩比世界玩具的原因了。

相比无马（汽车）运输，铁路的出现在当时也是巨大飞跃。但是，在最初很多年里，并没有出现很大的创新。火车开始看起来就像几驾马车挤在一起一样，列车员不得不冒着危险从一节露天车厢走到另一节车厢。直到几十年前，旅行车设计师才能脱离马车固定思维，设计出了安全性高的封闭车厢。而在"无人驾驶"汽车中，专家们却无法摆脱这种思维方式，方向盘和内部结构必须继续与内燃机汽车对应。我们已经谈到了不再将驱动装置视为独立组件的可能性。

近几十年来，美国社会学家雪莉·特尔克（Sherry Turkle）一直在研究，在日常生活中人与机器之间的关系。她总是惊讶于人们如何迅速信任机器，有时与机器建立的关系比和其他人更深，机器堪比家庭成员。我们已经听海伦·格雷纳讲述过，客户和损坏的伦巴扫地机器人之间的人性化关系，以及军队中专门的机器人医院。

杜登霍夫教授所说的情感联系，并不是指机器人汽车的冷淡与热情，而是用来形容用户如何看待人类和机器的相互信任关系。设计仍然很重要，但这种"设计"与当今汽车设计师和专家脑中的概念完全不同。

谷歌考拉汽车需要一种非常特殊的设计，才能使传感器无限制地观察周围环境，而不会出现视觉盲区。如上所述，智能汽车和谷歌汽车（这种外形设计）为这类车辆的推广做了出色的广告。谷歌其他几款汽车的侧门装饰很有艺术感。而且，这些汽车的车身表面还可以配备霓虹灯显示屏，为周围的人传递信息。还有一些出乎意料的新应用，也出现在这种汽车设计中。

当前的技术和安全法规也会影响到汽车设计：功能强大的激光雷达系统笨重而昂贵，谷歌只在车顶安装了一个；而其他制造商则安装了多达8个激光雷达系统，分布在前后保险杠（每个保险杠两个）和车顶的每个角落（四个）。随着激光雷达系统价格降低和体积变小，设计也可以随之发生改变。一本长达1000页的NHTSA手册，向制造商详细说明了汽车必须配备的各项控制元件。当前手册规定自动驾驶汽车仍然需要配备人类驾驶员，所以车辆还安装有外后视镜，即使这对自动驾驶来说没有任何用处。

自动驾驶汽车设计，不仅车身外观，车辆内部配置也会发生变化。无论是谁，当坐在山景城计算机历史博物馆中的谷歌考拉汽车里时，都会惊讶于它的实际尺寸。考拉汽车在街上看起来像一辆迷你车，事实上，它就像伦敦出租车一样，你几乎不用弯腰就可以上车。这种汽车不需要方向盘，也不需要踏板或其他内部控制装置；作为电动车，它也没有装备发动机。所以，考拉汽车内部宽敞，让你坐在里面会有一种"空旷"感。可以说，这种汽车的空间非常大。

这为设计师和乘客提供了新的可能性。宝马在2017年国际消费类电子产品展览会（CES）上推出了一个概念设计，其中一项就是在汽车里配备一个小书架——请注意，是放置印刷类刊物的小书架。其他设计还包括车内娱乐系统、工作台和睡眠设施等。你现在不再需要将时间花费在驾驶汽车上了。汽车内部设计将随着自动驾驶汽车的发展而变得越来越重要，并且可能实现为乘客建立品牌忠诚度的主要功能。

自动驾驶汽车如何影响城市设计，将在后面的章节中讨论。

"登月计划"和数据商店:让我们来谈谈谷歌的角色

为什么谷歌会在自动驾驶汽车发展中发挥如此积极的作用,这是汽车专家仍在疑惑的问题。诚然,IT专业知识在这方面起着重要作用,谷歌的基本动机是什么?谷歌的主要业务不是搜索引擎吗?谷歌未来的规划是什么?

在这里,我们注意两个方面。第一个方面,谷歌正在努力实现"登月计划"(moonshots),这是极具挑战性和困难性的问题,也意味着会给人类生活带来改善。"登月计划"表面上指的是美国总统肯尼迪在1961年5月25日宣布的,十年之内将人类宇航员送上月球——当然,美国在1969年7月20日成功完成了登月计划。

而谷歌创始人,本来是专门投资搜索引擎业务的,却愿意在"改变世界的项目"上花费资金。

第二个方面更符合逻辑,与谷歌核心业务有关。当谷歌第一次提供谷歌地图服务时,我就很好奇,它如何发展协调自己的业务。一方面是搜索引擎,另一方面是地图服务,要怎样做?几天后,我看到一个房地产经纪人在现实中使用了这种服务,他通过地图上的开放式编程界面显示了自己所在的位置("点击了解更多")。这时候,我明白了。通过搜索引擎浏览,由自动机器人提供信息,将互联网上的虚拟世界与现实世界重叠。当你将少数街景采集车辆换成自动驾驶汽车时,就可以快速收集世界上所有道路的信息,将其与虚拟信息结合。

谷歌的座右铭"收集和提供世界上的所有信息",正在上升到一个新的层面。通过"街景汽车"提供的地图和数据,可以使应用程序得到全新的应用。残障人士可以通过谷歌街景地图更好地规划自己的出行方式。他们通过谷歌地图,可以知道所去的商场是否可以无障碍进出。度假者也可以在他们的爱彼迎住宿区附近游览时使用谷歌地图。这一点我是深有体会的。之前在巴黎坐出租车时,司机有时会搞不清楚我要去的地点。我知道那个地方入口处有一家巧克力店,只要一看到这家店,就让司机停下来。

生产自动驾驶汽车是否意味着谷歌会成为汽车制造商?可能不会。谷歌更有可能成为一种汽车制造商合作伙伴，它瞄准的是供应商角色，例如，将自动驾驶技术提供给制造商。今天，现代化汽车已经安装了数百个提供数据的传感器，未来将会更多。借助互联网，你可以在线浏览精确的路线图，下载更详尽的地图信息。人们甚至可以想象谷歌免费向汽车制造商提供这些服务，包括安装自动驾驶算法盒子。当然，反过来，谷歌被允许访问车辆数据。

目前还不确定，是否需要在车上安装一个自动驾驶算法盒子。也许，将来只是在智能手机上加载一个应用程序，人坐在车里就可以控制它。今天的智能手机没有这种计算能力，但在几年内将不再是一个问题。即使在今天，谷歌也不会通过销售街道地图信息或谷歌文档（Google Docs）的订阅费来赚钱，而是通过使用这些数据获得额外服务收益。现实世界有数以百万计的车辆，它们收集的各种数据非常有价值，在全球范围的潜力值估计会超过7500亿美元。

能源效率和预防事故："自动驾驶汽车"遥遥领先

汽车驾驶员俱乐部和拥有大型车队的公司一直在开展一系列课程，教授怎样驾驶汽车能够提高燃油效率。例如，正确的轮胎压力、减少车辆负荷，以及行驶时的生态模式，尤其要以均匀的速度和持续长距离行驶，尽量不要紧急加速和制动，要避免发动机空转或灵活应用尾流效应等。当然，不使用空调、暖气，减少其他能源消耗也可以帮助节省汽油。但是，在实际行驶中，几乎没有人知道这些，或没有人能正确使用。

考虑到内燃机固有的低效率，这些节省方法看起来非常荒谬。正如你已经读到的那样，能源燃烧转化为动力后会浪费80%的能量。在一天行驶结束后，只有百分之一的燃料用于运输人员。尤其在柴油车排放丑闻出现后，更多的公众被提醒汽车尾气排放危害有多大，每年有多少人因汽车尾气排放受影响。根据麻省理工学院的数据，美国每年有5.3万人因此过早死亡。如果将隐藏成本反映在天然气价格上，它将是今天的3倍。

另一方面，自动驾驶汽车都是节能运行的。事实上，一项研究估计，自动驾驶汽车可以将今天的碳排放量减少87%～94%。人们的出行方式将会更加环保，驾驶员需要参与的驾驶行为也会随之消失。低事故概率的自动驾驶汽车更容易获得客户的信任，并且配备较少的安全组件。今天的汽车使用的材料比过去轻得多，但必须安装更严格的安全配件，这只会增加汽车的实际重量。美国国家公路交通安全管理局估计，每辆汽车都会配置57千克以上的"安全"组件，所以2001年每辆汽车的价格增加了839.13美元。更大、更重的汽车会对道路造成致命隐患，特别是对于较小的事故当事方。重量达500千克以上的车辆，会使事故发生率增加约50%。

然而，我们（提高安全驾驶）的方法有点脱离正轨。我们为汽车装备安全组件，让它们能够更好地经受事故影响，而不是想办法避免。我们应该专注于后者。如今习以为常的驾驶员辅助系统已经出局，更多的自动驾驶车辆解决了这个问题——从根本上解决了。安全带、安全气囊、保护区、加固安全笼结构、车门侧支柱——所有这些装置都是为了在发生事故时保护乘客。但是，等这些组件发挥作用时基本上已经晚了。我们不应将注意力放在将损害降至最低程度上，而要想办法避免事故发生。自动驾驶技术可以一举两得：通过预防事故降低成本，通过减轻车辆重量降低环境成本。

今天常见的四座和五座车型设计，不仅能满足个人出行需要，还能让你与朋友、家人，甚至携带大量行李和设备驱车度假旅行。在选择共享出行时，只需选择预定一辆有一两个座位的自动驾驶电动优步车，就可以到达目的地。

在堵车和寻找停车位时浪费的能源也是不容忽视的。一个城市停车场每年消耗的汽油量，是从慕尼黑行驶到柏林消耗汽油量的2倍。

如果将所有这些因素考虑在内，全自动运输系统将节能87%～94%。

什么时候可以购买无人驾驶汽车？

无人驾驶汽车发展到了什么程度？我们什么时候可以使用，甚至购买它？好消息是，现在已经可以了。无人驾驶汽车原型试验已经证明，让人们尽快从方向盘中解放出来是多么重要。在数百万千米的试驾过程中的各种实例清楚表明，即使"自动驾驶试验车辆"在道路上行驶，也与人类驾车一样安全。谷歌在过去每个月都会通报自动驾驶汽车的发展状况。谷歌自动驾驶项目已经取得了很大的成果，虽然提供产品的时间表不容易确定，但可以实现。自2016年年底以来，谷歌Waymo，即谷歌无人驾驶项目，已经将自动驾驶技术商业化，并转为独立公司。

无人驾驶出租车队已经在全球很多城市进行测试了。运气好的话，你有机会作为乘客体验无人驾驶出租车，比如新加坡的nuTonomy出租车。2016年8月，nuTonomy开始在多个路段进行测试；乘客可以在后座体验，司机和副驾驶位置上的工程师负责监控车辆，并在紧急情况下进行干预。紧接着，2016年9月，优步在匹兹堡试运行出租车队。在这里，工程师也要坐在驾驶员位置，在紧急情况下进行手动控制。目前，这种出租车允许乘客免费乘坐。优步无人驾驶车辆每周在匹茨堡进行930次运行测试，还要加上亚利桑那州坦佩市的150次。自从在匹兹堡开始测试以来，优步平均每周有800次乘客试乘体验。2017年3月底，优步第一次发生了重大事故。当时，有一名司机坐在驾驶员位置，汽车处于自动驾驶模式，撞倒一名行人，导致其死亡。

表7涵盖了所有目前已经宣布运行的测试车队。2017年夏天，40辆宝马自动驾驶汽车在慕尼黑市中心开始上路测试。这件事具体是否落实，你阅读这本书的时候应该已经知道了结果。

表7　宣布进行测试的自动驾驶汽车公司

城　　市	公　　司	开始测试时间
新加坡	nuTonomy	2016年8月
匹兹堡	优步	2016年9月
乌镇	百度	2016年11月
波士顿	nuTonomy	2016年12月
旧金山	优步	2016年12月，中间调整，2017年3月恢复
坦佩	优步	2017年1月
哥德堡	沃尔沃	2017年1月
山景城	谷歌/菲亚特-克莱斯勒	2017年夏季
坦佩/钱德勒	谷歌/菲亚特-克莱斯勒	2017年2月
慕尼黑	宝马	2017年

除出租车队外，许多城市的汽车初创公司还生产小型和大型的公共汽车，例如 **Local Motors（Olli），EasyMile和Navya**。洛桑、阿姆斯特丹、柏林、萨尔茨堡、珀斯、拉斯维加斯等主要城市也为一些测试项目专门腾出了场地。更多的改变即将到来。世界各地的城市正在为自动驾驶汽车做准备，希望获得具有成本效益和安全保障的交通工具，同时能够更好地通过公共交通服务将交通不便的地区联系起来。

自动驾驶汽车也解决了所谓"最后一公里"问题。这里指的是一个人从公共交通站点到公寓或工作场步行覆盖的路线。因此，城区内的短途公共交通就显得十分重要。如果城市公共交通没有持续发展，居民别无选择，只能驾车。而那些买不起汽车的人，以及不能或不被允许驾驶汽车的人，都被排除在许多城市设施和服务之外——比如工作、社会服务、学校、医院和购物中心等——或者，不得不付出很大代价，才能利用这些公共资源。

经过200多万千米的道路测试，谷歌汽车只出现了12次低速碰撞事故，其中只有两次是由自动驾驶造成的。所有事故只造成了轻微的金属板损坏。也就是说，大约每20万千米会有一次碰撞，事故频率几乎与人为控制的车辆相同。

鼓舞人心的是，谷歌内部已经认为，汽车项目可以"毕业"了。这意味着该公司现在能够尽其所能地生产和推出自动驾驶汽车了。这个项目已经从一个疯狂的计划上升到一个可以筹集资金的独立公司了。

尽管都是好消息，但真正的工作才刚刚开始。并非所有问题都已经解决，牛津大学科学家表示，自动驾驶技术仍然存在很多问题。他们的测试对象是一条长约10千米的上下班路线。研究人员惊讶地发现，即使在同一条路线上，每天的行驶条件也有很多变化；不仅光线和天气发挥作用，还有各种结构性措施。例如，这条道路在一年中出现了三次意外的小型环线交通状况。这种变化还分短期和长期。夜间的交通密度、停放的汽车、阳光和路灯是短期变化，灌木丛、树篱、有落叶的树木和没有落叶的树木，以及区域建筑活动和新的道路标志则是长期变化。在某些情况下，其中一些变化可能导致自动驾驶系统出现问题。例如，如果车辆系统依赖高精度路线图，就像谷歌汽车那样，一旦环形交叉路口发生改变就会使系统自动重新定位，从而导致混乱。像特斯拉这种更依赖相机的系统可以更好地解决这个问题，但也可能更容易受到刻意干扰。

如果同一个地区每天的情况或因季节差异会发生重大变化，那么在一个城市、一个国家甚至跨越一个大洲的交通状况和交通规则可能有更大的差异。加利福尼亚州的交通信号灯是垂直排列的，而得克萨斯州的部分地区则是水平对齐的。在美国，即使在红灯显示的情况下，有的州允许右转，有的州不允许。车顶的激光雷达系统将一切状况探测出来，并不是一件容易的事。

"我就喜欢自己开车！"

如果不选择自动驾驶汽车，我们就无法享受自动驾驶技术带来的绝好体验。不选择自动驾驶汽车的原因在哪里，哪些是争论的焦点？持怀疑态度的人是认真的，还是在无理取闹？让我们先来看看人们对自动驾驶汽车的一些反对意见。

反对意见1："我就喜欢自己开车！"
我就是持这种观点的人。自己驾车可以穿越令人惊叹的景观，可以在敞篷车中尽情享受风吹拂头发的感觉，这真的不错。我在谷歌开车十二年，的确可以享受每次（免费）旅程。然而，更常见的情况是，我每天都被堵在早晚的交通高峰时段中，不断地走走停停，见缝插针地抢道，一不小心就误了行程或不得不四处寻找停车位。尤其是当你赶时间时，这些都很令人厌烦。好吧，再见！我甚至不想去旅行度假。当所有人都去度假时，高速公路完全变成了停车场，最后到达目的地的你会感到很疲倦。所以，"握着方向盘"也不过是如此"有趣"。

在95%的情况下，你每天只需要从地点A开车到地点B，驾车乐趣为零。在美国，交通堵塞的时间从1982年的7亿小时增加到2015年的69亿小时，估计经济损失1600亿美元。在欧盟，这个数额相当于欧盟国民总收入的1%。而交通堵塞的时长仍然悲观地在增长。到2030年，英国预计增长63%，美国则增长50%。这种持续增长是有原因的。首先，如今的道路上已经有很多车辆了，而许多国家的交通基础设施比较落后。根据目前的水平，预计未来20年内车辆数量还将进一步翻倍。

在荷兰地图公司TomTom的年度交通信息中，列出了拥堵最多的美国城市。洛杉矶处于首位，其次是旧金山、纽约、西雅图和圣何塞。在洛杉矶，车辆的实际平均行程要比预估耗时多44分钟。全球严重的拥堵纪录在墨西哥城（墨西哥）、曼谷（泰国）、雅加达（印度尼西亚）、重庆（中国）和布加勒斯特（罗马尼亚）。在德国，科隆排在汉堡、慕尼黑、柏林和法兰克福之前，在TomTom的统计数据中名列前茅。

老实讲，你有多久没有体验过所谓"驾驶乐趣"了？此时，一名谷歌员工的做法引人深思。作为一名狂热的保时捷爱好者，他却致电Google X自动驾驶车队，自愿进行为期一周的首批原型车测试。当时，他还无法想象，自己能够完全信任自动驾驶汽车。然而，他很快体验到，每天通过这种方式上下班要轻松很多。在一周测试期结束后，他意识到，如果只想开车并享受自己的保时捷，只能在周末"开车"了。此时，他已经离不开谷歌自动驾驶汽车了。

反对意见2："我永远不会进入一辆自己无法控制的汽车！"

事实上，我们每个人今天都在使用自己无法控制的交通工具。我们乘坐公共汽车、电车、地铁、火车和飞机。我们甚至无法控制自己所处的位置。火车或空中交通改线或绕行，会使我们无意中在途中的另一个车站或另一个城市下车。

每当人们想到自己的生命要由机器来负责，就会惴惴不安。我们想为自己保留这个决定。这种想法是可以理解的，但在今天却是徒劳的。许多交通工具都是由机器控制的，只是我们没有意识到这一点。例如，无人操作的地铁、飞机自动驾驶仪或航空交通控制系统，它们由机器来控制会比人类更有组织性，时间安排会更加紧凑。甚至某些不言而喻的事情，我们也无法控制，就像安全气囊何时会被触发，触发之后我们是死亡，是重伤，还是毫发无损地离开汽车或飞机残骸。在飞机上，99%的时间是由自动驾驶仪控制的，在火车上也是如此。许多地铁系统根本没有司机。还有，在法兰克福机场或苏黎世机场，乘客在没有驾驶员的情况下被输送到不同区域。在某些情况下，甚至必须由自动驾驶仪接管飞机，比如在恶劣天气或能见度差的情况下降落时。小型汽车和货车很快也会是这种状况。正如杜伊斯堡-埃森大学汽车研究院院长杜登霍夫教授总结的：

"关于计算机是否可以决定我们生活的问题，真实的情况是，我们已经有数百万次决定为'是的'。"

过去的例子表明，即使是人类驾驶员，也并非总是受到信任。第一批女性电车司机和飞行员开始上岗工作时，就有许多人提出了类似的反对意见；人们普遍认为，男性更有经验。今天呢？女人驾驶出行是不是和男人一样理所当然？

在许多技术系统中，已经包含无须人为干预即可控制和做出决策的要素。制动防抱死系统（ABS）就是这样的例子。当驾驶员踩下制动踏板时，ABS会自动决定是否启动。如果行驶的是正常道路，ABS会根据情况开启或关闭，但一般不会在结冰道路上启动。

在谷歌内部测试计划中，要求参与者必须始终关注交通状况并积极参与行驶过程，以便在必要时进行干预。毕竟，测试车辆中仍然存在不成熟的技术。安装在车内的摄像头记录显示，员工在第一天非常严格地遵循这一指示，在测试阶段时刻保持警惕。但是，他们在第二天变得有点漫不经心，第三天开始将注意力更多地放在汽车周围的景观和物体上，而不是交通状况了。最明显的例子就是，一名员工想给他的手机充电，不得不将充电线从后座中取出。（在视频中）他转过身，打开包，拉出笔记本电脑，拿出充电线，再把所有东西放回后面的乘客座位上。在一阵摸索后，他终于准备给手机充电了。经过大约15秒钟，他才回头看行驶道路和交通状况。

在经过最初的怀疑阶段之后，人们对这些机器的信任度以惊人的速度增长，即使实际上应该时刻保持警惕，就像在案例中描述的那样。历史的轮回又出现了，自动驾驶汽车再次将我们连接到马车时代，我们不必一直关注道路和交通了。

紧急关闭系统也可能起到相反的安全效果。根据实际经验，人类在面临紧急情况时会表现得更差。人们比平时反应速度更慢，而且做出的反应往往是错误的。人们有时会发愣，无法及时做出反应，还可能错误使用或无意中关闭系统，从而危及自身和车辆。专家介绍，向自动驾驶汽车过渡的最危险阶段将是人与机器之间的控制权共享。福特公司的研究显示，这个阶段会有多危险。人类要比计算机多花20秒才能明白交通状况。只有在行驶时完全减少人为控制因素，自动驾驶系统的安全性才能实现。

反对意见3:"虽然大多数与自动驾驶车辆发生的碰撞都是人为控制的车辆造成的,但原因都在于后者——自动驾驶汽车像老人一样,行驶过于谨慎。难怪其他司机会感到紧张。"

就这种反对意见而言,可以看出这些人对自动驾驶汽车的要求存在某种矛盾心理。他们一方面指责这种车辆系统控制得过于谨慎,另一方面又觉得人类没有在车辆中处于主导地位。人们希望,在绿色信号灯亮起或者转弯时,没有其他人和车辆在街上,或者能够准时刹车。其他驾驶员在道路上快速行驶时,你不停抱怨,而你又很乐意自己在路上开车。当人们碰到那些新手司机时,总会在后面闪大灯或竖中指来嘲讽他们慢慢吞吞的开车方式。但是,当有人在身后鸣喇叭时,他们又很恼火,因为这代表着又碰到了交通阻塞。

我们今天在公共道路上看到的自动驾驶车辆,都行驶得很谨慎(例如,在路口等待绿色交通灯亮起两三秒才前进)。谷歌考拉汽车的最高速度限制为每小时40千米。而且,这种汽车还被设计得很有"礼貌",会让较弱的道路使用者优先通行,还能"容忍"一些人类驾驶员很不文明的行车方式,例如抢道、不允许行人通过或非正常超车等。自动驾驶汽车对这些行为永远宽容,不仅在"心情愉快"的时候。

如果我们称这种驾驶风格为"愚蠢"和"危险",对人类的驾驶风格又应该如何评价?在另一种情况下,如果自动驾驶汽车与今天的许多"正常汽车"一样车速快,而且毫不让步,一旦发生事故,完全相同的那群人马上会跳出来说:"我早就说过了!这项技术并不安全!"事实上,谷歌已将所有预防措施都纳入(汽车)算法中,因为自动驾驶车辆必须对人为错误做出反应,并予以纠正。

反对意见4:"如果人类驾驶员一直跟自动驾驶汽车抢道,不让它先行,它就会一直停留在原地,不再前进。"

机器人汽车的"友好性"可以与人类新手驾驶员相媲美。与后者不同的是,这种车辆的安全性很高。如果一些司机认为,他们会与机器人汽车刻意发生冲突,那就是他们自己的问题。然而,(这种不愉快的相处方式)也是绝不能容忍的,即使机器人车辆也是如此。

反对意见5："恐怖分子会在自动驾驶汽车内安装爆炸物，使其成为移动炸弹。"

事实上，在2016年一项对700人进行的调查结果显示，43%的德国人和奥地利人、40%的美国人和41%的韩国人担心自动驾驶汽车会被恐怖分子利用。这个问题可能由一个完全不同的领域来解决，即区块链技术，一个分散的数据结构。这种技术最初仅仅在金融业使用，后来在其他领域取得了非同凡响的效果。

简单来说，区块链的任务是确保金融交易。例如，从一个账户中提取资金，并将其转入另一个账户。这在房地产交易合同中也适用，即将所有权从一个人转移到另一个人。区块链不是集中的，而是分散的。它不是银行或土地登记处保留条款目录，而是对外公开的，并且每过几分钟就实时更新。由于整个交易记录都存储在区块链中——交易区都是串在一起的，换句话说是链接的——因此可以立即确定交易双方是谁。通过区块链来管理自动驾驶汽车，可以显示整个交易历史记录，一旦有违法行为立即可见。

区块链技术的某些特点，可能阻碍其在汽车领域的广泛应用，但它绝对是解决网络安全问题的一种方案。

乘车感觉"糟透了"

我小时候很少和妹妹一起坐车出去玩。只要她坐在车上，就会不停地呕吐。她的胃很敏感。不仅坐汽车如此，在电车或地铁里，她也感觉很难受。妹妹的这种情况，严重限制了我们一家人的出行方式和活动范围。但是，等到她学会开车，这一切都结束了。驾驶汽车能够分散注意力，使她的胃平静下来。

是什么原因导致乘车时出现恶心现象呢？当我们感觉到看到的运动与自身运动之间的差异时，当我们无法预测也无法控制运动方向时，就会出现这种情况。因此，"恶心"这种不舒服的感觉主要影响的是乘客，仅在极少数情况下会影响驾驶员。那是不是可以毫不掩饰地说，乘坐自动驾驶车辆时感觉"糟透了"？

这种乘车感觉类似骑马。多年来，我都是乘坐班车或公共汽车去上班。在最初几周里，我在乘车时无法阅读，头晕得太厉害。随着时间推移，我习惯了这种感觉，在车上也能阅读。当然，也有例外，在某个特定的公交车司机负责这条路线时。他开车时不停地加速和减速，这种开车方式让我感到很不舒服。公交车上的其他同事评论："这比骑马还带劲！"

我们从自己身上就可以体会到这一点。自己坐在车里，和整个家庭坐在车里时，开车方式是不同的。如果有家人在车里，我们开车会更加谨慎、平稳，以免家里人感到不舒服。而我们乘坐他人车时的舒适感，取决于自己是否与司机的驾驶风格"兼容"。但是，自动驾驶汽车必须采用一种有利于每个人的行车方式。

密歇根大学的研究人员预计，随着越来越多的乘客出现"恶心"这种不舒适感，没有人愿意坐在方向盘后面。此外，适当阅读或玩视频游戏等活动可以提供帮助。据估计，6%～10%的成年人乘车时经常出现恶心症状，另有12%的人会偶尔感到不适。

怎样防止这种情况出现呢？制造商使用大窗户来扩展视野，并连接（电视）屏幕，以便乘客可以向前看（来分散注意力）。这也意味着避免使用可旋转座椅，以及需要许多头部运动来完成的动作，而是采用具有可调节靠背的座椅等措施。

沿固定路线坐车很无聊

自动驾驶汽车是否只能限制在公共道路上行驶？完全不是！路虎试验的自动驾驶汽车，可以独立横穿特定标记区域。

因此，如果你认为自动驾驶车辆只能"慢"，那么你可能从来没有真正体验过这种汽车。正如奥迪展示的RS7原型概念车一样，它们可以快速行驶，甚至可以说非常快，每小时达250千米。自动驾驶汽车甚至还有自己的赛车系列，由硅谷企业家约书亚·沙赫特（Joshua Schachter）发起。这个比赛在距离旧金山以北三小时车程的中央山谷雷山赛道上进行，第一场比赛已于2016年5月底举行。当时有十几个团队参加了这场比赛。此次活动跟一级方程式赛事不尽相同，有些展示和促销活动的感觉。

但仍然唤起了有关汽车和航空活动早期的记忆。那时候，许多比赛车辆都来自业余爱好者，有时候甚至没有发车线，有些车辆在第一个转弯处就失败了。汽车或飞机制造商当时并不存在，那些勇气可嘉的飞行员和司机使用的都是自己组装的产品。2017年，在巴黎和布宜诺斯艾利斯进行了首次电动无人驾驶汽车比赛。

汽车赛事的发展方向如今很难预测。观众对赛车手抱有很大的好感和希望，整个国家都有他们的粉丝。如果无人驾驶赛车得到推广，公众对这种赛事的喜爱程度是否会随之消退还很难说。但是，当看到机器人格斗赛（Combot-Cup）和机器人大赛（RoboGames）如此受欢迎时，我就不再担心这个问题了。我和六岁的儿子一起观看了两次这样的比赛。那些被远程控制的机器人，发出令人震撼的声音，利用火焰喷射器、机械圆盘锯头、锤子和许多其他武器相互攻击对方，吸引观众的注意力，而这些观众有一半是孩子。如果让我来预测，未来的赛道更像是一种没有驾驶员的"疯狂的麦克斯"比赛，在比赛中可以使用一切被允许的东西。今天的孩子们已经无法想象为什么一级方程式赛车，甚至更糟糕的是，为什么纳斯卡车赛曾经如此受欢迎。多年前，一级方程式世界冠军尼基·劳达（Niki Lauda）曾经说过："我已经厌倦了赛车跑道。"

省钱 + 保护环境

为确定汽车是否对环境造成影响，我们通常会查看车辆的制造过程、能源使用类型，以及最终回收方式。由于自动驾驶汽车的特殊性，人们希望其在生产中有优势。将来生产自动驾驶汽车时可以简化许多安全装置，专家认为，这样做可以明显减少事故数量。自动系统具有一定程度的自主性，如果车辆能够减少甚至消除手动控制功能，就可以使汽车使用更少和更轻的材料，从而使价格变得更便宜。更轻的汽车节省资源，对电动汽车来说，在行驶同样里程下需要的电池容量和重量更少。

一辆汽车，如果每天平均只有38分钟在路上行驶，则是巨大的资源浪费。而自动驾驶电动优步车可以全天候运输乘客和货物，可以是单座、双座甚至多座。由太阳能和风能等可再生能源为动力来源的机器人出租车车队，可以减少87% ~ 94%

的温室气体排放。

此外，选择最佳路线，不会出现因"人为"变化而"走走停停"的驾驶方式，可以节省15%的燃料成本。人工驾驶方式经常让车在交叉路口停下来，（反复地）重新启动，更加浪费能源。如果车辆之间相互通信并在交叉路口进行协调，它们就不需要停下来，就会节省30%的燃料成本。

这些自动驾驶车辆也可以组合在一起，成为"公路列车"（超长卡车）。以这种方式来协调汽车也不会造成交通拥堵，还可以消除交通拥堵和由此造成的数千亿经济成本。"公路列车"就是将不同运输公司的几辆车"连接"在一起，彼此相距12米的距离，这对卡车运输来说特别有意义。瑞典制造商斯堪尼亚（SCANIA）正在新加坡进行这种测试。第一辆车节省了4.5%的燃料成本，后面的车每辆节省10%。再将节省的燃料换算到运输公司的运营成本中，最高可达40%，这意味着可以节省大量成本。虽然卡车仅占所有车型的4%，但它们的排放量占了25%。在各种汽车的排放量百分比中，普通汽车占42.7%，皮卡占17%，小巴和运动型多用途车占17%。总体而言，交通运输产生的排放占所有温室气体排放量的27%。

智能系统帮助车辆找到停车位或最佳路线，可以另外减少5%的能源消耗。而且，我们不要忘记，如今的城市中每天有多少辆汽车要花费时间寻找停车位。所以，我们需要更多了解没有停车位要求的自动驾驶汽车，或电子停车引导系统（会进一步减少）。

并非所有人都认为自动驾驶汽车是解决城市交通问题的可行方案。一项研究结果表明，这样最多只能减少5%的交通拥堵。例如，公路列车的效率取决于每个车辆之间的距离和整个车队的长度。现有基础设施和法律规定也会设定车辆限制。相比从前而言，我们也许会越来越多地使用自动驾驶汽车。当一辆汽车可以通过手机软件轻松调用时，你不必担心其他任何事情。

汽车是回收率最高的消费品。车辆中使用的钢铁（占车辆重量60%）几乎百分之百都可以回收利用，即使车辆采用铝合金材料也不会改变这一点。铝甚至有更高的回收率，因为比生产新铝的价格更低。

自动驾驶概念车"亮相"

在专门讲述交通知识的幼儿园中,每个孩子都愿意坐在车里,等游戏结束后都不愿意再扮演行人。在这样的幼儿园里,有(儿童)三轮车,甚至还有自行车,但每个孩子都喜欢使用儿童脚踏汽车作为交通工具。那里还有各种各样的交通设施:交通标识、人行横道、环形交叉路口,以及微型交通灯。在我们的孩子开始体验真实的交通世界之前,必须通过安全的方式练习。我们感觉这种体验是跟大人一样的,不幸的是大人(在面对交通安全问题时)只有一次机会。

就像我们的孩子没有准备好体验真实的交通状况一样,自动驾驶车辆需要通过测试才可以对公众投入使用。毕竟这些汽车是两吨重的机器,如果出现问题就会造成一定损害。特斯拉驾驶员使用自动驾驶系统发生的致命事故——代表驾驶员辅助系统,而非自动驾驶系统——强调了对测试区域的需求。

到目前为止,许多制造商已经在各自完整的路线上完成了自动驾驶汽车测试,例如戴姆勒公司的霍根海姆赛道,或位于伊门丁根的测试中心。伊门丁根测试中心从2018年开始扩展。测试汽车通常会使用赛道或废旧机场。而且,在测试的某个阶段会使用公司的某个新车型。很多专业摄影师和记者会蹲守在测试场地,拍摄这些新型概念车或原型车,刊登在专业杂志上,以满足汽车爱好者的好奇心。

今天的练习赛道将不再符合无人驾驶汽车的要求。一条简单的线性路段已不能满足测试汽车的需求,制造商必须找到与实际交通状况相似的场地,不仅是道路条件,还有天气状况、周围建筑物、路两边存在的各种物体,以及不断变化的状况等。美国已经建成了几个具有这样条件的测试地点,例如之前提到的GoMentum,位于旧金山附近,在那里已经安排了几项汽车测试计划。GoMentum的测试公路很有加州代表性:路面不时有坑洼,道路标记陈旧,需要穿越铁轨,途中有高速公路入口、桥梁、汽车地下通道,还有建筑物、十字路口、褪色的路牌,以及——如果需要的话——其他车辆和行人。该测试点提供了自动驾驶汽车开发人员所需的一切。此地现在仍处于军事管理状态,普通公众无法进入。对于想在媒体报道中推广自己研究成果的制造商来说，这个地区有不可低估的优势。讴歌、本田和EasyMile已经在GoMentum进行测试，其他十几家制造商正在与运营商就此进行商讨。美国宇航局艾姆斯空军基地也具备测试条件，目前谷歌、日产和Peloton正在此进行测试。

自加利福尼亚州长杰里·布朗（Jerry Brown）对自动驾驶技术的推广大开绿灯以来，GoMentum和东湾圣拉蒙的主教牧场（Bishop Ranch）商业园已有两条道路，可以使用没有人类驾驶员的自动驾驶汽车。加州汽车部门甚至有了更进一步的举措。从2017年11月起，加利福尼亚州所有公共道路都允许没有司机的自动驾驶车辆行驶。特别是美国国会，议员们建议在美国所有道路上允许多达10万辆自动驾驶汽车行驶，但必须遵守现有的安全标准。他们为什么要这样做，要推动自动驾驶技术发展，而不是阻碍？因为自动驾驶汽车非常有发展前景，他们不想阻碍这项技术发展。

位于密歇根州安娜堡的M城（M City），是一座专为测试无人驾驶汽车设计的模拟城市，规模虽小，但功能齐全。这里由密歇根大学负责运营，并在理想条件下提供各种人工道路场景。所有道路标记和街道标识都是新的，轨道也经过优化，并且具有车辆适应性。此外，密歇根州的天气状况跟加利福尼亚州不同，可以让车辆在恶劣天气条件下进行测试，例如雨雪天气。自2016年12月以来，密歇根州已经允许没有驾驶员或方向盘的无人驾驶汽车上路行驶。

密歇根州还有专门为"车联网"（即车辆之间相互通信协调）计划和无人驾驶汽车设计的另一个测试区域，该区域将在伊普西兰蒂镇的前轰炸机工厂Willow Run建造，奠基仪式已于2016年11月举行。这个测试区域的规模是M城的10倍。该测试站点也由密歇根大学运行管理，并命名为"美国移动中心"。另外，密歇根州弗林特市的凯特林大学与通用汽车公司合作开放了一个测试路段。还有弗吉尼亚州的弗吉尼亚大学，也开设了一个自动驾驶汽车练习区域。不甘落后的佛罗里达州也在2017年春季开始，在波尔克县建立了一个测试区。

谷歌使用的测试地点原卡斯尔空军基地，距旧金山以东两个半小时车程。自动驾驶汽车驾驶员也在这里进行培训，他们需要对车辆的安全负责，测试时必须密切关注车辆及其周围环境，以便在紧急情况下进行干预。系统程序为各个测试驱动器提供（运行）任务，以便收集数据并调整算法。

测试中心设有储藏室，有许多物品可以放在试验跑道上，或者直接供模拟道路上的工作人员使用。测试驾驶员帮助汽车识别和分类物体，并正确解释驾驶情况。因此，他们可以向开发人员指出自己注意到的（不当驾驶）行为。这并不像听起来那么容易，因为这样（无聊）的工作有时会使测试驾驶员和工程师哈欠连天。

2017年1月，美国运输部公布了10个官方测试站点和公共测试区域，旨在进一步开发自动驾驶车辆，制定相应的标准和法律，并分享驾驶信息和经验。

1. 匹兹堡市与宾夕法尼亚州托马斯·拉森（Thomas D. Larson）交通学院
2. 得克萨斯影音试验场合作伙伴
3. 美国陆军阿伯丁测试中心
4. 密歇根州美国移动中心
5. 康特拉科斯塔运输局与GoMentum Station
6. 圣地亚哥政府协会
7. 艾奥瓦城市开发集团
8. 威斯康星大学麦迪逊分校
9. 中佛罗里达州无人驾驶汽车合作伙伴
10. 北卡罗来纳州收费公路管理局

美国的每个地区、每个城市和每个州，都希望得到汽车行业的青睐。随着法律、法规的灵活制定和公共基础设施的发展，各地方政府都希望将测试区域发展成为自动驾驶汽车生产和发展的地点。

那么，德国是什么发展状况呢？德国制造商和研究机构早在20世纪80年代就开始研发自动驾驶汽车，自2010年以来，该领域58%的专利都归入其下，但事实上还是落后了。注册专利和推动技术发展并不一定是齐头并进的。在美国，有些州允许在公共道路上运行多个测试点，还有更多推动自动驾驶汽车发展的后续计划，甚至有些持有无人驾驶执照的车辆已经被允许上路了。美国国家公路交通安全管理局一直在研究全面的法律框架。从这些方面看来，德国甚至不是在同一起跑线上。德国在2016年已经宣布，将A9高速公路的一部分作为自动驾驶车辆测试车道，但迟迟没有付诸行动。今天沿着A9和A93公路行驶的任何人都可以在路边看到一个大约70厘米宽的标志。这些都是无人驾驶汽车测试定位点，可以通过GPS信号实现精确到厘米的车辆位置调整（参见图4）。

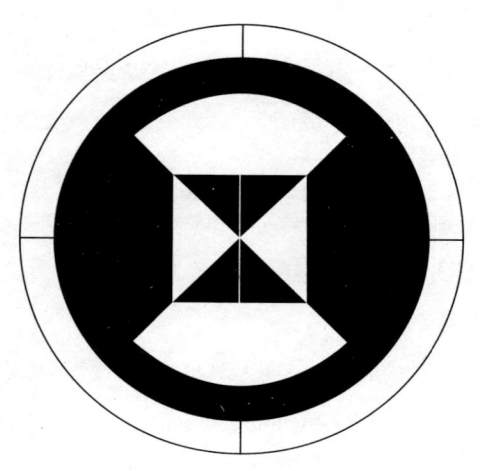

图4　由计算机控制的自动驾驶车辆地标

从2017年起，宝马自动驾驶汽车计划在慕尼黑的城市交通中进行测试，不仅要采取谷歌慢速行驶模式，还要适当进行每小时70千米的快速测试。梅赛德斯-奔驰最终在2016年年底获得了斯图加特的许可，可以在该地区进行自动驾驶汽车测试。德国交通部还宣布，将在欧雷夫智能城市园区（EUREF-Campus）内试运行美国初创公司Local Motors的无人驾驶小巴士。法国自动驾驶汽车制造商EasyMile也在莱比锡进行这样的测试。两次试运行均由德国联邦铁路公司监督执行。在汉堡，交通规划的目标也是设计无人驾驶公交线路，到2021年才能开始运行。不伦瑞克市和卡塞尔市也同样被宣布为自动驾驶测试区域。

然而，到目前为止，德国人仍然不太确定这些公共测试赛道在正式开放之前必须具备什么条件。如何通过传感器实现车辆间的通信呢？柏林将投入370万欧元的巨额资金，为测试轨道配备传感器。DIGINET-PS（自动驾驶）项目合作伙伴，除柏林工业大学和弗劳恩霍夫协会（开放通信系统研究所）外，还有戴姆勒、思科和柏林运输公司（BVG）。

德国的这些疑虑并不妨碍美国制造商发展自动驾驶技术。他们在推广原型车上路运行的同时，还发布了一项耗资40亿美元的政府计划，目标是将一条完整的高速公路改造成无人驾驶车辆运输路线。这条专线可能是83号高速公路，穿过北达科他州、南达科他州、内布拉斯加州、堪萨斯州、俄克拉荷马州和得克萨斯州，长达3000千米。美国公司甚至已经组建了一个跨行业平台，来推动和规范自动驾驶技术发展。这个名为"道路安全自动驾驶联盟"（Self-Driving Coalition for Safer Streets）的组织不仅汇集了优步、来福和谷歌等公司，还有福特和沃尔沃等汽车制造商。还有一些社会团体组织，诸如反醉驾母亲协会、全国盲人联合会、联合脊柱协会、R街研究所（R Street Institute）和Mobility 4等也属于该联盟。这个联盟由美国国家公路交通安全管理局前局长大卫·斯特里克兰（David Strickland）管理。

欧洲在推广自动驾驶汽车方面又做了什么？匈牙利已经宣布，在佐洛埃格塞格建造一个测试场地。奥地利虽然也会跟进自动驾驶项目，但到目前为止还没有任何具体措施出台。各种法律问题、怀疑主义和缺乏紧迫感正严重阻碍着自动驾驶汽车的发展。2016年年底，奥地利汽车供应商AVL李斯特（AVL List）在格拉茨附近对A2驾驶执照车型进行了测试。与此同时，法国初创公司Navya的一辆自动驾驶迷你巴士在历史悠久的萨尔茨堡市中心开始了试运行。早在2015年，瑞士自动驾驶车队运营商BestMile就与瑞士邮政总局合作，在洛桑联邦理工学院的校园里试运行这种自动小巴。

到目前为止，德国制造商已经别无选择，只能在美国加利福尼亚州和内华达州测试车辆。他们仍然努力在自己的国家获得测试许可证，而美国和日本制造商已经开始在欧洲使用自己的车辆了。福特从2017年开始在英国埃塞克斯测试自动驾驶车辆，然后在亚琛和科隆进行测试。日产在2017年春季在伦敦开始试运行自动驾驶车辆。

加拿大也在不断努力尝试，尽管那里几乎没有值得一提的汽车工业。安大略省已经通过法规，允许滑铁卢大学、黑莓公司、加拿大通用汽车公司和德国制造商埃温海默集团在公路上测试自动驾驶汽车。

就连印度这样交通混乱的国家也不愿错过这个机会。两家印度组织要求获得测试许可证，来完成这项"不可能完成的任务"：塔塔汽车有限公司（Tata Elxsi）和印度汽车研究协会。鉴于欧洲公路死亡人数中有三分之二是俄罗斯人，俄罗斯也迫切需要自动驾驶汽车。莫斯科致力于认知技术的原因也在于此。

"交通"行为和其他副效应

在1997年的捷克黑色幽默电影《全是巧合》(*Knoflikari*)中，一对情侣租用了一辆出租车，让其在布拉格一条偏僻的公路上行驶。在夜间行驶的出租车司机经历过很多事，却很少见到像这两名乘客一样在后座做出的各种古怪行为。

如果是自动驾驶汽车遇到这种情况呢？是否有人不去酒店，而在车里享受自己的甜蜜时刻？自动驾驶汽车会不会变成一个移动色情场所？是不是有人认为行业推动了新技术的发展，视频技术和图像品质不断提高跟这个有关系吗？至少来自门洛帕克市神秘无人车初创公司Zoox的创始人蒂姆·肯特利-克莱（Tim Kentley-Klay）似乎已经想到了这一点。在一次会议上，他提到可以考虑一种有趣的"关灯模式"，即关闭汽车中的所有录音设备，让乘客"享受自己的时间"。

自动驾驶车辆会减轻交通压力，增加其他"交通行为"吗？一方面，自动驾驶汽车使用得越多意味着整体交通需求越少，交通拥堵就会减少。另一方面，人们会认为自动驾驶使长途行驶变得更容易，这可能推动城市扩张。在模拟测试中就产生过这两种效应。

在今天，人们每天上下班花费的时间几乎是固定的。差不多每天都得在路上消耗至少一个小时，这太浪费时间了。这些时间本来可以用于工作、阅读等方面，如果住在离工作地点很远的郊区，花费时间更多。

福特做过一项调查，内容就是人们在自动驾驶汽车内怎样打发自己的时间。大多数受访者几乎没人坐过这样的车，但他们都有明确的设想：80%的人会放松，享受乘车乐趣，72%的人会打电话，64%的人会安静地吃东西。

有趣的是，车辆也可以有自己的"闲暇时间"（前提是有一辆私人自动驾驶汽车），就在它带我上班或回家之后。它可以在这个时间段通过接送其他乘客为我赚钱。

当你看到车辆事故造成的经济损失时，你会很庆幸自己使用是自动驾驶汽车，这种车将在很大程度上预防事故。一项对比多国的研究结果显示,今天的无人驾驶车辆可减少90%的事故经济损失。对德国来说,(成本)支出从每年近400亿美元下降到40亿美元;奥地利从120亿美元下降到12亿美元;瑞士从66亿美元下降到7亿美元。而在美国,成本从3070亿美元减少到340亿美元。从绝对意义上讲,美国的节约潜力最大。

当自动驾驶技术市场成熟,相应的电动汽车在共享模型中可以使用时,规则迟早会从根本上改变,发展将会更加顺畅。日产委托进行的一项研究结果表明,到2050年,自动驾驶汽车对欧洲的经济重要性估计价值可达17万亿欧元。摩根士丹利估计,仅在美国,自动驾驶汽车每年就可能节省1.3万亿美元的消耗,全球则可节省5.6万亿美元。这些消耗的资金缘于交通事故、生产力损失和不经济的驾驶行为,例如寻找停车位和交通堵塞引起的燃料消耗等。

设计特点和"国际差异"

汽车只是自动驾驶就可以了吗?谷歌认为,无论如何,汽车还要做到无人驾驶。开发商的想法是,人们期望的是更多额外的功能,例如在出租车上自动打开和关闭的电动门。所以,谷歌Waymo选择菲亚特-克莱斯勒的Pacifica Minivan作为即将进行测试的移动平台;这种车型的乘客舱滑动门可以电动打开。这种考虑是有道理的。一名匆忙下车忘记关闭出租车门的乘客会使车辆处境很尴尬,因为它无法自动关闭车门,只有等待人类帮助才能继续行驶。

自动关闭门只是体现机器人与人类之间相互作用的众多设计问题之一。如果你对这些问题没有正确思考,产品在实际使用中没有使生活便利,那就会引发争议。例如,在汽车工业中,用于碰撞测试假人的安全装置是基于男性驾驶员的身体尺寸设计的。因此,女性比男性的事故发生率高出47%,毕竟安全带不是为她们设计的。直到2011年,女性尺寸才被考虑到汽车测试中。初创公司Drive.ai的联合创始人卡罗尔·赖利(Carol Reily)也在她的博士论文中描述了此类性别问题。她曾经设计过一个声控外科机器人。然而,男性语音识别软件并不能识别她的声音,因为不够深沉。因此，在每次演示这种机器人时，她都需要男生帮她发出指令。

任何曾经看过YouTube上不同国家交通事故视频的人都会知道，为什么有些国家更容易发生事故。印度、巴基斯坦或巴西混乱的交通路口，与欧洲相对纪律严明的交通秩序相比，几乎没有任何相似之处。自动驾驶车辆必须能够适应特定国家的交通习惯，才能与人类驾驶员共同上路行驶。

在硅谷，汽车经常在十字路口前停下来向行人示意，此时可以安全过马路。另一方面，旧金山就跟其他任何大城市一样，行人在车辆之间穿行。在凯旋门或班加罗尔的环形交叉路口前，自动驾驶车辆面临的特殊挑战变得更加明显。即使作为乘坐自动驾驶车辆的人，你也必须学习如何遵守交通规则。

允许自动驾驶的区域还可能逐步扩展到建筑工地。这些区域交通状况非常复杂，难以编程。在那里，所有车道标记都是无效的，或者有可能被涂上了别的颜色，建筑工人手持标志引导交通，施工车辆来回行驶，道路上也布满了各种垃圾。所有这些因国家而异，在美国，甚至州与州都有所不同。难怪今天的城市交通（仍然）不堪重负。此外，建筑公司一旦获得许可，就可以随时搭建施工现场。车辆无法提前得知发生变化的交通状况。临时解决方案，可能是让无人驾驶汽车避开建筑工地，选择替代路线。或者，如日产建议的那样，客户服务代表临时接管车辆，使其安全通过施工现场。

今天，任何想要参与到自动驾驶汽车发展并且资金不太短缺的人，都有充足的机会。2016年，已有200多家公司开始研究（自动驾驶车辆的）个别技术组件或者整车了：从传感器技术（雷达和超声波）、激光雷达和车载相机到处理器，再到高精度GPS系统。另一个开发重点是软件：车载芯片解决方案、算法、人工智能和机器学习、网络安全、车队管理和共享解决方案。Angel List和Venture Radar等投资平台也列出了这些技术领域的数十家初创企业。

合理利用开源项目

为解决自动驾驶汽车的各种问题，不一定非要局限于汽车和互联网这两大领域的资源。由于开放源代码项目的推行，感兴趣的人可以低成本获得软件和数据记录，甚至以合理价格购买硬件套件。

最突出的是优达学城教育合作平台，它不仅为学生提供代码，让其在自己的车辆上进行测试，还提供驾驶模拟器和可用于测试真实驾驶情况的相关数据。乔治·霍茨创建的Comma.ai公司，则开发了一种名为Open Pilot的驾驶助手软件，其源代码和3D打印技术适用于某些类型的车辆，可以通过自己的智能手机手动控制车辆。另一方面，对车主来说，开源控制套件还会令他们对自动测试车辆更感兴趣。布伦瑞克工业大学计划，在未来将其数据和模拟器通过开源项目发布，而最新的一个开源项目是以安卓系统为基础的。

除软件系统之外，一些组织也提供交通场景图像，正如马克斯·普朗克协会（Max-Planck-Gesellschaft）所做的那样，提供一个所谓Kitti数据集，将汽车、卡车、行人、骑自行车的人、电车等都在图片中注明——图片就相当于这些物体的标记。COCO数据集（Common Objects in Context）可以在网页上提供下载材料，帕萨迪纳的加州理工学院就提供这样的数据。然而，并非所有人都信任免费数据。马克斯·普朗克协会的一个研究小组就曾经对帕萨迪纳的数据提出过质疑。牛津大学的做法有所不同，通过PASCAL视觉对象分类项目对图像进行标准化归类。这个数据集对飞机、自行车、鸟类、船只、公共汽车、小轿车，甚至马、狗、绵羊和盆栽植物都进行了注释和说明。当然，在绿植名称这一分类项目中可能存在错误。还有Cityscapes数据集，也能为无人驾驶车辆提供场景图像，它提供来自50个城市的5000张高质量注释图像和2万张中等质量图像。

虽然所有数据集都是免费提供的，但有些数据集是不允许商用的，某些数据集只能免费使用一次。

安全第一，这也适用于人工智能

虽然美国国家公路交通安全管理局和欧盟新车安全评鉴协会（NCAP）都对汽车进行安全测试，但这些测试有些不同。美国国家公路交通安全管理局主要侧重对车辆结构和约束系统（例如安全带）进行测试，主要监督在发生碰撞的情况下对（成人）乘车人员的影响，而欧盟新车安全评鉴协会考虑了更广泛的情景，还包括车辆中乘坐的儿童，以及与车辆发生碰撞的行人的安全。

自动驾驶汽车给政府部门和制造商带来了新的安全挑战。如何对算法进行测试呢（例如，人工智能神经网络）？在这里，不再是监督测试程序员的行为安全，进行学习的是系统，所以系统必须在人类支持和监督下进行测试和学习。菲利普·库普曼（Philipp Koopman）是卡内基梅隆大学研究员，该大学是目前领先的机器人和人工智能研究机构之一。他曾经谈论过这个问题：

"这是机器学习固有的风险模式和失败模式。如果只是通过这个模式来理解机器学习，你得到的只能是统计数字。它就像一个黑盒子，你不知道它到底是什么。"

因此，很难推测出系统是否正确响应，以及如何做出决定。与此同时，沃尔沃正在哥德堡现场测试自动驾驶汽车，查尔莫斯技术大学的研究人员也正在制定测试自动驾驶汽车的安全程序。

嘿，你好！车辆与车辆间的对话

"如果你和一个人在一起，不去想着看手机，这就是真正的爱情。"

——阿兰·德波顿（Alain de Botton）

作为驾驶员，你经常观察周围环境，并通过各种方式与其他道路使用者进行对话：在后视镜里向另一名驾驶员点点头，为行人做个手势，有人开车抢道就竖中指。人们在沟通信息时，有不同的行为方式。语言和手势在几千年中不断改进和变化，它们伴随着我们的生活。即使真正的意图并不总是那么清晰明确，我们也会大体上明白对方的意思，至少在大多数情况下是这样的。

那么，无人驾驶车辆如何与环境沟通呢？如果做出决定并持有控制权的是汽车，乘客该如何反应呢？我们已经了解到一些沟通交流的可能性：防御性的驾驶风格，通过车身数字显示和其他语音提示等，这些方式只是道路沟通内容中的一部分。

只有当自动驾驶车辆能够简单明了地与其他车辆、行人，甚至和该地区的物体进行信息交换时，这个过程才会变得有趣。想象一下，你来到一个没有红绿灯的十字路口，车辆来来往往却不会停止。你的车什么时候才能右转？是否必须等待别人同情让道才能继续行驶？或者，是否强行前进，希望其他司机避让？所在国家或者地区不同，碰到的情况也会不同，你可能使另一名司机陷入危险境地，也有可能永远在十字路口等待（通行）。

相反，联网汽车可以通过互联网与其他车辆进行通信，即通过交换信息和行车意图来稳定交通流量。这种方式被称为V2V通信技术（Vehicle-to-Vehicle）。运用V2V技术，每到十字路口，就会出现下面的场景：我的汽车马上会以某一速度右转，而正在接近的车辆会报告自己的速度，并允许我的车转弯。中间地带另一辆靠近的车也可以报告，说自己没有换道计划，因此骑车者可以安全地向前行驶。这种一起"对话"的情景，可能比无法感知周围全部交通状况的传感器有更广泛的适用范围。

丰田已经为普锐斯、雷克萨斯RX和皇冠安装了V2V操作程序。车辆在300米范围内相互交换所在位置、速度和目的地等信息。这些车型还可以通过V2I（Vehicle-to-Infrastructure）进行通信，即车辆与基础设施的通信。例如，对于交通信号灯，V2I系统可以告诉车辆，信号灯何时从红色切换到绿色。通过这种方式，车辆可以相应调整速度。奥迪已经在拉斯维加斯演示了这种通信方式，梅赛德斯计划从2019年开始，为S系列汽车配备V2V通信系统。

紧急服务（交通警察调遣等）、街道路线、灯光、停车场，甚至房屋都可以与车辆交换信息，通告交通状况或提供出行指示。如果发生事故或由此产生路障，也可以通过电子信号引导交通；如果在夜间或有其他活动安排时，还能在不干扰他人的情况下临时疏解交通。地面传感器可以警告车辆，路面有结冰或湿滑。Inrix或UPark等公司的解决方案都有助于实现这些目标。

为确保一切顺利运行，并且保证各项指令和信息仅由合法对象发送和接收，自动驾驶汽车必须采取适当的安全措施。对本地居民来说，用电子方式通信很便利，如果道路因事故而临时关闭，车辆会改道，以确保夜间不打扰居民。然而，不正确的信息可以伪造一种表面上很安全的道路状况。电子信号也有可能迫使联网车辆停止行驶，甚至允许袭击或抢劫行为发生。

难怪研究人员会从一开始就明确各种电子安全协议，并借鉴在线购物门户网站的做法（来进行信息加密）。对于交换敏感数据（如信用卡或银行账号）的安全交易，实行SSL协议认证方式。这是在传输期间进行的信息加密；只有拥有电子密钥才能获得访问权限。但是，为确保这是一个需要读取SSL协议的认证方，安全管理中心会发出在一段时间内有效的SSL证书，就像密钥只有一年有效期一样，到期后需要进行更新。

与门户网站安全证书不同的是，自动驾驶系统的每个参与设备——无论汽车还是地面传感器——都必须能够读取这样的证书，因为它对于发送方和接收方来说都是重要信息，直接影响每个参与者的行为方式。为防止伪造信息出现，必须确保安全证书由发送者授权发送。现在面临的最大挑战就是，这个信息验证过程如何能够快速进行。在道路交通这种动态环境中，即使是持续数秒的数据传输等待时间都会让人感觉太慢。应避免不稳定的互联网连接，数据量和合法接收目标必须是可预测的。如果在十字路口通信的不只是二十辆汽车，还有上百个传感器，就需要一个非常强大的网络。在这种情况下，政府必须预留出一个特殊的无线电频段，即所谓专用短程通信（DSRC）。在欧洲，这种技术通常运用在电子计费系统中。

黑客攻击也要考虑在内。即便在今天，DDoS攻击（分布式拒绝服务）也是使网站瘫痪的最常见方式。数以千计的僵尸计算机——在计算机所有者不知情或不同意的情况下被安装了恶意软件——在短时间内同时向受攻击网站服务器发送大量服务请求，使其崩溃。类似情况也可能出现在联网车辆中，它们同时收到过多服务信息，不得不花费很长时间来识别相关的发送者和数据内容。

综上所述，最重要的就是必须充分保护个人的数据信息。并非每个人（即使公众人物也不例外）都希望别人使用自己常用的路线。

下面的例子生动说明了黑客攻击的危险程度。一名来自科技杂志《连线》（*Wired*）的记者，在高速公路上以每小时110千米的速度测试一辆吉普车，而这辆车由两名事先安排的友善的黑客进行远程控制。他们（在车辆行驶时）首先远程打开收音机，然后又打开风扇，紧接着令其时而减速、时而加速地行驶，并将车辆开进了草地，而坐在车内的驾驶员对此毫无办法。

IT安全专家克雷格·史密斯（Craig Smith）出版了一本名为《黑客手册：入侵防盗测试仪指南》的小册子。作者原本打算用这本手册为汽车制造商提出建议，指出生产中的安全漏洞，如今却非常受机械师和车主欢迎，因为他们觉得自己的生活已经越来越依赖电子系统了。而且，书中关于各种安全知识的介绍，在面对相关的保险索赔方面也有指导意义。车辆维护和调整正越来越多地以软件方式进行，并且在第三方干预方面，制造商也没有以前那么宽容了。

取消与网络的连接，不仅限制了车辆的使用空间，也会出现安全问题。2016年8月，特斯拉的汽车数据网络出现故障，虽然仍然可以手动控制汽车，但不能下载驾驶区域的高精度道路地图。当汽车在道路上处于自动驾驶模式（或未来的无人驾驶模式）时，就会出现很大的问题。

今天，我们可以将智能手机连接到车辆上，作为导航和娱乐系统使用。手机上的音乐收藏和联系人信息不仅可以随身携带，还可以复制到汽车存储器上。将来，这些系统还将继续增加功能，并在我们的生活中变得更加重要。自动驾驶车辆不仅可以减轻人们自己开车的烦恼，还可以让人们有更多时间放松身心，投入娱乐或工作中。优步共享乘车服务已经允许乘客在汽车音响上播放自己的音乐。而且，智能手机还可以控制其他设置，比如调整汽车座位、优选驾驶风格、行驶目的地等。这种"数字个性化"功能会走多远，我们今天无法预测。

在自动驾驶领域的每个方面，汽车制造商和数字科技公司都在争夺主导地位。哪些操作系统占优势，哪些标准适用于联网汽车，相关解决方案仍然是完全开放的。谷歌成立了"开放汽车联盟"（Open Automotive Alliance），目的就是将安卓系统应用于汽车领域。到目前为止，大众汽车集团、吉普、马自达和福特等大多数主要汽车制造商都加入了这个联盟。另一方面，汽车开放系统架构（AUTOSAR）正在制定一个用于定义电子控制单元的开放性标准。这包括娱乐系统电子组件、软件测试程序、读取数据和连接设备的接口，以及自动驾驶车辆所需的计算能力。

政府也有可能通过为汽车配备电子标识符来"跟踪"这些车辆。在中国深圳，已经在一个试点项目中为20万辆汽车发放了电子许可证，其中包括卡车和公共汽车。这个项目的目的是跟踪车辆的行驶路线，从而检测是否有危险物品在运输，或者监测校车穿过的城市区域。根据一天不同的时间段、天气条件或其他情况，这些许可证还可以用于在特定路线中分配或禁止某些类型车辆通行。

另一方面，沃尔沃公司使用汽车联网技术来提供送货服务。通过沃尔沃车载支付程序，供应商可以将客户订购的货物放在停放车辆的行李箱中。该应用程序可以显示收货方信息，让其通过智能手机来操作行李箱。

随着V2X通信（即车辆与外界的信息交换技术）的发展，传统软件供应商（如微软）也会加入其中。在交通运行中产生的各项数据必须与其他人共享，并存储在汽车或目标对象中。微软现在搭上了（自动驾驶）这班车，目的就是确保自己的Azure云计算平台在将来也能分一杯羹。信息分析公司高德纳（Gartner）预计，2020年将有2.5亿辆联网汽车上路行驶。由此产生的数据将创造价值数十亿美元的产业，将为司机、乘客、出租车运营商和其他人提供各种额外服务，正如我们在智能手机出现时看到的情景一样。

但是，在过渡阶段，当自动驾驶汽车、联网汽车与手动控制汽车共同在街道上行驶时，车辆之间交换的信息真假参半，可能看起来有点像"谣言工厂"。从车辆发送的信息中也可以看出哪些"驾驶员"不容易相处，哪些"驾驶员"驾驶时很急躁。加州大学伯克利分校的人机交互研究员安卡·德拉甘认为，这是一种有趣的相处模式，但也与个人隐私相关。

车辆如何发送大量数据呢？当（联网汽车）需要更新道路地图，输入交通信息或与其他车辆和目标物体进行通信时，稳定而强大的网络是必不可少的，而今天的网络还达不到这样的要求。就像当初美国电话电报公司（AT&T）总裁要求限制iPhone用户某些数据服务（如YouTube视频）一样，因为担心这种数据使用量会使网络崩溃（尽管他最后平息了苹果首席执行官史蒂夫·乔布斯的愤怒）。如果新的额外数据用户——汽车——加入进来，相应网络容量必须增加。汽车数据服务提供商还需要确保那些不必要的（交通）数据不堵塞网络。

事实上，这些基础设施提供商已经开始扩大容量。例如，美国高通公司正在对第一个5G网络进行测试，这个网络可以处理高达45Gbps的数据量。从2020年起，5G网络将在美国全国范围内建立。相比之下，德国如今的网络下行速度平均只有13.7Mbps（顺便说一下，这个速度只是韩国的一半）。

与此同时，德国现阶段对数字化的排斥和"隐私妄想症"会对将来造成严重的后果。如果一个国家放慢了智能手机、开放Wi-Fi和日常数字经济体验的发展速度；那么，当下一代5G网络成为汽车等产品不可或缺的一部分时，这种落后将会进一步加剧。其他人会抢先一步占领德国的市场空缺。

对于自动驾驶联网汽车来说，所需传感器和芯片数量大大增加。在现有的技术中，这种车辆已经包含了多达170个传感器和100个芯片，可以测量从轮胎压力到外部温度等许多内容。前面章节已经详细介绍过的激光雷达系统，可能是整辆车最昂贵的组件。特斯拉汽车公司已经宣布，Model X车型装备了新型传感器。据一些博主介绍，这些传感器的功能只不过是在自动驾驶电动汽车中添加了一些服务项目。例如，通过车门中的传感器来识别乘客，可以自动开门，并根据乘客的喜好调整座椅等。座位下方的存放空间可以用来放置手提包或电脑。

对于新型车辆来说，必须更改电气和电子系统的内部架构，将以往分散在每个传感器和部件上的集成电路，集中在几个集群上。这些系统必须能够保障乘客安全，汽车测试成本也会变高，尤其是那些负责驾驶行为的部件。相比之下，哪家公司提供的软件和硬件设备能与谷歌、苹果和特斯拉相比呢？所以，汽车公司必须吸收这些新知识，将技术和设备融入自己生产的车辆中去。

新的时代精神？共享经济的到来

我曾经陪同一家德国制药公司代表团赴美参观加速器设备，结束后准备返回酒店。当时正好是交通高峰时段，我们站在旧金山市场街久久打不到一辆出租车。在我的强烈建议下，代表团成员很不情愿地预约了一辆优步共享车。在他们下订单的瞬间，车辆预订信息立即闪现出来。我们在路线图上看到预定汽车如何转弯行驶，不久之后就停在了面前。代表团成员完全是一副目瞪口呆的样子。在不到一分钟的时间内，车就开到了面前，十分钟后他们就抵达了酒店。

近年来，汽车共享公司如雨后春笋般涌现出来：从最初提供市内共享乘车服务的初创公司，如美国的优步、来福和Via，中国的滴滴出行和挪威的Haxi，发展到可以提供长途共享出行的汽车公司，如法国的BlablaCar。如今已经有二十多家经营良好的初创公司，意图在共享出行领域占领主导地位。共享出行服务，根据不同内容至少可分为三种形式。第一，由GetAround，JustShareIt或Turo提供的，在现实人与人之间发生的汽车共享服务（面对面服务）。第二，会员租赁服务，如Zipcar，Car2Go或WeCar。第三，优步和来福这样的专车付费服务平台。

在西方国家，提到共享出行，人们首先想到的就是优步，但中国的滴滴出行已经悄无声息地发展成为一个强大的竞争对手。官方数据显示，截至2015年5月，滴滴在全球已有3亿注册用户，其中包括1400万注册司机；而它的服务仅限于中国的400个城市。为能在全球范围内运营，中国共享汽车服务企业已与其他国家的公司结盟。它们在东南亚GrabTaxi投资了3.5亿美元，在来福投资了1亿美元，在印度Ola

投资了5亿美元。滴滴在中国的发展优势如此之大，以至于优步最终在2016年8月将自己的中国分部卖给了滴滴。

但是，无论共享乘车服务在何处出现，冲突都是不可避免的。相关企业有可能面临法院诉讼、政府经营禁令，收到会被处罚的警告，甚至还有当地出租车服务提供商的威胁。毕竟共享汽车抢了出租车司机的客户，后者感到自己的权利受到了威胁。那些在美国大城市里乘坐过出租车的人都知道（如果运气好，能叫到一辆出租车的话），车辆质量很差，更不用说乘车舒适感了。出租车就像一个笼子，司机和乘客只能通过一个小小的滑动窗口相互交流。如果你没有现金而想用信用卡支付的话，可想而知，会遭到司机的一顿抱怨。在交通高峰时段，如果你在《纽约时报》总部附近想叫到一辆出租车，很有可能要等50分钟。这不是因为缺少出租车。事实上，在那个时间里，每秒钟都有空驶出租车经过，但乘客要去的方向与出租车司机行驶的方向完全相反。因为此时正值出租车司机交接班时间，他们都得朝一个目的地行驶。这种情况下还能叫到出租车吗？在需求量最大的时间段里，大多数出租车都是在没有乘客的情况下行驶的。媒体在一次调查中偶然发现了这种现象，但司机们都没有觉得这种现象很奇怪。

共享乘车服务公司逐步控制市场的能力，可以从出租车经营成本的变动中看出来。在美国，你需要获得"执照"才能经营一家出租车公司。由于受到城市地区的限制，以往每张牌照的价格超过了100万美元。近几十年城市增长迅速，但出租车牌照数量却没有增加，直到优步到来，引发了价格崩溃。出租车牌照贬值了50%，而这也是现在出租车公司和贷方在纽约所提诉讼的主题。

然而，根据投资者的逻辑，诉讼数量和对初创企业的抵制程度不仅表明了这个领域的风险水平，更重要的是，给现有市场带来一定程度的破坏。对应公式很简单，投诉越多，破坏就越大，产生高投资回报的机会就越大。

欧洲的初创公司都不得不遵循现有法律，而硅谷的后起之秀正不断提出质疑并力图改变现状。出租车行业的规章制度发生变化并非偶然。在过去，出租车运营商和乘客之间一直存在信息不对等的现象。初来乍到的乘客普遍不太了解甚至根本不了解某个城市或地区，许多出租车司机利用这一点欺骗乘客谋利。一位西班牙朋友的经历就证明了这一点。在拉斯维加斯一次会议结束之后，她一大早就乘坐出租车前往机场。在等待红灯的时候,一位骑摩托车的巡警经过并向司机询问他们的目的地。当得知他们要去机场时,巡警当场质疑司机为什么朝相反方向行驶。出租车司机的回答是,因为交通管制不得不绕道而行,这个理由显然无法说服警察,因为当时并没有任何交通管制。巡警记下了出租车牌照,命令司机立即返回并选择正确路线。巡警给我那位一脸困惑的朋友一张卡片,上面有他的电话号码。巡警叮嘱她,这次车费大概是20多美元,如果有任何问题就给他打电话。

拉斯维加斯的出租车司机有所不同吗?事实上,甚至维也纳、慕尼黑或者柏林,这些城市的情况都一样。一位来自维也纳的朋友的经历,也说明了这一点。在一次共进晚餐后,他和一位来自瑞士的熟人坐上了一辆出租车。他们在后座一直用英语交谈,直到我的维也纳朋友注意到,他们在过去十分钟内两次经过了市政厅的同一条街道。出租车司机认为他的乘客对所处的位置毫无了解,所以就利用这一点进行欺骗。

为遏制这种不正当的商业行为,许多城市通过法规,实行出租车牌照制,要求司机进行驾驶考试,并定期检查。但是,通过优步的实时报价,乘客不仅可以提前了解行程所需费用,还可以了解其他乘客对司机的评价,而司机也可以看到同行对该乘客的评价。后者是一种透明度更高的乘车方式。你会选择与谁合作?哪种车辆的性价比可以预先看到呢?

优步受欢迎,意味着出租车司机希望使用各种强加规定做武器;作为竞争对手,他们认为优步并不完全受这些规定约束。这就使政府突然面临这样一个事实,即旨在保护乘客免受出租车不正规服务的规则,现在被出租车用于对抗优步了。这导致在市议会上出现有趣的一幕,优步用户对此大声抗议,议员代表不得不重新考虑为什么当初要引入这些规定。面对这种变化,需要拟定新的规定,例如制定一些措施来保护网约车用户的安全。

如果网约共享车使用出租车式的计价收费,就显得非常不合理。在阿姆斯特丹,看到一两辆特斯拉Model S出租车在街上行驶,并不是一件稀奇的事。事实上,在那里有两个出租车运营商管理着167辆特斯拉电动汽车。这种出租车既环保又舒适。在德国,由于新出台的出租车收费标准,这是不可能出现的。为避免人为操纵和虚假报账,出租用车只能是汽车制造商提供的车辆。到目前为止,特斯拉和雷诺的电动汽车并不符合标准。但是，根据最新消息，德国联邦政府已经认识到这种评定标准不完善，准备做出相应改变。

小针刺孔——这个规定，那个法规——肯定会慢慢扼杀所有脆弱的嫩芽。计价器是石器时代才会用的收费方式。在行驶中计算收费，根据距离和时间确定票价，加上不易理解的固定费率、票价等级和附加费等。当到达目的地时，实际费用往往会使乘客大吃一惊。这与优步完全不同！而优步在德国已被禁止……引用《硅谷与德国》作者克里斯托弗·克斯说过的一句话：

"德国是20世纪的科技陈列馆。新恐怖主义统治着这里，对新科技处处充满敌意。"

为什么共享汽车会如此受欢迎？原因很明显：动机因素正在发生变化，新一代也在设定新的优先事项。这代人不太重视家庭和自己拥有汽车，而是更多地关注自我发展的意义。与父母不同，只要认为某项工作对自己很重要，他们就愿意放弃更高的工资。"视频游戏一代"正在寻找自己生命游戏中的"史诗级任务"。

这正是困扰汽车行业的原因。这代人不再渴望获得驾驶执照，认为拥有自己的汽车并不具有任何意义，同时希望出现不同的出行服务方式。将数字技术作为出行服务的核心，正好填补汽车共享公司的空白。人们以前认为拥有一辆汽车很重要，现在却认为这种花销太昂贵。因此，从占有某项资源转为使用资源，这对销售产生了影响。一项在美国十个城市所做的调查结果显示，共享车队每加入一辆车，就会减少多达32辆私家车。80%的车主在加入Zipcar（美国一家分时租赁互联网汽车共享平台）后会放弃自己的车辆。这意味着一辆Zipcar网约车相当于15辆私家车。

波士顿咨询公司估计，共享出行服务会对汽车销售产生影响，尤其是在无人驾驶汽车投入使用后。这种车辆的舒适程度将是无与伦比的。在此之前，欧洲每增加1辆共享汽车，就会减少销售3辆汽车，美国为1.2辆，亚洲则为4.6辆。

此外，优步共享出行可以提供各种类型的服务，这也是一项突出成就。优步推出的多人拼车（Uber Pool）服务，可以让几名目的地相同的乘客共同乘坐一辆网约车。事实上，优步的这项服务取得了惊人的成功。旧金山几乎有一半人选择优步多人拼车服务。名人如果没有时间接送孩子上学的话，他们也会使用优步。戴姆勒也曾测试过一个名为"推进"的先导项目，提供类似服务。

虽然优步公司正在一步步击垮出租车行业，但也有一部分人选择使用租赁汽车服务。ZipCar和Car2Go对大家来说并不陌生。早在20世纪90年代，我就使用汽车租赁服务，车站附近或其他重要场所都有租车服务。有三种车型可供租用：高尔夫类小型汽车、高级轿车和小型巴士。根据个人需要，可以按小时租用合适的车辆。

相比之下，Flightcar的服务方式略有不同。开车去机场的旅客，如果将车停在机场停车场就会十分昂贵，他们可以在乘飞机出行的时间内，将自己的汽车出租给其他人。这样的话，出租双方都会获益。你自己的车甚至不需要支付昂贵的停车费。在目的地机场，你同样可以通过Flightcar预订私人车辆，而不是叫出租车。

对于共享经济来说，汽车制造商通常会推出自己的品牌——宝马旗下有共享出行品牌DriveNow和ReachNow，戴姆勒有Car2Go和现在的Croove。最近，雷诺-日产宣布开发自动驾驶车队服务，意图取代公共交通工具，计划首先在巴黎进行测试。戴姆勒预测，一旦自动驾驶汽车市场成熟，Car2Go将变成Car2Come。

奥迪也将自己视为共享出行服务的高级供应商。宝马Ventures公司的乌尔里奇·奎（Ulrich Quay）预计，共享模式将使更多人能够使用高级车型。由于共享乘车的出现，私人拥有车辆的成本从每年的5600欧元下降至十分之一，每年增加几百欧元对于高端品牌来说不再重要。因此，有些人认为梅赛德斯、保时捷、宝马和奥迪可能在共享经济中变得更加重要，还是有一定理由的。但是，用户是否真正重视高端汽车也并不是那么确定。艾米莉·卡斯托（Emily Castor），在斯坦福大学移动交通专家论坛中谈到，对于使用共乘服务的用户来说，点到点分享服务的品质要比汽车质量更重要一些。能在十分钟车程内将手机快速充上电，要比坐在加热的真皮座椅上拿着没电的手机更加实用。

然而，那些认为汽车共享服务打击的仅仅是私家车、出租车甚至租赁公司的人，往往忽略了背后更大的故事。现代企业的数字化性质极为详细地描述了当今社会对移动交通和区域运输模式的需求。可以预测，将来会有更好的交通规划，同时要解决各种潜在问题。谁掌握了这些数据，就相当于坐拥一座金矿。这些数据的使用领域还包括城市规划支出，以及在运输路线和商业场所的最佳广告预算。难怪谷歌、百度和苹果这样的数字巨头正在投资这些技术，成为第一批淘金者。正因为谨遵这种理念，优步已经从纯移动交通服务提供商转向人工智能技术公司，并致力于预测人类行为，而传统企业仍在试图复制优步模式。网飞和百视达已经给我们提供了可供参考的例子。而那些不愿意创新的公司终将会被淘汰。

由于优步系统主要基于数字技术应用，因此可以快速扩展业务模型和服务，其中之一就是所谓"峰时溢价"。如果在某个地区或时段乘客预约车辆需求增多，会逐步增加车费。这种方式遵循了市场供需原则，初看起来像是对客户不利，实际上为一些城市的乘客提供了便利。在纽约，雨天往往很难找到出租车。1997年的一项研究表明，出租车司机每天的工作时间是依情况而定的。如果当天工作很顺利，他们就会提前下班。相反，如果没有拉到多少乘客，他们就会延长工作时间来完成每天的工作量。这种市场行为意味着，虽然高客流的时间段对出租车的需求增加，司机却会通过提前下班回家来减少供应，因为他们已经提前完成了自己每日的工作量。而有了优步的"峰时溢价"付费方式，司机可以获得多倍车费，可以鼓励他们花更多的时间来接送乘客，同时大幅提高了收入。

今天，司机的实际收入占出租车费用的50%，其余的则用于车费分摊、折旧、汽油、保险、维修，以及其他杂项。

尽管所有共享出行模式都受到了乘客欢迎，但汽车制造商仍对此持怀疑态度。高管们并不认为汽车的私人所有权会完全消失，虽然有些人不得不承认自己的熟人圈中也有年轻人不再拥有汽车或驾驶执照，但不打算改变态度。然而，由于中国或印度等国家的经济增长迅速，现在不能对汽车销售额轻易做出推断。毕竟汽车是在发明很长一段时间之后，才占领了马匹使用阶段的最高峰。

然而，随着人口和大都市的持续增长，汽车私人所有权需要仔细审查。今天大多数人都住在市区。1960年有34%的人居住在城市，2014年的城市人口比例在全球范围内达到54%，在德国和美国则接近80%。现在，全世界有28个城市居住着超过一千万居民。到2030年，将有41个城市的人口达到这个数字，其中一半在亚洲。仅在中国，今天已经有130多个城市拥有超过一百万人口。到2030年，这个数字将增加到200多个。相比之下，欧盟只有3500万个这样的城市。

乘车共享服务不仅廉价、易于使用，还有正面的附加效应，如可减少酒驾。数据显示，在加利福尼亚州的17个城市中，因为有了优步提供的出行服务，30岁以下的司机酒驾事故率下降了6.5%。

加利福尼亚大学的另一项调查结果显示，在西雅图、卡尔加里、圣地亚哥、温哥华和华盛顿的Car2Go成员，总体驾驶量要低于私家车使用量，废气排放量也相应减少。

共享出行服务不仅取代了出租车，还取代了公共交通工具，并且首次将出行服务不便利的地区通过交通技术连接起来。在佛罗里达州的奥尔塔蒙特斯普林斯，市政当局正在测试用优步来取代欠缺的公交车服务。虽然这个城市已经尝试过使用便利的公交线路，但优步却是一种更便宜、更具适应性的出行工具。使用优步还可以获得当地政府补贴，每个人都能从中受益。居民所花费用不比常规公交车费多，甚至可以在自家门口下车，这比公交车速度更快、更方便。在这个城市使用优步的成本低于运营公交线路。虽然目前还有一些问题需要改善和解决，比如客户必须拥有信用卡和智能手机、优步无法提供残疾人车辆等，但发展潜力不容小觑。

但是，如果有一天私营企业完全取代了公共交通服务，会出现怎样的情况？今天，许多公共交通服务都是公开的。因此，城市和社区正在努力创造社会平衡，让所有人参与到公共生活中。然而，一旦公共交通完全被交给私营公司，必然会将一部分人排斥在外。要享受乘车共享服务，拥有信用卡是一个必不可少的条件。此外，按照优步的条例，驾驶员对乘客的评估可能导致在某种程度上拒绝一部分人使用车辆。

另外，人们对共享出行服务还有一个质疑的地方。这种服务方式是否创造了更多的特殊收入群体？他们不需要缴税，难道仅仅是因为被优步和来福定性为自由职业者？尽管优步在旧金山发展得很不错，但德国的管理者已经指出了这方面存在的问题。我同意他们的观点，这个问题必须解决。根据最近的报道，这个问题不仅仅出现在新运输服务行业，就连传统出租车公司也出现了。检察官对维也纳出租车公司的调查方向就是逃税，而税务部门对此类行业的收入还没有明确规定；如果对这种行为不予以重视，就相当于有人非法获取社会福利。

另一方面，中国地方政府目前只允许有城市户口的居民来进行这种乘车共享服务。在中国，你在自己所居住的地方必须有户口。然而，经济发展导致许多农村人口迁移到大城市。对一部分人来说，做司机经常是赚钱的唯一途径。

人们应该考虑一下，前面提到的那些公司和我们中间的许多人都可以被称为"共享经济"。"共享经济"实际上是一种没有金钱转手的非商业性个人交换，可以理解为互相帮助处理各种闲置资源。一些共享平台可能已经开始出现了，但方式与现有概念略有不同。共享平台最初是个人提供房间或车辆来交换使用，专业营利性住房供应商和车队运营商占了很大比例。优步和爱彼迎显然是聚合经济体——驾驶和闲置房间服务。但是，哈佛大学教授尤查·本科勒（Yochai Benkler）认为，将优步作为共享经济进行研究就是"无稽之谈"。优步只是一家用移动技术降低消费者运输成本的企业，仅此而已。

但是，不要忘记，优步和爱彼迎等平台运营商也在越来越多地控制着聚合资源。由于网络效应，他们不仅有权推荐价格，而且有权决定出租标准和要求。他们可以决定在平台上需要哪些服务提供商，不需要哪些。拒绝载客或评价太差的驾驶员可以被排除在平台之外，而且不需要任何法律上的理由。这导致了反常情况出现，优步司机的评价几乎都在五星左右，因为乘客想要保护他们。因此，评级系统并没有发挥作用，乘客还是留下了许多糟糕记忆。

由于优步认为自己不是出租车公司，而是一个出行服务供需关系的调解平台，迄今为止并不承担相关保险、增值税、车辆检查，以及其他各项费用。而出租车公司必须遵守这些规定，必须要为残疾人提供一定比例的车辆。优步的这种做法依据的是美国《通信规范法案》（Communications Decency Act）第230条，该条款本来旨在免除网站运营商对内容链接网页或用户评论和帖子所负的相关责任。正如电信供应商不能对电话交谈内容负责一样，优步使用这一法律条款来免除自己担负的责任，尤其是当司机出现不当行为时。他们只负责运行网站和应用程序，而司机和乘客的所作所为是另一回事。

难怪汤姆·斯利（Tom Slee）曾在书中将优步在所在城市的行为描述为"寄生行为"。不仅如此，该公司在其他方面也遇到了各种麻烦。优步被爆出女性性别歧视和性骚扰事件，还有优步创始人、前首席执行官特拉维斯·卡兰尼克（Travis Kalanick）与优步司机发生争执的视频。后来，卡兰尼克被特朗普任命为战略和政策论坛成员，虽然只是短期作为顾问出现，也受到了批评和质疑。而且，谷歌Waymo向法院指控优步侵犯知识产权。一个人如果树敌太多，就没有朋友。

优步也无法免受数字技术的破坏。前谷歌员工迈克·赫恩（Mike Hearn）介绍了一种名为"贸易网络"（TradeNet）的概念，其中有一种服务拍卖平台——即使用区块链技术来访问自动驾驶汽车——可以自动授权车主。当用户发送乘车请求时，车主可以根据用户档案自动提交报价。这样，优步就无法决定乘车价格和服务，而是由平台用户双方互相决定。

区块链创业公司Etherum的创始人维塔利克·布特林（Vitalik Buterin）说："大多数程序和数据都经过了合理简化或削减，区块链实现了去中心化。""区块链不会让出租车司机脱离工作，而优步会被抛弃。出租车司机可以直接与客户进行合作。"以色列初创公司La'Zooz也在批评并反对中央交通网络提供商。正如比特币是一种分散货币一样，La'Zooz是一个基于区块链技术的分散式运输网络，并且没有任何人拥有。进行选择的权利将来会从提供商转移到驾驶员手中。

在今天，旧金山大多数车主仍然需要使用优步和来福来提供车辆服务。但是，一旦制造商提供了自动驾驶汽车，越来越少的人拥有汽车，人们会选择使用车队提供的服务，汽车制造商也可以自己运营车队。谁还需要中间服务商？

尽管很多人对共享出行的发展潜力感到兴奋，仍然存在一批私家车的支持者。对许多中老年一代人来说，汽车仍然代表着自由：不需要做任何准备，没有等待时间，更没有最后一公里的问题。你可以开车前往任何目的地。这种自由非常重要，但同时非常昂贵。你需要付出保养和维护的成本，需要寻找和为停车位付费，需要承担由于特殊情况导致的运输车辆费用，以及忍受交通拥堵和事故。人们坚持自由的观念，是因为替代品还没出现或未被尝试过，而且旧习惯也不容易抛弃。具有讽刺意味的是，即使自动驾驶汽车能将他们的高尔夫球杆放在后备厢并自动开到高尔夫球场，大多数人还可能嘲笑这个或否定那个，他们永远都会有问题。

现在许多城市的停车位非常紧张，我尽量避免在城市旅行，或者尽可能减少在那里开车。我的朋友们也经常是开着自己的车到城市附近，然后改乘优步共享汽车。一旦自动驾驶汽车在共享经济模型中得到广泛使用，其优势会变得非常明显，必然会改变现在许多怀疑者的态度。

研究，创新，破坏——更多资金，更多特色

"如果一切似乎都得到了控制，那就表明你还不够快。"

——马里奥·安德烈蒂（Mario Andretti）

想象一下，你正在生产一辆汽车，而这辆汽车上装着一些将来完全不会使用的部件。不仅如此，这些多余部件还会使最终客户的车辆价格提高几个百分点。但是，你禁止销售人员提到这些部件，而且订单说明书没有写到它们。结果是可以预测的，你很快会失去工作。

特斯拉就不会这样。特斯拉汽车软件包中包含的部件，可以在以后的更新中进行补充，也可以自动补充额外费用。在特斯拉Model S中就安装了这样的部件。在软件更新后，车辆就自动补充自动驾驶仪和停车功能，车主都非常喜欢这样便捷的方式。特斯拉Model S的部件有多种型号可供选择。当然，电池功能越强大，价格也就越昂贵。特斯拉汽车升级时所需额外费用将自动收取。相比只有在车间才能更换零部件的传统汽车，特斯拉汽车只需用户"点击"就可完成。

这种做法对传统制造商来说是个难题。他们很难证明提前安装组件是合理的，而且不能确定这些组件以后会被使用。可以说，特斯拉在高端消费领域这样

做，利润会更高。这种生产方式会成为一种趋势，特别是数字化在汽车中变得越发重要的情况下。即使在共享经济模式下，拥有更昂贵组件的汽车能够被更"良好地驾驶"，汽车也可以更好地满足车主需求。这就跟乘坐飞机一样，如果你的机票比较便宜，就无法使用飞机上的某些设备。支付更多的费用，得到更多的服务，这在飞机中已经很常见，不同座位类别影响飞行旅途中的娱乐和餐饮选择。

研发预算最多的公司也是最具创新性的吗？

> "正是那些通过寻找简单方法来完成任务的懒人，给我们带来了进步。"
> ——罗伯特·海因莱因（Robert Heinlein）

在研发支出方面，传统汽车公司的表现相当不错。在研发费用排名的前20位中，有5家是汽车公司。2016年，大众汽车以超过130亿美元的价格占领了上市公司研发支出主导地位。

但是，如果对比一下特斯拉，所有其他汽车制造商就黯然失色了。特斯拉以17.7%遥遥领先，大众以6.4%排名第二，宝马以6%排名第三。通用汽车为4.9%，戴姆勒为4.4%，丰田为3.7%（见图5）。

与硅谷，甚至与亚洲相比，欧洲的成功创新正在消退。《华盛顿邮报》一篇文章表明，欧洲创新落后如此之大，以至于无法在短期内迅速赶上来。总部位于硅谷的风险投资公司KPCB（Kleiner Perkins Caufield & Byers），曾在一份互联网趋势报告中指出，早在2015年，15家最有价值的互联网公司总体市值接近2.5万亿美元。这些公司中没有一家来自欧洲，11家来自美国，4家来自中国。这样看来，欧洲与各国之间的差距又增大了。

欧洲政府和企业希望改变这种状况，但似乎只能找到众所周知的效率较低的方法：新的资助计划、增加研发支出，以及投资大学。后来有一项由德国倡议的计划，被称为工业4.0，此项计划由政府推动。

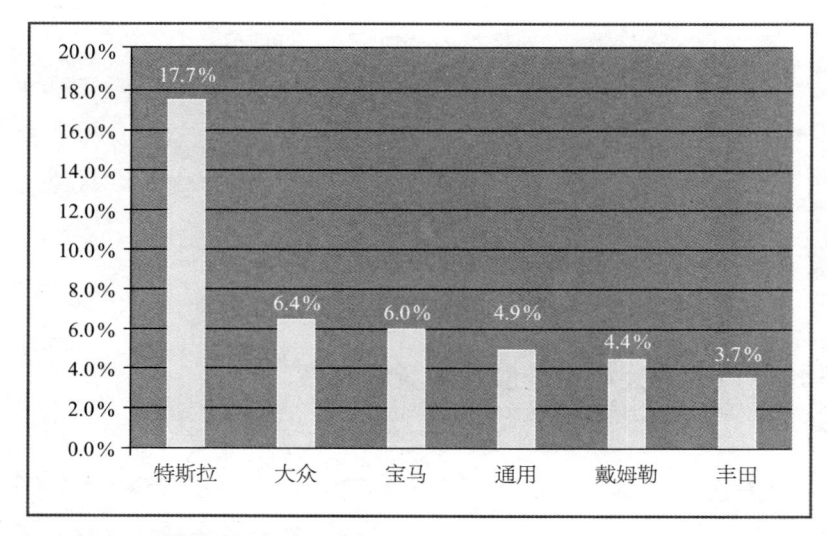

```
20.0%
18.0%   17.7%
16.0%
14.0%
12.0%
10.0%
 8.0%
 6.0%         6.4%   6.0%
 4.0%                      4.9%   4.4%
 2.0%                                   3.7%
 0.0%
        特斯拉  大众   宝马   通用   戴姆勒  丰田
```

图5　汽车制造商的研发支出对比

如果有更多资金投入企业中，或能够提供更好的激励措施，是否就可以实现更多的创新？普华永道（PricewaterhouseCoopers）曾经提出过这个问题，并分析了上市公司的研发费用。在研发预算最多的20家公司中，有7家是欧洲公司，其中5家来自临床/制药领域，这并不意外，剩余两家来自汽车行业（见表8）。

表8　20家研发预算最多的公司

2016年	2015年	公司	10亿美元	总部	行业
1	1	大众	13.2	欧洲	汽车
2	2	三星	12.7	韩国	计算机与电子
3	7	亚马逊	12.5	北美	软件与互联网
4	6	Alphabet	12.3	北美	软件与互联网
5	3	英特尔	12.1	北美	计算机与电子
6	4	微软	12.0	北美	软件与互联网
7	5	罗氏	10.0	欧洲	制药
8	9	诺华	9.5	欧洲	制药
9	10	强生	9.0	北美	制药
10	8	丰田	8.8	日本	汽车
11	18	苹果	8.1	北美	计算机与电子
12	11	辉瑞	7.7	北美	制药

续表

2016年	2015年	公司	10亿美元	总部	行业
13	13	通用汽车	7.5	北美	汽车
14	14	默克	6.7	北美	制药
15	15	福特	6.7	北美	汽车
16	12	戴姆勒	6.6	欧洲	汽车
17	17	思科系统	6.2	北美	计算机与电子
18	20	阿斯利康	6.0	欧洲	制药
19	32	百时美施贵宝	5.9	北美	制药
20	22	甲骨文	5.8	北美	软件与互联网

为确定创新与研发预算之间是否存在相关性，普华永道列出了最具创新性的公司名单，结果令人深思。苹果作为最具创新精神的公司，其研发支出仅排在第11位（见表2和表8）。更多的研发支出并不意味着有更多的创新。没有一家欧洲公司跻身前十，我再说一遍，没有一家欧洲公司。

那么，为什么增加了研发支出，却不一定会增加公司创新产出呢？这其中涉及的因素很多。

公司内部的研发部门向员工传达的信息，经常是创新主要来自该部门，而不是来自他们。此外，孤立的研发部门往往离客户需求太远，也很少与公司其他部门互动。这让其不能及时收到客户的反馈信息，无法进行快速调整；即使商业模式发生变化，这一点很难改变。而且，公司研发人员，通常是在各自领域具有深厚专业知识的工程师，他们会申请专利或在科学出版物上发表观点，这在大学研究机构中很常见，但不一定关心产品生产数量。正如我已经指出的那样，颠覆性创新往往并非由专家创造，创新者通过全新方式和与其他学科的交叉关系提出新的想法和概念。通常，工程师不会将创业思维——如创业者那样——视为首要任务，而是将其委托给其他部门的员工。此外，过多资源可用性和习惯运用方式会解决很多问题，但同时也会抑制创新。

相关研究人员还专门调查了创新是如何产生的。他们发现，在全球百大科技研发奖（R&D 100 Award）中的100名获奖者中，只有6位登上了《财富》世界500强排行榜。由此得出的假设性结论是，大公司更有可能进行渐进式创新（即在现有产品上进行创新），而不是产生全新的创意。因此，许多明智的人会离开公司研发部门，他们更愿意在政府研究机构、大学和小型实验室工作。

只有当存在的问题积累到一定规模时，研发部门才倾向于解决。很多公司，例如宝丽来，只有在面对高达5亿美元的大型创新项目时，才感到自豪。但是，如此巨大的金额必然会导致（公司内部）对变革的恐惧，这种恐惧源于可能面临的失败，项目周期过长也可能对公司造成危险。项目持续的时间往往跟不上创新的步伐。在项目开始时做出的假设，很可能在项目结束时已经无效了。没有什么比意识到最终产品已被破坏性技术取代更糟糕的了。更有效的方法是，将创新作为每个部门和员工的口号。

如何识别出一个想法具有破坏性？

特斯拉电动汽车自2013年以来一直货源充足。优步从2009年就开始运营共享出行服务。谷歌已经发展自动驾驶车辆超过8年了。人们总是认为，时间充裕，可以赶上，但事实却是传统制造商已经落后了。这是为什么？

有一个德国家具业代表团的例子，能够很清楚地说明这一点。这个由15名家具制造商和经销商组成的代表团，有三个不同的推销方案。与硅谷惯例一样，参与者希望在简短谈话中提出一个可行的启动方案。投资者希望将资金投入初创公司或项目中，而"我"的角色就是倾听投资者的想法和意见，就此提供反馈。

前两个推销方案听起来很有意思，但收益不大，因为市场太小，销售额太少。在第三个推销方案中，发言人提出了设置特定销售平台的想法，通过这个平台，家具零售商和制造商可以低成本销售剩余或有瑕疵的商品，"（这个平台）自然总是有利于客户的，因为人们总是乐于买到廉价家具"。

当然，那不是真的。商品销售的主要受益者最终还是经销商和制造商，他们能够通过这种方法处理过时的、堆积在仓库中的家具。但是，这种方法同样也是非常合理的，毕竟在这种销售方案中也考虑到了最终客户的真正利益。行业内部的情况通常是这样，同一家制造商生产的品牌家具是通过不同的经销商进行销售的。例如，销售一把椅子——制造商相同，规格相同，设计和质量也相同——以奢侈品标签销售的话，每件约200欧元，但在家具折扣店会优惠约30欧元。这是业界公开的秘密，也是业内默许的。

什么是破坏性想法？这样的平台就具有破坏性，显示不同销售途径的差异，使价格透明。这可以使客户受益，节省大量资金。但是，这种想法会破坏旧的商业模式，并永久破坏经销商和制造商之间的商业关系。人们不能或不愿意这样做，毕竟这些关系已经建立了很多年。

然而，这却是初创企业发挥作用的地方，没有陷入关系网络或行业内部机密中。你没有什么可失去的，你已经破坏了一切。而且，想法越具有破坏性，预期收到的投诉就越多。这正是优步、谷歌和其他人所做的，而戴姆勒或宝马无法赶上的地方。优步提供的是租车服务，而梅赛德斯是德国出租车的主要供应商，不能侵犯自己客户的利益。在如今的发展趋势下，传统制造商和供应商如履薄冰。

尽管德国制造商已经看到了时代发展的方向，但目前仍不清楚，他们能以多快速度将无人驾驶技术推向市场。众所周知，自20世纪90年代以来，梅赛德斯一直在研究自动驾驶汽车，但至今为止并没有产生太大影响。奥迪宣布，与技术合作伙伴建立子公司SDS，这将促进其自动驾驶汽车的发展。与此同时，保时捷也将成立数字化子公司Digital GmbH。

为什么汽车业丑闻会成为德国的机会？

因作弊而引发的柴油车排放丑闻产生的影响是巨大的。数百万辆大众、奥迪和梅赛德斯汽车（可能还有其他制造商）都受到波及；世界各地的制造商不得不拿出数十项解决方案，同时还要面临巨额罚款、诉讼、销售下降，以及刑事案件调查等。不仅员工被解雇，甚至企业自身和审前被拘留的人员都成为新闻头条。那些声称事情不会变得更糟的人，先想想五大德国制造商这几十年来制造的价格垄断，以及因此造成的弊端，然后再下结论吧。他们自恃拥有技术优势，专横自负，而且常年在灰色地带行事，不愿意更好地了解究竟什么是好技术，也许这就是柴油车排放丑闻爆发的原因之一。他们不在乎其他人的损失，只求利润最大化。从短期来看，大众汽车的做法肯定会对德国经济和声誉产生负面影响，但也可能成为一个机会，有助于德国急需的初创企业。公司越大越倾向于通过优化自身规模和执行流程来升级创新，而德国汽车排放丑闻可能提供意想不到的机会来释放人们的创新潜力。

过去有一个例子也能证明这一点，即1985年的奥地利葡萄酒丑闻。当时的奥地利政府发现，葡萄种植者将一种名为二甘醇的化学品非法添加到葡萄酒中，用来增加葡萄酒的"口感"，从而能够以更昂贵的价格出售，而这种物质通常是作为汽车防冻剂来使用的。这种做法被曝光后，葡萄酒销量立刻陷入谷底。奥地利葡萄酒行业因此面临死亡，完全咎由自取。

然而，经过三十多年的努力，奥地利葡萄酒却在国际葡萄酒排行榜上再次名列前茅，而且完全没有使用非法伎俩。正是因为发生丑闻，立法者制定了严格的新法规来规范葡萄酒行业。而酿酒师也不断反思，慢慢恢复他们的声誉，用天然成熟的葡萄酿造出无任何添加剂的高品质葡萄酒。

2016年，大众汽车集团在全球拥有61万名员工，年营业额超过2000亿欧元。它是全球最大的汽车制造商，生产了1030万辆汽车，高于生产1020万辆车的丰田。该集团汇集了十几个品牌，如大众、布加迪、奥迪、保时捷、曼（MAN）和宾利。在所有上市公司中，大众的研发预算最高，达到132亿美元。然而，众所周知，这并没有提升它的创新实力，如果不是计算有误的话。

今天的汽车行业将对石油工业造成严重后果。对一个国家来说，发现自然资源往往是一种祝福，又是一种诅咒。对原材料的高需求会导致大量资金突然流入该国，引发通货膨胀，同时还引起汇率波动。与此同时，采掘业还间接导致其他行业资源枯竭，因为它正用高薪吸引大量有技能的员工。这不仅导致资源浪费和机构腐败，还会引发与土地所有者的冲突。所有这一切都是为了生产一个相当"愚蠢"的产品，毕竟这种产品需要很少的智慧或附加价值。尽管汽车行业可以生产出更智能的产品，但内燃机等旧技术领域仍然在培训相关的工程师，而他们本可以在其他领域为人类提供更好的服务。他们的全部职业生涯都在研究密封圈或连杆这种旧设备，完全是在浪费人力资本。

柴油车排放丑闻造成的损失达到数十亿美元，大众、戴姆勒等公司必须在所有领域节省成本并裁员。成千上万的工程师和有创造力的人才将（必须）在这期间不断地离开，部分原因是基于即将推行的革新。许多人将获得遣散费。虽然德国就业市场基数很高，但与欧洲平均水平相比，还是比较乐观的，而且许多汽车工程师都可以抓住这个机会，通过创办企业来实现自己的想法。想象一下，这些人用他们的知识和技能所带来的创造潜力。在机器人、无人机、电子、便携技术、医药和数字化转型等领域，成千上万的新工作和新公司会出现，并有可能成为欧洲的主要经济发展动力。

然而，现在面临的问题是：德国经济是否为此做好了准备？是否有足够的可用风险资本？政府如何为这些创业者提供更友好的法规？必须在政治上做好充足的工作，才能使下一个德国经济奇迹成为可能，而不是在发展道路上设置各种障碍。汽车排放丑闻是德国将自己的传统经济转变为现代数字化经济的机会。德国可以重新分配高素质的原汽车行业人员，通过合适的遣散费、风险投资项目和对创业者友好的法规来领导欧洲，发展新经济，创造更多的就业机会。

经济学家保罗·罗默（Paul Romer）曾经说过，"如果不能利用危机来创造机会，就太可惜了。"德国现在就有这种机会！专家和公众现在质疑的就是，制造商是否能够抓住这个机会。公司管理层、企业工会和集团领导人的做法和行为直到现在都无法令人信服。

时间跨度——汽车行业对我们的影响

"未来已经存在,只是尚未流行。"

——威廉·吉布森(William Gibson)

一旦领悟了这些信息的含义,你就会意识到今天使用的技术是多么落后。每年有数百万人因为车祸受伤或者死亡。我们的移动交通已经浪费了大量资金,尤其当我们非常浪费地处理资源时。我们必须制造出具有高安全标准的汽车,因为驾驶员的技术太糟糕了。安全性高的汽车需要额外的重量,因此就需要更多的燃料。为了配合多人旅行,我们又制造出各种大型汽车。因此,燃料的效率越来越低,我们最终花费的能量不到用于运输人类的百分之一。以下是使用内燃机过程中的各项能量损耗:

- 开采:仅开采原材料就损耗10%~20%
- 运输:5%~10%
- 精炼:20%
- 发动机效率:30%~40%

- 普通机动车辆载客时损耗能量：5%

如果用一升水来比喻的话，等我们真正开始交通运输时，能利用的仅仅是几滴。没有人会认为今天的个人交通运输系统效率很高。

从这个意义上说，新的移动技术不仅更具有可持续性，而且更清洁、更安全、更经济。但是，如果用新技术取代旧技术，立法者和企业都会面临压力。然而，所有利益相关者必须认识到未来的移动交通会如何变化，以及其他日常领域将受到怎样的影响。所以，关注的问题不在于这种改变是否发生，而是在于什么时候发生。还有一点就是，无论我们是否想成为领导者，最终还是会有人离开。

在前面的章节中，我们仔细研究了当前的技术状况，以及各个领域对此的密切关注。改变的信号在那里，可能性已经存在，现在应该将所有不同的技术结合起来了，我们需要将这些潜力发展起来。为说明这种改变的紧迫性，我将在时间范围的基础上阐述事实，这样你就可以了解到真实的发展速度。

安全专家曾经向制造商提出同步分享运行数据，以求更快实现技术安全目标，而自动驾驶汽车现在已经实现这种技术了。如前所述，特斯拉为美国交通部提供权限，可以访问所有自动驾驶数据，通过集中大量的数据来提高技术的安全性。而这种数据分享，满足了监管机构的潜在需求，使其可以与立法者一起掌握自动驾驶技术专业知识，从而能够更好地尽快评估机会和风险，并且制定合适的法规。

在美国，官方已经确定在未来十年内大规模使用自动驾驶电动汽车。因此，相关基础设施项目的建设计划必须提上日程。如前所述，相比洛杉矶或多或少地延缓公共交通发展，佛罗里达州已经在计划自动驾驶道路项目了。2016年，美国交通部举办过一次"智能城市挑战赛"（Smart City Challenge），现在已有三分之二的参赛城市将自动驾驶汽车整合到了交通规划里。

我们如何体验自动驾驶汽车服务？可能实施的方法是，通过逐步开放某些特定路线和不同的应用程序来进行过渡。从美国、荷兰和瑞士大学校园的自动班车服务，到力拓集团澳大利亚矿区的22辆自动驾驶卡车，首批自动驾驶汽车已在全球范围内投入运营。紧随其后，将有高速公路路段对自动驾驶卡车开放。与城市交通相比，在高速公路上使用这项技术相对容易一些：一条道路只有一个方向，没有红绿灯，街道标志少，（通常情况下）没有行人。对于个别城市地区，例如公共交通服务尚不充足的地区，可以先在技术和法律上为自动驾驶车辆做好准备。

这就可以为自动驾驶车辆开辟出越来越多的公共交通道路，同时逐步停止手动驾驶。两种类型车辆共存的过渡时期会持续一段时间，但这个阶段应该尽可能短一些，以便快速扩大自动驾驶电动汽车的积极影响。优步的竞争对手Gett的创始人沙哈尔·魏斯尔（Shahar Waiser）预计，在第一辆自动驾驶汽车注册后十年之内，手动驾驶汽车将被取代。

然而，有效地二次利用手动汽车和内燃发动机，对我们来说也是一个挑战。一种可行的方法就是，在过渡阶段使用自动驾驶转换套件来改装车辆；现有手动控制汽车在稍后进行转换。今天的汽车可以100%回收，所以可以循环利用。手动车辆将逐步被淘汰。对于2017年曝光的排放丑闻，更为关键的一点是，涉事的数百万辆柴油车必须在其生命周期结束之前被召回。排放作弊，不仅代表实际更高的排放数据，还意味着违规车辆对环境造成的巨大破坏。面对德国联邦政府缓慢的行动和涉事制造商的抵制，欧盟委员会逐渐失去耐心，宣布从2018年开始在欧盟范围内禁止这些柴油车上路。

一般而言，制造商有两种方法来发展自动驾驶汽车。一种是循序渐进的方法，即逐步在车辆中引入新技术和功能。其中包括驾驶员智能辅助系统，如特斯拉的Autopilot，梅赛德斯S级的Drive Pilot和奥迪A8的zFAS。另一种就是跟谷歌一样使用革命性方案。究竟哪种方法更安全，可以进行辩论。但可以肯定的是，这两种方法都推动了汽车行业的进步，并有可能最终趋同。

以下便是专家预测的（部分已经实现）自动驾驶技术引入时间表。

2016年（已经实现）

- 由特斯拉和其他制造商提供驾驶员辅助系统，车辆使用半自动驾驶模式：自动改变车道和停车，在需要时可以自动制动。
- 谷歌、奥迪和优步等制造商在受控环境中测试自动驾驶汽车，包括（部分封闭）高速公路、测试跑道或低速内城区。车内仍有司机，他们可以在紧急情况下对车辆进行控制。

- 第一批监管机构颁布了自动驾驶车辆州系（地方）法规。在美国，加利福尼亚州、佛罗里达州、内华达州、密歇根州、路易斯安那州、北达科他州、田纳西州、犹他州、佛罗里达州，以及华盛顿特区的法规对自动驾驶车辆进行了最广泛和最详细的解释。截至2016年8月，已有16个州制定了自动驾驶汽车法。自2016年8月以来，法国一直在公路上测试自动驾驶汽车。
- 太原等中国北方示范城市已于2016年将所有出租车改为电动汽车。北京预计在几年内将7万辆内燃机出租车全部替换为电动汽车。

2017—2019年

- 驾驶员辅助系统将增加更多功能，并自动执行越来越多的任务，例如能够自动在高速公路行驶。所谓自动驾驶绿色通道——即高速公路上的特定路段——将允许自动驾驶卡车通行。
- 交通管理部门将制定法规，确保自动驾驶车辆的测试和运行。自2017年11月起，加利福尼亚州允许自动驾驶汽车在完全无驾驶员的情况下在公共道路上行驶。
- 制造商将增加测试里程，让自动驾驶车辆"体验"越来越多的交通场景，并改进基础技术及安全性。通过软件更新，特斯拉将在全球道路交通中至少拥有10万名自动驾驶汽车客户。自2017年春季以来，特斯拉一直在收集数千辆客户汽车的传感器数据，以集中加速自动驾驶车辆的机器学习，并为客户车辆提供充电服务。至少到目前为止，主要汽车制造商几乎不可能赶上特斯拉的步伐。
- 传感器和电子产品的价格将继续下降，客户可以负担起价格较低组件的费用。
- 特斯拉Model 3自2017年夏季开始交付，成为第一款标志电动汽车最终突破的车型。

2020年

- 大多数制造商生产的新车将采用新技术（尽管处于不同开发阶段），并允许使用自动驾驶模式：车内配置传感器、照相机、激光雷达、处理器和应用软件。这些汽车将能够自动识别交通信号灯和标志，并根据交通实际状况采取相应措施。
- 共享服务公司预计使用商用自动驾驶车队，这些车队将为某些城市和社区提供主要的出行服务。

2020—2023年
- 将有越来越多的自动驾驶汽车被允许在街道上行驶。这也是立法者、监管者和城市规划者必须最终做出回应和调整的转折点。
- 共享汽车可在短时间内以自动驾驶模式行驶数亿千米。从行驶数据中汲取的经验教训，将极大地影响甚至从根本上改变我们对城市和交通运行方式的理解。
- 作为第一家大型汽车制造商，福特已宣布在2021年推出无方向盘和踏板的自动驾驶汽车。预计沃尔沃将提供类似的内部开发计划，菲亚特-克莱斯勒与谷歌Waymo也在自动驾驶领域进行合作。[其他（德国）制造商也发布了方案和公告，但到目前为止仍然只是模糊的承诺。]
- 购买和操作电动汽车将比燃料汽车更加经济实惠。

2025年
- 在城市地区使用的所有出租车都将是以电力驱动的车队，在许多地区甚至大多数是自动驾驶汽车。电量充足的车辆白天将在停车场待命。

2030年
- 不再为大众市场生产手动控制汽车，仅有部分特殊型号车辆存在。
- 引入过渡性条款，手动控制车辆将被禁止在公共道路上行驶，仅允许在特定封闭路线中运行，例如山路和沿海公路，这些路线在某些周末允许手动驾驶摩托车通行（这在今天的经典赛车中很常见）。手动驾驶汽车将成为一种简单的消遣方式。
- 将诞生最后一个考取驾驶执照的人。

2045年

- 最后一辆手动控制的汽车将从街道上消失，这会对城市和交通产生巨大影响。过去为汽车预留的交通区域将被归还给人类。
- 公共交通设施将被拆除，电车、公交线路、有轨电车和地铁将消失。更多的人能够以更低的消费参与到移动交通中。

这些预测是否过于乐观？也许是，也许不是。当然会出现很多理由，说明为什么不会以这个速度实现这些发展。人被习惯、行为和非理性思维左右，这已经挫败了许多好的和坏的想法。当然，谢天谢地，后者没有实现。自然障碍可能会比预期更难以克服。而一些罕见或难以想象的"黑天鹅"事件，也会影响许多人。2001年的9·11恐怖袭击就是此类事件，2008年的金融危机也是如此。尤其值得注意的是德国汽车行业丑闻，此类事件可能推动或破坏个别技术发展，以及延长或缩短发展时间。

制造商必须"有所期待"

"任何关于未来有意义的陈述,最初都会显得荒谬。"

——吉姆·德特(Jim Dator)

自2008年全球金融危机和随后引发的通用与克莱斯勒破产事件(福特勉强避免)以来,汽车制造商的境况再次得到改善。过去几年的销售业绩开创了新的纪录——你可能会想到万事太平。事实上,传统制造商的股价正在下跌,整个行业前途堪忧。燃料汽车是否像当初的"马车"一样,处于即将消失的边缘?

今天,德国的汽车数量为4300万辆,每年行驶约6110亿千米,即每辆汽车每年行驶1.42万千米。假设所有这些汽车都是自动驾驶电动优步车,平均速度为每小时60千米,那它们的运行时间每天会比燃料车长38分钟。它们在路上行驶的时间长达20小时,每天行驶1200千米。其余有4小时将用于维护和充电。这样的汽车每年行驶的里程数可以达到43.8万千米。如果考虑到当今每年6110亿千米的行驶需求,仅仅约140万辆汽车就可以满足。

德国只需要140万辆自动驾驶汽车,而不是4300万。假设人们使用现有车辆比以前更多(毕竟公共交通工具也将被它们取代),但每辆车每天不会行驶20小时,也许是10小时,即使将私人汽车加入其中,也永远不会达到今天的规模。今天汽车库存的10%～25%对我们来说就已经足够了。对于每辆车每天平均行驶54分钟的美国,则需要投入总量的30%。

很明显,并非所有人都准备放弃私家车,即使自动驾驶共享出行服务会变得越来越经济实惠。很多其他因素仍然在起作用。有人需要汽车作为个人运输工具。比如,蔚来自动驾驶高级总监杰米·卡尔森(Jamie Carlson)就不看好共享模式。作为一个父亲,他认为车内必须配备儿童安全座椅和玩具,也无法想象每次出行都换不同的汽车。他曾经表明,蔚来生产的汽车专门为个人使用,而不是共享。

这对汽车制造商来说可能是个坏消息,也可能不是。频繁地驾驶汽车必然会导致频繁地更换汽车。结果,汽车数字继续增加,汽车质量变得更加重要,以减缓磨损速度。即使在共享模型中使用这些车辆,并且不断获得新客户,高端汽车的销售也可能会增加。车辆生命周期不再设置为4～7年,而是设置得更低,跟手机的生命周期一样。共享出租车每隔一两年就需要在车队内更换车辆,这也为快速推出新车型和升级提供了机会。技术创新会以更快的速度应用到街道交通中。特斯拉今天已经这样做了。软件更新不仅每月发布一次,而且每隔几个月会调整一次车型,并配备硬件设备。就像之前描述的那样,这些部件会在后面的更新中使用。另一方面,监管机构会更快地让相关法律适应新环境,并在公共车队中实施。机器人出租车获得更高的使用率也意味着,可以更加快速、轻松地维修车辆,更加迅速地更换部件。这一点对车队运营商尤为重要,毕竟停在维修车间的汽车是无法赚钱的。

对私家车主来说,这算好消息吗?由于使用共享模式,驾驶肯定会变得更便宜,行驶成本可降低90%。在美国,车主每年驾驶花费高达1.2万美元,其中包括汽油、保险、维护和各种杂项费用。在德国,中档车的费用每年约为5600欧元。在共享模式出现后,即使那些无法想象放弃自己汽车的顽固车主,他们每年也只需支付1200美元或560欧元,同时在可用车辆类型方面也获得更大的灵活性。再以美国为例,每年2.6亿辆汽车的年平均里程为2.15万千米,如果改用共享模式,那么节省的费用将更加惊人。而根据美国国家公路交通安全管理局的数据,美国2016年的汽车里程已达3.22万亿英里(相当于5.152万亿千米)。

这些只是共享模式节约的成本费用,我们甚至还没有将更多舒适因素考虑进去：不需要寻找更多的停车位，不需要维护和清洁车辆，也不需要充电或者加油，而且在驾驶时也没有更多的压力。在汽车行驶时，乘客可以处理其他事情。

当然，汽车行业也需要改变自己的商业模式。未来的目标将不再是增加销售，而是提供服务。其他行业已经证明了这一点。能源生产商不再关心销售尽可能多的电力，而是提供光输出、热量输出、冷却能力、娱乐性能或动力性能。作为消费者，我希望家里是温暖的，冰箱是可以制冷的，电视和电脑能够运行，而我的电动汽车可以正常行驶。因此，计费标准不再是基于电量的使用，而是基于相应的性能，能源设施能够以更低的功率保证相同的性能。

汽车品牌将失去重要性。虽然它们是质量的代名词，但对我来说，乘坐的出租车是梅赛德斯还是丰田，已经不那么重要了。相反，我在意的是，能否更加快速、安全、便宜和舒适地到达目的地，以及能否在短时间内为手机充电。对所谓乘车时的"奥迪般的体验"——无论在哪个城市——我都不在乎了。

汽车生态系统——欢迎来到硅谷

任何想要了解最新汽车发展趋势的人，都必须参加汽车行业的大型展会。底特律的北美国际汽车展览会和法兰克福车展只是其中的两个展会。与此同时，总部位于拉斯维加斯的国际消费类电子产品展览会也逐渐和汽车行业有了交集，展示内容也不再以汽车外观的金属材料和发动机低噪音为主，而是越来越倾向于与汽车相关的电子产品。汽车制造商的名称和等级也必须现场展示。然而，特斯拉汽车却没有出现在底特律车展上，因为密歇根州规定，汽车制造商必须通过特许经销商来销售车辆，特斯拉这种公司直营方式是不允许的。

新的汽车生态系统已经在美国西部形成，确切地说是加州硅谷。作为世界上物价最昂贵的地方之一，新型汽车工厂正在此诞生。特斯拉在弗里蒙特生产汽车，法拉第未来（总部位于洛杉矶加迪纳）在瓦莱霍建立工厂。位于里诺的超级工厂1距离费利蒙北部仅3小时车程，Lucid Motors位于门洛帕克，电动巴士制造商Proterra和Karma Automotive（前身为菲斯克）则位于洛杉矶附近的尔湾。

底特律、斯图加特、沃尔夫斯堡或慕尼黑已经不再引导汽车行业的走向，所有制造商近年来都必须在硅谷显示自己的存在。如果想处于领先地位，就不能等到自己的国家最终批准后，才开始测试自动驾驶汽车，设置测试轨道。新的生态系统——技术公司、研究设施、法律框架、专家和训练有素的工作人员——就在硅谷。

任何来过硅谷的人都可能参加过各种形式的行业交流会。一些非正式讲座和讨论活动，通常都在晚上下班后，由个人在公司支持下组织开展。参加的人员除大公司员工之外，还有初创公司的创始人、投资者和其他感兴趣的人士。戴姆勒公司的人旁边坐着博世公司的人，特斯拉公司的人旁边坐着佩洛顿的人，以此类推，还有英伟达、KPCB、博格华纳、斯坦福、优达学城和日产等。这个行业有影响力的人士正在会面交谈。塞巴斯蒂安·特朗、乔治·霍茨等都是这里的常客。在硅谷的思维模式中，公众讨论的方式是开放的，而不是传统制造商那种谨慎的沟通方式，后者甚至不愿对外公开自己的活动（定价或技术炒作除外）。

来自硅谷初创公司Peloton Technology的开发经理艾利森·柴肯（Alison Chaiken）是最繁忙的汽车聚会组织者之一。这样的交流活动也有助于硅谷在新汽车行业的众多领域领先于传统制造商。令我感到惊讶的是，每次讲座和小组讨论都能起到开拓思维的作用，并且非常具有启发意义。你可以看到每个提问者都在努力突破界限，力求推动行业发展。

但是，特斯拉对硅谷新兴汽车制造技术的重要意义还没有被足够重视。现在已有50个特斯拉供应商在硅谷生产汽车，而全球的300家供应商也有数十家计划在那里开设分支机构。人们愿意，也必须靠近行业"老巢"。

传统汽车制造商正将零部件越来越多地外包给一级供应商。博世、大陆集团和麦格纳等现在已经能够为制造商提供整个组件系统，后者只需要自己组装为成品车即可。汽车制造商将车门或行李箱也逐渐成品化。在一辆汽车里高达70%的零部件都由供应商生产。简而言之，如今的制造商专业知识仅限于车型设计、底盘、引擎、市场影响力和自身品牌效应。在这些方面，大众、梅赛德斯-奔驰、宝马和欧宝都是非常出色的。

类似情况在其他行业中也很常见。耐克本身不生产运动鞋或慢跑裤。耐克创造的是设计理念，主要向合同制造商传达明确的生产规格，处理物流、品牌和销售。

苹果公司虽然开发和设计了iPhone，但实际生产是交给合同制造商的，当然在交付同时会制定严格的生产要求，而后期软件更新和最终产品销售则由自己负责。

苹果公司在生产电子产品方面的变化，也给汽车制造商提供了很好的例子。蒂姆·库克上任以后，从根本上改变了物流和生产方式。以前的制造方式在库存方面会有昂贵花销，这对公司流动性产生了不利影响。电子产品必须跟易腐牛奶一样，快速生产流通。库存约束着资本。而且，公司目标是在几天内完成库存清理，而不是在几个月。这就是为什么苹果卖掉所有工厂，外包生产线和仓库的原因。

反过来，富士康这样的制造商不仅为苹果公司制造产品，同时为其他公司制造，因此可以降低生产价格，毕竟产量更高。即使增加了更多的成本，这样仍然比苹果公司自己生产便宜。随着苹果公司开始开发iPod和后来的iPhone，以及电脑，这种模式已被证明具有极好的可扩展性。汽车制造商正朝着这个方向发展，尽管现在速度较慢。然而，那些希望在传统汽车制造商的下一次汽车革命中幸存下来的人，必须"数字化"自己的专业知识。引擎结构正逐渐消失，软件已经成为核心组件，影响着驱动程序和销售指数。

公共交通无人驾驶化

即使是公共交通工具，也在进行无人驾驶化。戴姆勒正在努力，像法国EasyMile和Navya，或日本SB Drive这样的新型初创公司一样，在无人驾驶领域扩大自己的影响力。今天，车辆现场测试也在世界范围内进行。

- Milton-Keynes（英国）正在测试40辆无人驾驶小型汽车。这种车可以承载2名乘客，每小时最多行驶12千米，被称为"鲁茨探路者"（Lutz Pathfinder）。
- CityMobil2是一个国际性研究项目，目前在拉罗谢尔（法国）已经建立无人驾驶穿梭巴士系统。
- Meridian Shuttle在格林尼治（英国）和新加坡开展业务。
- EasyMile EZ-10在瓦格宁根（荷兰）和主教牧场商业园（美国）运营。

- 戴姆勒正在阿姆斯特丹（荷兰）进行测试。
- Navya正在拉斯维加斯（美国）进行测试。
- 瑞士邮政正在西昂（瑞士）测试Navya无人巴士。

实际进行测试的名单更长。在德国、奥地利和瑞士（洛桑、萨尔茨堡、柏林、杜塞尔多夫和汉堡），无人驾驶公交车已经可以上路，但尚未开始正式运营。

重型卡车独自安全上路

作为卡车制造商中的顶级公司，曼、梅赛德斯、斯堪尼亚和DAF近几十年来取得的成功为其他公司提供了丰富的经验。卡车应该省油，并且安全可靠，舒适作为一个锦上添花的性能，主要是为了让司机在驾驶时保持愉快的心情。美国重型卡车，无论长头风格的金属外观，还是巴洛克式的豪华内饰，都相当有特点。但是，传统制造商生产的卡车只占了几个百分点的市场份额。

现在情况突然发生了改变。一批汽车行业的新生力量，例如帕罗奥多的初创公司Otto等，正在试图革新传统卡车制造商的生产方式，将重型卡车无人驾驶化。山景城的Peleton Technology、硅谷的Embark和中国的百度也紧跟步伐，加入了这个队伍。Otto计划最早在2017年推出首款商用自动驾驶卡车。沃尔沃、Peleton Technology和Embark已经组建电力自动驾驶车队。梅赛德斯测试过电动拖拉机，特斯拉也希望在市场上推出同样的产品。Waymo最近宣布，在卡车上测试自动驾驶技术。另一方面，优步推出货用服务（Uber Freight），将卡车司机与全国货运信息匹配在一起，正式与货运代理商展开竞争。这种货运交易方式比传统方式更有效率。

贝恩咨询公司（Bain & Company）一项针对2000家欧洲货运代理商进行的调查显示，客户对品牌的忠诚度正在下降。制造商品牌不再那么重要，重要的是成本和产品的可靠性。同样重要的是，从数字服务到车辆维护等一系列附加服务。在这方面，制造商的数字化转型也在不断增加。卡车之间本身的质量差异会变得很小，而数字服务可能成为决定性因素。在这里，具有数字专业知识的"新人"会具有明显的优势。

在美国，22.8%的尾气排放来自卡车，42.7%来自普通汽车。如果不算300万辆卡车，而是总数达到2.65亿辆的普通汽车，美国汽车的尾气排放量则是相当巨大的。美国只有1%的车辆是卡车，但其污染物排放量占总量的四分之一，占总里程数的5.6%，占所有道路死亡人数的9%。人工驾驶汽车存在很多弊端，比如司机过度疲劳，注意力不集中，过大的压力或有负面情绪等。虽然不能以偏概全，但部分现象的确是存在的。重型卡车的无人驾驶化也是分阶段进行的。在初期，卡车大概只能在高速公路的直线路段自动驾驶，行驶至出口处、乡村道路、城市和接近装卸码头时将由人类驾驶员接管。

正是因为有了这些数字，电动卡车的无人驾驶化就成为大势所趋了，尽管这些4吨重的机器人突然出现在街道上，可能会吓人一跳。除此之外，人类卡车司机需要充足的休息时间，他们每天最多被允许驾驶11小时，每周最多60小时。从这个意义上讲，卡车并不能为货运代理商赚钱。而且，司机酬劳会占卡车总成本的三分之一，另外三分之一的成本用于燃料。在欧洲，每使用一辆卡车所需的费用约为8万欧元；虽然匀速驾驶能够最高减少30%的燃油消耗，但大多数驾驶员并不能做到。而自动驾驶卡车却可以比较经济地行驶，从而节省大量资金。普华永道估计，实现自动驾驶，可使每辆卡车的年运营成本下降28%。因此，总成本可以从每年的11.56万欧元减少到8.28万欧元。

汽车的新发展会影响司机的工作档案和业务模式。350万美国卡车司机和54万德国卡车司机将逐渐被操作计算机的工作人员取代。在运输过程中，卡车制造商和客户可以全程进行监控。

Otto公司如今已经完成了第一次商业测试。2016年10月，Otto与美国大型啤酒厂安海斯-布希公司（Anheuser-Busch，150多年前由德国移民创立）合作，用一辆自动驾驶Otto卡车在190千米内运输了5万个啤酒罐，途中没有人类驾驶员干预。我在公众面前多次展示Otto发布的卡车行驶视频，当驾驶员松开方向盘并将座椅转向车辆后部时，观看者的神情充满了惊喜。在未来，这将是另一种运输方式。我们会习惯无人驾驶汽车，不仅如此，我们还会害怕看到车里坐着人类驾驶员，就像现在看到有人在公共场合舞刀弄剑时的反应一样。

初创公司Embark也使用了与Otto类似的方法，在内华达州启动与神经网络和机器学习相关的测试。同时，山景城的Peleton Technology也正专注运用一项1800万美元的风险资本，来实现卡车列队行驶（多辆卡车以极小的车距列队行驶）。第一批产品已经交付使用，车辆与车辆之间联网进行通信，并通过雷达与前方车辆保持距离。还有来自旧金山的初创公司Starsky Robotics，也计划在市场上推出自动驾驶卡车。

此外，中国互联网巨头百度与福田汽车集团联手，共同推出了第一款自动驾驶卡车。百度两大智慧互联产品CarLife和CoDriver，主要应用于远程信息处理和车内娱乐系统，也已经被中国60家汽车公司采用。还有三家公司与百度合作，推出了自动驾驶汽车：奇瑞、比亚迪和首汽集团。像北京图森未来（TuSimple）这样的初创公司，也正在收集记录卡车司机的驾驶数据，以便从2018年开始提供自动驾驶卡车。

传统制造商不会在没有战斗的情况下就放弃这项业务。沃尔沃、曼和戴姆勒也在开发自动驾驶卡车。沃尔沃的公路列车和戴姆勒的无人驾驶卡车也都通过了高速公路测试。

小巧轻便，美观节能

前一阵子，我的脸书里充斥着各种流行车型与其前身的对比照片。例如，两辆并排停放的保时捷911，一辆产自1963年，另一辆产自2013年，后者几乎是前者的两倍大。Mini Cooper也不例外，1959年生产的车型差不多相当于现在车型的一个后座。今天大众Polo的尺寸更像30年前的高尔夫，而今天的高尔夫则采用了帕萨特以前的尺寸。所以，我们的汽车变得体型越来越大，尽管一辆车在日常生活中只有一个人在开。

而新一代电动牵引机器人TaxiBot的出现，为实现车辆的更轻便、更节能提供了机会。一些制造商已经采纳了这个概念。2010年，通用汽车和赛格威在北京推出了一款名为EN-V的双座电动概念车。之前提到的鲁茨探路者无人车，已经在英国米尔顿凯恩斯投入使用。在汉诺威国际消费电子展览会（CeBIT）推出的CITY eTAXI轻量化电动汽车，重量仅为550千克，可容纳三人，配有可更换电池——或者，如已经证明的那样，配备欧标托盘。现实考虑一下，如果我们在胳膊下就能夹一个托盘，那我们还会打不到出租车吗？

自动驾驶摩托车被允许上路吗？

人们对于四轮或多轮车辆的自动驾驶化是持信任态度的。但是，两轮车呢？它们也应该由计算机控制吗？我们想要这样吗？我们可以这样吗？

最后一个问题必须给予明确答复。在DARPA无人驾驶汽车挑战赛中也有过摩托车参赛。曾经在谷歌工作，同时又是Otto创立者的安东尼·莱万多夫斯基就是第一辆自动驾驶摩托车的设计者。不幸的是，这辆摩托车在比赛刚开始就栽倒了，因为他忘记激活平衡稳定器了。

来自旧金山的初创公司Lit Motors推出了一种新型两轮电动车，可以通过自动控制系统保持自身平衡。这种车辆可以提供特别有效的出租车服务，为城市交通中的短距离运输提供服务，而且相当节能。总部位于北京的凌云智能科技有限公司也正在努力发展这种两轮电动车，就像宝马一样。

巴伐利亚制造商对未来摩托车的构想是自动驾驶电动化，这与今天的时代精神应该是相符的。美国老牌摩托车制造商哈雷-戴维森（Harley-Davidson）也必须正视这一点。哈雷的摩托车手们正变得年纪越来越大，客户也会越来越少。今天，美国司机的平均年龄为50岁，不久之前是35岁。由于健康原因，年长的车手不得不放弃自己热爱的坐骑。自动驾驶技术不是去破坏人们的驾驶乐趣，而是防止驾驶失误和事故出现。摩托车驾驶员的交通事故已经超过了平均水平，几乎30%的致命摩托车事故是在没有外部影响的情况下发生的。自动驾驶技术可以提前预防驾驶员或其他车辆在行驶过程中发生事故，可以挽救驾驶员并为他们提供真正的生存机会。

员工必须"有所期待"

"自动化取代蓝领,人工智能取代白领。"

——本·利维(Ben Levy)

你会选择什么照片作为自己电脑或手机的壁纸,是家人的照片,还是在海滩度假时的留影,或者是你的狗?不管是什么,你的工作不会是首选。然而,当我们参观巴伐利亚州宝马丁格芬工厂时,那里的工作氛围让人大吃一惊。机器轰鸣声充斥着整个装配车间。人与机器之间有条不紊的合作方式,向我们展示了最受欢迎之一的汽车是如何生产出来的。只有最终穿过三层高的发动机货架,并关上IT主管办公室的门时,我们才从梦中醒来。他在一间控制室内监控整个车间,并确保装配线上的所有计算机系统都能正常工作。当我们将注意力集中到他身上时,发现了一些细节。

"这是宝马新款车型的设计图吗?"我们中间的一个人问道。IT主管把目光转向他的电脑壁纸。"是的!营销部门今天对外发布了这些图片。"他回答。经过长时间的停顿,他一边欣赏照片一边赞叹:"这真是一款不错的车!"

这就是汽车行业的特别之处,员工有一种参与的热情。汽车能激起工作人员积极的情绪。我们以一种非理性方式将感情记忆与汽车联系在一起。对许多人来说，拥有第一辆属于自己的汽车意味着实现了一个长期以来的梦想，它代表着自由和独立。在这样一个移动"房间"里，他们可能有过充满激情的亲密行为，甚至可能有新生命从这里诞生。各种题材的电影和电视剧也以汽车为主题进行拍摄，这些影视作品中的角色也深受大家喜欢。

以前我们总愿意说"我在那儿站着呢"，而不是说"我的车在那边停着呢"。汽车已经变成自我的一部分，是身体的一种延伸，甚至可能是一种超越感官的体验。有些人会给自己的车起名字。多年前所说的大众Polo，我们可能将它重新命名。我们将汽车人性化，并通过特质来识别它们。我们的老雷诺飞驰到一定速度会"唱歌"。有人还会把车看成自己的女朋友。失去汽车或驾驶执照会让一些人感觉失去了生活乐趣，甚至想到自杀。

然而，这种情感联系正在逐渐破裂。现在有越来越多的年轻都市人感觉汽车已经变成了一种负担，是一种昂贵且占用空间的大物件，会分散他们在智能手机上的注意力。

直接受影响的人或多或少都会知道，什么会威胁自己的生活，什么能让自己感到兴奋，即使不是所有事情都能通过数字来证实。这种变化将要来临，而且将是巨大的。"它不会那么糟糕"或者"它不可能那么快"，这种鸵鸟心态并不能帮助我们。即使那些不是直接来自汽车行业的人，也必须改变自己的想法，比如城市规划人员和医生。

麦肯锡全球研究院估计，到2025年，新型自动驾驶汽车技术的经济影响将高达1.9万亿美元（见表9）。

表9 2025年各项技术的经济估值（©麦肯锡全球研究院）

技　术	最低估值（10亿美元）	最高估值（10亿美元）
移动互联网	3.7	10.8
人工智能	5.2	6.7
物联网	2.7	6.2
云	1.7	6.2
机器人技术	1.7	4.5

续表

技　术	最低估值（10亿美元）	最高估值（10亿美元）
自动驾驶汽车	0.2	1.9
遗传学	0.7	1.6
储能技术	0.1	0.6
3D打印	0.2	0.6
现代材料	0.2	0.5
石油和天然气勘探	0.1	0.5
可再生能源	0.2	0.3

没有工作档案更安全

你可能还必须面对这样一个事实，那就是失去自己的工资，而后一代人更有可能多次改变自己的工作或职业。因此，培训系统面临的挑战就是，教育出能够适应新工作环境甚至自己能够创造工作的人。工会再也无法用19世纪的模式来满足21世纪的需求。

在人类历史上，发生社会动荡并不是什么新鲜事，但以现在这样快的速度发生变化是前所未有的。需要明确的是，我们已经处于第二次汽车革命的中期，正是"现在"发生着改变！

每次成功的革命都会颠覆社会体系和等级制度。工业革命导致贵族制度的没落和工业世界的崛起。创新造成的改变是具有革命性的。织布机使纺织工人变得多余，集装箱减少了对码头工人的需求，农业机械取代了农场工人和女佣。这种变化增加了社会对良好教育的需求，促使教育培训系统为日益机械化的世界提供适当的专业人员。因此，教育体系必须与工业革命相配合，毕竟工厂需要能够阅读手册和操作机器的工人。

然而，农业机械化的过程相对缓慢一些。200年前，大多数人仍然在农业领域工作，即使在今天的所谓工业化国家，也有不到2%。例如，在美国，农业领域的就业人数从1800年的80%下降到今天的1.5%的。当时的失业率被限制在每年半个百分点。农民、农场工人和女佣并没有面临突然的变化，而是慢慢地走下去，有关人员有足够的时间做好准备。他们的孩子通过上学受教育，逐步成为机械师、电工或者普通工人。

即使在今天，工业部门的员工比例也只有不到30%。相比之下，服务业在英格兰或法国等地所占比例高达80%。与此同时，传统雇佣模式变得越来越少。在美国，34%的员工是自由职业者，到2020年预计会占到40%的市场份额。虽然德国的比率相对较低，仅为3%，但这个比例自2000年以来已经翻了一番。2016年的实际总人数从70.5万增加到134.4万。在奥地利，自由职业者的比例为7%。

汽车行业拥有近80万名员工，是德国最重要的行业分支。德国汽车工业联合会估计，有540万人间接依赖汽车行业，每年经济产出价值4050亿欧元。如果电动汽车占了市场主导，受打击最严重的就是石油工业；这也会引发石油生产国的政治变革，并对迄今为止在劳动力中所涉及的一切投下阴影。如果德国制造商让来自硅谷和中国的移动交通"新手"抢先一步，并且不采取行动的话，基于已有的数据就可以很明显地看出，汽车革命对德国劳动力市场产生的影响将有多大。而且，这种影响并不是单方面的。正如我们在下面看到的那样，还会涉及更多的职业，并导致相应的后果。

年轻的卡车和出租车司机、车库操作员和汽车修理工可能在整个职业生涯中都经历这种改变。汽车和相关行业涉及的变化，预计历时不到一代。到目前为止，汽车行业的工作一直被认为是安全的，但最后终将改变。我们并没有面临进入技术新时代的缓慢过渡阶段，而是直接陷入了困境。

100年前，马匹成为这一变化的牺牲品。动物是无法与人进行沟通的。如果马儿有投票权，那肯定会导致一场剧烈的政治运动。由于技术进步和人工智能的兴起，我们人类在100年后的今天面临与马儿相似的状况。社会不再需要人力了，大部分人口将突然失去工作价值，谁也没有错。即使在今天，高度专业化和受人尊敬的职业也无法幸免。IBM设计的机器人华生（Watson）已经可以进行癌症诊断了，其准确性甚至高于人类医疗团队。人工智能控制的战斗机已经不再需要飞行员了，计算机比人类驾驶得更出色。

牛津大学进行的一项数据分析预测，有702个职业存在即将实现自动化的可能性。在今天几乎所有行业和部门中，将有47%的就业人口受到严重影响。在计算这个数据时，研究人员还未将人工智能的进展纳入适当范围中。并不是说特斯拉或优步，或谷歌、苹果消灭了这些职业甚至汽车行业，而是未来的一种发展趋势。特斯拉这样的公司只是一种工具。出版商蒂姆·奥莱利（Tim O'Reilly）说：

"最能振奋人心的企业就是，能够利用技术为人们创造更多机会。当我们提到自动驾驶汽车时，最简单的想法就是可以降低生产成本。然而，我们应该多注意的是，这项技术是如何促进经济发展的：它能形成一种更便宜、更智能的公共交通网络，可以使人们更好地获得医疗保健服务。从这个角度来看，我们应该关注所有新技术。以Zipline为例，这是硅谷最热门的创业公司之一。Zipline还开发了一套专门的服务系统，可根据需要利用无人机运送血液、药物和其他物品。这项服务的实施地点是卢旺达，该地区的道路暂时无法通行，而且医疗条件很差。"

至少有五十个职业群体和行业，最有可能直接或间接受到汽车行业变化的影响。它们要么完全消失，要么必须"瘦身"。下面就让我们来仔细看看这种变化对个别行业和职业群体产生的影响。

各种驾驶类职业

受打击最严重的将是和驾驶汽车有关的所有工作。其中包括救护车或运送危险品的司机。

如今，德国约有54万专业司机从事货运服务。美国有170万卡车司机，据美国劳工统计局预测，到2022年将增加到189万；如果算上小型货车司机的话，则有330万。美国有28个州，2014年普遍存在卡车运输服务。

考虑到互联网带来的货运量增加和生产日益一体化，车辆自动化是可以理解的。运输方式是必然会发生变化的。自动驾驶卡车将使专业司机变得越来越多余，后者的数目也会逐渐变为零。卡车司机必须休息和睡觉，也需要吃饭和娱乐，所以全国各地的酒店、服务区和小城镇都依赖他们。然而，汽车行业的改变会使这些地区和场所失去服务对象。麦肯锡咨询公司估计，到2025年，每三辆卡车中会有一辆可以实现部分自动化驾驶。

在德国有3.6万家出租车公司，总共25万份客运许可证。奥地利在2014年的营业执照总数为16447份，其中出租车占7469份，观光马车（Fiaker）占174份。至少后者，正如我所预测的那样，不会受到自动驾驶技术的威胁。

当卡车制造商和超市或电子零售连锁店的客户可以自己接管货物时，运输公司就会受到威胁。

以下是该领域面临消失的职业：

1. 出租车司机
2. 优步/来福司机
3. 私人雇佣司机
4. 公交车司机
5. 卡车司机
6. 快递派送司机
7. 代客泊车服务
8. 警车司机
9. 货运代理

汽车行业职业

在汽车行业所有员工中，有三分之一都在为发动机及其生态系统提供服务。数以万计的员工——像以前的马匹饲养员、马鞍和缰绳制造商、兽医或马厩所有者一样——都必须为电池工程师和化学家让路，特别是那些计算机科学、人工智能、机器人、计算机视觉方面的专家。等完全转换成到电动汽车后，将有约三分之一的员工无法在汽车行业找到合适岗位。而德国和奥地利的个别工厂，这里仅举两个例子，有7500名员工的萨尔茨吉特大众发动机厂和有4100名员工的斯太尔宝马发动机厂，将面临大规模的失业。

发动机结构的高端（制造）知识不会完全是多余的。因为自动驾驶电动汽车需要从这种制造知识中受益的基础设施，包括电池、电池组、充电基础设施、能源供应、车辆维护、内饰和特种车辆等。然而，你必须拥有的是一种完全不同的心态，一种开辟新知识领域的强烈意愿，以及识别各种机会和可能性（而不仅是危险）的能力。

德国制造商委员会和工会代表已经逐渐意识到了这些影响和后果。因此，戴姆勒集团工人委员会主席迈克尔·布莱希特（Michael Brecht）曾警告，切换到电动汽车会导致供应链危机。而工会组织"五金工会"（IG Metall）则看到了中国在建立自己的电动汽车产业方面所做出的努力，认为对德国制造商构成了直接威胁，因此要求迅速替换现在的燃油汽车。

以下是该领域面临消失的职业：

10. 引擎制造商
11. 排气专家
12. 燃料专家
13. 传动器制造商

虽然这些领域的工作会受到威胁，但同时也有新的工作岗位正在诞生。预计到2020年，传感器技术和软件制造商的年销售额将达到200亿~250亿美元。其中，在导航、防撞系统方面应用的路线图每年可获利100亿~150亿美元，摄像机、雷达、超声波传感器和激光雷达系统则达到99亿美元。

交通管制类职业

在德国，平均每辆汽车每年都会被罚款50~60欧元，这些罚金最终都归政府所有。4300万辆汽车每年的罚金则超过了20亿欧元。这些巨额罚金都消费在哪里了呢？美国公路警察将罚金的80%用在了处理各种交通事故上，如果是自动驾驶汽车，则无需如此大的花销。这种汽车能够遵守交通法规并有速度限制，而且一天大部分时间都在路上行驶，也不会（错误地）停车，没有什么可以惩罚的地方。所以，交通警察可以在其他地方发挥作用。

以下是该领域面临消失的职业：

14. 交通警察
15. 停车场看守
16. 拖车服务
17. 交通新闻主播
18. 交通法官
19. 交通律师
20. 酒精检测仪制造商

交通基础设施类职业

今天的交通信号灯和标志是为谁设置的？它们是为方便人类驾驶员和行人，并不适用于自动驾驶车辆。后者可以通过可扩充和纠正的路线图来获得所需信息。

仅在德国就有2000万个交通标志和400万个路标。每个标志的单价为80～200欧元，甚至不包括安装费用。交通信号灯——在德国就有150万个——成本为3.5万～25万欧元，每年的运营费用还有5000欧元，不包括电费。

以下是该领域面临消失的职业：

21. 交通信号灯制造商
22. 交通标志制造商

驾驶员培训类职业

如果连司机都不存在了，谁还需要上驾校和考驾驶执照？就连驾驶执照都会变得毫无用处，更不要说那些特殊货物运输车和特殊车辆驾驶员必须参加的额外考试了。仅在德国，就有21485名带薪教练在1.1万多所驾校工作，他们的人数在下降，实际工作者的年龄也变得越来越大。也许这就是驾驶员培训类职业慢慢说再见的信号，因为电动汽车没有变速器（多么令人惊喜！），而自动驾驶汽车不再需要驾驶员。

以下是该领域面临消失的职业：

23. 驾驶教练
24. 驾驶执照考官
25. 驾驶执照培训机构

研究机构和大学类职业

"如果科学家说某些事情是可能的，他们也许会低估这件事发生需要的时间。但是，如果他们说这些事不会发生，那很有可能错了。"

——理查德·斯莫利（Richard Smalley）

如今，许多研究机构和大学都在探讨如何优化使用燃料和发动机。德国40%的研发项目都出自汽车行业，这些机构必须重新调整它们的努力方向，否则将会跟世界脱轨。虽然传统机动车研究所正在失去重要性，并且部分已经解散，但其他研究方向将会有所增长。一些专门研究传感器技术、电子、数据处理或电池化学的机构将会获得大量资金支持。

以下是该领域面临消失的职业：

26. 大学教授
27. 研究员

汽车维修类职业

电动汽车不再需要发动机，也不再需要变速器、散热器、排气系统和燃油系统。这就省去了更换机油、火花塞和密封圈等步骤，并且在某些情况下也不需要更换制动器。这些维修更换工作主要应用于用燃油发动机驱动的汽车。自动驾驶汽车不仅减少了事故，也减少了各种维修工作。因此，高达70%的汽车修理类职业将被淘汰。仅在美国，2014年就有73.9万家汽车维修店，而德国有39万家。私人汽车拥有量下降，开始流行车队运营，会员制的汽车俱乐部也会消失，取而代之的是企业与企业之间的网络销售模式（B2B）服务提供商。

以下是该领域面临消失的职业：

28. 汽车修理工
29. 尾气监测技术员
30. 故障排查员
31. 洗车工

汽车销售类职业

越来越多的人——特别是在城市生活的人——放弃自己的汽车，开始选择使用各种租车服务，因此销售给普通消费者的车辆变得越来越少，更多的汽车将出售给车队运营商。所以，现在直接面向消费者销售产品的零售模式（B2C）将最终转变为企业与企业之间的网络销售模式。这意味着汽车不再被出售给个人用户，而是以相应优惠的方式向少数大型企业客户出售。买家可以在价格谈判中具有更大的灵活性。目前的销售数据还无法说明这一点。现在仍然有7万多人在为德国汽车经销商工作，但他们的数量在未来会有所减少。

以下是该领域面临消失的职业：

32. 车辆贷款人
33. 二手车经销商
34. 发动机调校员
35. 汽车推销员

建筑和交通规划类职业

首先，好消息就是住房变得越来越便宜。如果预留的停车位能够用于他处，就会出现各种新的可能性。此外，人们不要忘记车库中的坡道也需要占用空间。城市停车场增加了各个建筑物之间的距离，使行人很难轻松到达目的地。今天的解决方案呢？无非就是建立更多的停车场来容纳更多的汽车，毕竟更大的汽车需要更大的停车空间。

汽车数量减少，所需道路空间和停车区域也会相应减少。而且，与人类驾驶员相比，自动驾驶车辆可以更好地利用空间。

以下是该领域面临消失的职业：

36. 停车场和车库建造者，以及看守人员
37. 道路施工人员
38. 车库警卫

化石燃料供应类职业

大家都知道，原油从开采到使用需要花费数千亿美元。每分钟，美国都会向其他国家汇款61.25万美元用于支付天然气费用，这相当于每年的花费超过了3000亿美元。

美国每年在军事活动上的花费就超过6000亿美元。据估计，军费预算的10%～25%都用于确保石油供应。这是一项隐性税收，美国和世界其他国家都因为依赖这些剩余的石油储量付出了代价，虽然这是可以大幅度削减的。现在不仅需要开采石油，还必须在汽车能够使用之前对其进行运输和处理。而更多的电动车辆可以提供更环保的运输方式。

在美国本土，有17.4万人在从事煤炭开采工作，在德国则不到1万人。这个数字已经远低于20世纪50年代的创纪录水平，那时德国有超过30万人从事采煤工作。现在石油工业也在效仿这一趋势。

2016年，德国有1.45万个加油站，共有10万名员工。如果不再需要加油站，相关小市场将会消失，这也不是那么糟糕。在美国，半数卷烟都是通过加油站销售的。2015年，德国卷烟销售额占加油站商店总销售额的35.9%。

以下是该领域面临消失的职业：

39. 石油生产类员工
40. 炼油厂员工

41. 油罐车司机和操作员

42. 汽车船舶类工作人员

43. 石油输送管道类工作人员

44. 加油站工作人员

45. （燃料）环境影响评估员

46. 士兵

（汽车）保险类职业

虽然自动驾驶车辆在汽车保险领域还存在诸多保留事宜，但如果能够证明其能避免90%的交通事故，相应的保险费率也必将向下调整。减少损失索赔意味着减少销售额，最终会对公司资产造成影响。专家预计，机动车保费将至少下降40%。

德国汽车保险收入超过230亿欧元，美国为2000亿美元，欧洲为1200亿欧元，而全球范围内汽车保险总额为7000亿美元。保险公司近一半险费来自汽车行业。保险收入的大幅减少将给股东带来沉重打击。而且，值得注意的一点就是，汽车保险还衍生出其他多种产品服务，它们也会受到一些影响。

令人惊喜的是，特斯拉和优步等制造商和车队运营商已经开始申请自己的保险许可证了。例如，特斯拉在澳大利亚和香港推出了自己的定制保险服务，名为InsureMyTesla。这项保险不仅包含车辆本身，还涉及相应的充电站服务。此外，客户在购买汽车时，销售价格中已经包含了汽车保险和维护服务。因此，汽车买方将不用另外寻找保险公司。

汽车安全设备发生改变，相应保费也会进行调整，但后者调整的速度要比前者快得多。如果所有车辆都更换某项安全设备，可能需要长达30年的时间，而最老的车型则会停止更新。例如，安全气囊在1984年推出，直到2016年，美国道路上配备安全气囊的汽车数量才达到95%。尽管如此，保险费已经在很久以前就降低了25%~40%，车辆的安全标准已经得到了优化。

以下是该领域面临消失的职业：

47. 机动车辆保险代理人

48. 索赔审计员和清算人
49. 保险呼叫中心代理

医疗服务类职业

在美国，每年有120万人因车祸而受伤，2016年的事故死亡人数达4万人。而德国每年有超过3500人死于交通事故，奥地利约有500人。医疗服务部门也要面对这些数字，这样才能为接收和治疗交通事故伤者提供足够的场所。如果事故数量下降，所需场地也会减少。

你是否认为，较低的事故率会影响到器官捐赠？毕竟死亡人数中会产生许多器官捐助者。在美国，12.3%的器官捐赠来自逝者。美国有超过12.3万人正在等待捐赠的心脏或肾脏，他们之中每天有18人死亡，虽然每年有2.8万例移植手术，但无法保证手术能够及时进行。

当然，如果认为我们应该将伤亡人数保持在今天的水平，以免失去来自死亡事故的器官捐赠，那将是非常极端的想法。然而，其他技术可能为我们提供另一种解决方案，也许生物工程和3D打印技术会成为创建器官的新途径。

以下是该领域面临消失的职业：

50. 事故救援服务
51. 医生
52. 护士
53. 医疗护理人员
54. 残障人士援助和护理服务

城区和长途交通服务类职业

如果自动驾驶车辆方便、经济又舒适，没人愿意花时间换乘地铁或火车。当你已经坐在可以自动行驶的电动优步车上时，为什么还要把行李带到车站并费力寻找自己的火车和座位呢，或者非得沿着黑暗的楼梯进入地铁通道呢？特别对女性来说，这会带来更安全的乘车体验。

如今，包括铁路在内的公共交通工具面临多方面的竞争：自动驾驶卡车不需要铁路，而且长途巴士运输更加便宜。无人驾驶电车今天已经可以上路了。从经济角度来说，摆脱公共交通工具也是有道理的。例如，建造地铁非常昂贵。在美国，只有两条新线路正在建设，分别在纽约和旧金山。

以下是该领域面临消失的职业：

55. 火车司机
56. 列车员和检票员
57. 其他列车工作人员
58. 售票员
59. 电车司机
60. 地铁和公交车司机
61. 保安人员

停车住宿类职业

如果在夜间从慕尼黑乘坐自动驾驶车辆到汉堡，途中可以在车内直接休息，从而省去了酒店花销。酒店也许以后需要扩展服务，只提供带早餐的淋浴房，而不是房间。正如我们在上面已经看到的那样，以后不再需要服务区和高速公路餐厅了。

以下是该领域面临消失的职业：

62. 接待员
63. 清洁人员
64. 服务区工作人员

娱乐类职业

如果我们可以在飞机上观看最新的电影，为什么要去电影院？

以下是该领域面临消失的职业：

65. 影院经营者
66. 影院检票员

我将来可以做什么？关于未来的职业

新技术可以创造新产业和新职业，第二次汽车革命也是如此。关于失业和未来职业领域的讨论不断进行。我们已经看到了其他行业是如何应对这种情况的。爱彼迎房间租赁平台提供的服务，可以与酒店和宾馆相媲美，还可以为有空闲房间、公寓或房屋的人创造收入，这都是以前从未预料到的。仅在2015年，美国的房东就通过爱彼迎获得了32亿美元的收入，欧洲则为30亿美元。而租房平台还衍生出其他服务行业，例如房屋清洁工作和洗衣服务等。智能手机制造商虽然边缘化了简单手机的生产商，但同时引出了应用程序开发商。如果没有智能手机，优步或爱彼迎这些公司都是不可想象的。

看看我们的周围，如今到处是高速公路服务区和酒店，各类假日杂志和旅游指南描绘世界各地的景点。这些都在向我们展示汽车自从发明以来如何改变了我们的生活方式。有些职业或事物的出现是可以预测的，比如基础设施规划者、道路和道路工人、停车场、机械师、加油站，以及服务区等。还有一些可能不太容易预测到，比如郊区购物中心或低价格产品。网景公司创始人、风险投资家马克·安德森（Marc Andreessen）曾准确地表述过这一现象：

"汽车发展带来的经济影响不在于汽车行业本身，真正产生重大经济影响的是郊区的商业发展、快递公司、电影院、连锁酒店、冒险公园、高速公路和相应服务区，以及其他影响。简而言之，我们今天的生活方式是汽车出现的结果。在此之前，人们并没有真正去过任何地方。所以，你前往的每个目的地都是汽车创造的。"

以下这些未来可能出现的职业，应该可以激发你有自己的想法，也许你还能想象出其他职业，毕竟想象力是没有限制的。

- 电池工程师
- 人工智能专家
- 道路施工电子专家和联网汽车专家
- 车载娱乐系统制造商
- 充电站管理员
- 电力供应商
- 车载应用程序开发人员
- 车载广告商
- 移动/网络广告优化师
- 交通规划师
- 数据服务提供商
- ……

波浪效应与联网汽车

"98%开车上下班的人都希望其他人坐公交出行。"

——洋葱网（The Onion）

每天都有数百万人需要上下班。他们在路上平均每天消耗50分钟。美国有1.2亿人口，每天需要消耗60亿分钟。假设人的平均寿命为70年，这就相当于162个人的生命，这些时间都在上下班的路上白白浪费了。

任何当过兵的人都知道，士兵必须排成连续的长队，只有听到命令"齐步走"时，才能前进。他们像整体一样同步前进。如果第一排士兵开始向前走，第二排步伐有所延迟，等第三排开始前进时，整个队伍就乱了。

你有没有想过，交通信号灯运作时也存在这样的问题？虽然绿灯开始时第一辆车可以开始行驶，但后面所有车辆还处于停止状态。这期间消耗的时间被称为"启动损失时间"。第一辆车行驶时必须确保人行横道上的信号灯处于红灯状态，而且路上没有行人。这种"等待"大多需要消耗一定的时间；后面的车辆所需时间会逐渐减少。尽管如此，平均每辆车也大概需要消耗两秒钟。而像运动型多用途车这种车型，由于自身尺寸、重量和较慢的加速度，则需要额外消耗20%的时间。汽车排的队伍越长，总体消耗的时间就越多。

　　随着自动驾驶汽车和联网汽车的推出，街上行驶的各种汽车可以有序地统一前进，从而减少启动时间消耗。或者，车辆不用停止，因为它们的行驶速度和遇到的交通信号灯可以同步。甚至在没有交通信号灯的十字路口，车辆还可以调整速度并相互协调行驶，这样就不会妨碍其他任何道路使用者。从研究人员发布的概念视频可以看出，与进行交通管制的交叉路口相比，这种联网自动驾驶汽车行驶时交通非常流畅（见图6）。

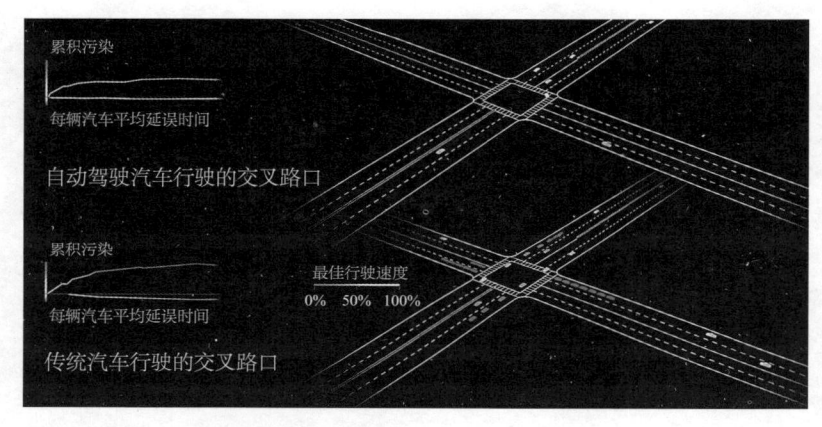

图6　交叉路口车辆调配模拟视频截图

　　这种差异是惊人的。联网自动驾驶车辆在交叉路口可以同时减速、停止，并且一个接一个排列，而不会产生以往交叉路口的那种波浪效应，而且它们的行驶距离几乎保持不变。与此同时，制动、加速，以及相关的能量消耗和磨损几乎完全消失。畅通的交通状况也使乘车变得更加舒适。

　　但是，模拟图（图6）忽略了道路交通中的行人和骑自行车的人，发布的概念视频也不是将交叉路口所有道路使用者汇集在一起的视频。如果有行人仍然处于随时可能与车辆相撞的危险境地，那交通流量就没有明显减少（见图7）。

　　无论如何，在真实的交通场景中，自动驾驶车辆、行人和骑车的人都应该考虑在内，并相互调整速度，以便大家都可以在道路中安全前进或停止。一旦自动驾驶车辆赢得了行人的信任，我们就能体验到荷兰交通规划师汉斯·蒙德曼（Hans Monderman）描述的那种场景。在被称为"共享空间"的道路设计中，所有交通标志和信号都被移除，行人和车辆驾驶者可以保持视线通畅。设计师还演示了各种道路使用者在这种"共享空间"中如何相互协调。我们的未来就介于上述模拟概念视频和汉斯·蒙德曼的设计之间。

图7　十字路口的各种道路使用者

波浪效应不仅发生在交叉路口，也发生在高速公路上。一辆正在减速的汽车会迫使后面的车辆重复相同的操作。当所有车辆再次加速时，没走多久就必须再次停下来，因为拥堵的队伍太长（很多人都会纳闷，怎么又停下来了）。事实上，此时距离第一辆汽车进行制动已经有半小时了，但仍然会受到这种波浪效应的影响。由此产生的走走停停通常会让道路使用者感到沮丧。

另一个视频也展示了这种波浪效应（见图8）。

图8　车流波浪效应视频截图

目前，道路运营商试图通过限速来抑制波浪效应，但如果行驶车辆之间能够相互联网通信，可以对交通状况更快地识别，将来就不会再出现这种现象。这些汽车都是智能的。因为出于好奇而减速观察道路状况，也会成为过去的事情。事实上，研究人员已经证明，即使是一些有人类辅助的自动驾驶车辆，也可以大幅度减少波浪效应。

货运也需要优步

虽然整个货运行业在（自动驾驶）技术上仍处于起步阶段，但这却是创业公司关注的焦点，因为在这个领域有非常好的切入点。现在的货运公司进行交易时仍然需要通过电话进行沟通，运输文件实际上也仍然是用纸制成的，即使偶尔会使用（过时的）软件，也没有真正实现联网一体化。许多标准使软件系统之间的通信变得很困难。

仅在美国，就有53.2万家货运代理商，他们拥有170万名客户，每年要处理4亿车满载货物（即满载货车）。货运公司每年的运输总量超过7000亿美元，其中6000亿美元是满载运输。90%的运输公司都拥有一个包含6辆卡车以内的车队，这就形成了一个非常分散的市场。有1.3万家货运代理商能够帮助客户找到合适的运输公司。为此，他们会收取货运价值的15%～20%作为代理费。同时，货运公司还会接单很多小规模的运输业务，这种服务仍然需求旺盛。

因此，很多中国制造商和初创企业对货运产生兴趣也就不足为奇了。仅在中国，就有大约720万辆卡车和1600万司机。中国130个特大城市对运输服务的需求如此之高，我们几乎无法想象。中国运输业估计价值3000亿美元。

目前货运行业的另一个弊端就是效率低下。一方面，你肯定知道长途卡车行驶到边境交界处时一定会有交通堵塞，因为司机必须等待办理各种手续。另一方面，在下次需要运送的货物到达之前，货车经常处于闲置状态。仅在这样的等待时间内，美国的经济损失就达260亿美元。

难怪越来越多的初创企业将资金投入货运行业中。优步推出的货运业务，提供的就是货运代理服务。优步已经通过自己的出租车平台获得了很多相关经验。与运送个体乘客不同，优步在这里运输的是各种货物。或许，货运行业也可以对运费实行"峰时溢价"，货运价格在需求旺盛时上涨。不管怎样，互联网和零售巨头亚马逊都不希望优步加入竞争行列当中，而优步则在2017年推出了货运经纪服务。

大"苹果"和大数据之争

"没有数据,你只不过是有观点的人。"

——W. 爱德华兹·戴明(W. Edwards Deming)

宝马、梅赛德斯和福特,这三家公司的共同之处是什么?它们都制造汽车?不,如果真这样认为的话就太片面了。它们都拒绝与苹果公司就传闻中的iCar项目进行合作。抛开其他方面的细节问题,谈判失败的主要原因就是无法就汽车数据的归属问题达成统一意见,而这些数据已经成为第二次汽车革命中的黄金宝藏。今天汽车行业可以生成大量的数据。请注意,数百个传感器每小时会生成上千个测量值。那么,这些测量值都是什么数据呢?

首先,它是由摄像头、激光雷达系统和超声波传感器收集的运行数据。其次,还有一些由其他传感器提供的数据,包括轮胎压力、冷却水温度和电池剩余容量等。利用这些数据可以改进算法,从而使自动驾驶汽车更安全地行驶。联网汽车通过与其他车辆和周围物体进行通信来收集数据,还可以通过数据分析出每辆汽车经历的驾驶场景,并将其反馈到整个车辆数据库,从而提高车队的驾驶性能。个人数据则说明车内人员、乘车路线和乘客在驾驶时的行为等。无论汽车是在不安全的区域，还是在常规路线中行驶，所传输的数据都有可能为保险公司提供帮助。最后，许多数据还会通过交通网络传送到优步和来福等供应商手中。

据英特尔首席执行官布莱恩·科兹安尼克（Brian Krzanich）估计，每辆自动驾驶汽车每天可以产生高达4TB的数据，这还是按照现阶段的驾驶性能计算出的数据。如果你是一个门外汉，也许会问这些数据都是储存在哪里，如何将它们下载到存储器中。好吧，并非所有数据都需要保存，有些数据在不再需要时会被删除。但是，某些重要数据，例如法律条款，以及各种维护记录、事故或计费信息，则是可以长时间保留的。

车辆最终保存在本地的数据不会超过1TB，其余将全部上传到云端数据库，而这也只是制造商云存储数据量的一小部分。网络传输带宽可能出现瓶颈。数据上传和与其他对象通信的网络需要多快？从大量数据中也应该及时读出有意义的信息。这就必须要求具备相应的计算能力。

但是，数据都包含什么信息？为什么它们如此有价值呢？从商业上来讲，最有利可图的就是描述客户各种行为的数据。他们是如何使用这辆汽车的？相关行驶数据可以提供各种附加信息，或对服务和技术进行改进。

在德国，人们首先想到的是，所有这些信息都代表着一种风险因素。数据保护问题在这里显得非常重要，并且相当敏感。私人数据的泄露会对公民造成某些致命后果，这一点可以理解。与数据有关的各种事情都会引起人们的注意。因此，出现一种"自我封闭"的极端情形：数据不仅受到保护，而且被完全封锁起来。工程师甚至回避了一些可能制造麻烦的数据。

但是，在我看来，这就是对隐私的误读。即使完全封闭信息，仍然会产生各种问题。毕竟，我们需要保护的是个人隐私，而不是机器数据。但是，没有人想在这里冒任何风险，工程师不想，法律部门的工作人员更不想，毕竟他们都想置身事外。

德国汽车制造商已经将数字化汽车中生成的数据定义为个人信息，德国独立数据保护局和德国汽车工业协会联合声明：

在使用现代汽车时，会不断生成大量尚待处理的信息。特别是，当需要获取进一步的信息时，累积的数据可以追溯到车主、驾驶员或者乘客，并且包含可以确定个人情况的相关信息。根据《联邦数据保护法》（BDSG），如果车辆识别号或车牌号码归个人所有，在任何情况下，使用机动车辆产生的数据都属于个人信息。

在第一辆自动驾驶汽车被允许上路之前，德国已经实施了监管，但没有展开相关数据测量和使用工作，而这才是实现"数字化"或"工业4.0"真正需要的。由于相关负责人没有看到机会和发展的可能性，而将其定义成一种危险和滥用的可能性，因而导致了德国落后于其他国家的情况。

事实上，我们正处于一个富有变化的灰色法律地带。关于大数据的相关立法工作进行得非常缓慢，严重滞后于技术发展，以至于法律条款通过时，既不能反映制定时的最初意图，也没有考虑到这些规定应该有的真正含义，它们在生效的同时已经过时了。但是，毫无疑问，现在必须采取行动，将信息自决权最终纳入正确的法律框架中。用户能够确定，在收集相关个人数据之后会发生什么。例如，脸书或谷歌需要提供欧洲用户查看的工具，并在必要时能够删除这些用户的数据。

像苹果和谷歌这样的"新人"，在识别用户行为模式方面具有核心竞争力。苹果的生态系统可以显示出用户的全面使用情况：他们拥有哪些产品，以及选择了哪种娱乐消费方式等。比如iTunes程序，里面就包含用户存储音乐类别、电影品位，以及个人购物行为等各种信息。而谷歌的免费搜索功能也在提供服务的同时收集了大量数据：谁搜索了什么内容，在哪里得到了答复，用户有哪些联系人，以及彼此谈论什么等。正是这些大数据，让谷歌成为除苹果以外世界上最有价值的公司。

难怪有关车辆数据的斗争会如此激烈。自动驾驶汽车将允许更多的媒体消费；全部信息娱乐系统每年将产生310亿美元的收益。这正是苹果和谷歌的优势所在。目前的移动设备都使用安卓和iOS作为操作系统。所以，为什么汽车制造商就不能使用一套区别于智能手机，而且更方便用户使用的操作系统呢？这正是硅谷人所思所想的，而汽车行业则代表了他们下一个要征服的领域。传统制造商可能已经失败了，即使他们试图开发自己的系统，例如使用AppLink的福特和使用MyLink系统的通用。在福特的倡议下，SmartDeviceLink已经发展成为一种行业标准，可以将智能手机和汽车相互联系起来，但具体的实施情况则与相关外部开发人员的数量有关。

苹果和微软等公司有构建操作系统的丰富经验，也有全生态系统开发团队，这些优势几乎是无人能及的。现在的车载系统也都依赖谷歌地图，而不再是汽车附带的导航系统，并且车内音乐也都是连接智能手机直接播放，不再通过内置的硬盘驱动器。

一旦乘客适应并能够掌控车内各种智能软件系统，汽车行业就有了难以想象的商机。据埃森哲（Accenture）咨询公司估计，每辆汽车在使用寿命期间，由数据处理产生的额外收入为5565欧元。Caruma的首席执行官克里斯·卡森（Chris Carson）认为，每辆车每年可产生价值1400美元的数据。而埃森哲则预计，未来近三分之二的收入来源将与提供和销售辅助产品有关。据麦肯锡咨询公司估计，到2030年，汽车行业在全部数据服务领域产生的价值将高达7500亿美元。而智能手机应用程序产生的1000亿美元市场价值，与此相比微不足道。

对监管机构来说，这是一个发展机遇，但目前来说颇为棘手，毕竟还有很多工作要做。美国运输部已经初步拟定了针对访问生成数据等相关问题的解决方案。美国政府要求在发生事故时，能够通过数据来确定原因，并采取措施使自动驾驶汽车更安全地行驶。所有相关方必须就标准达成一致意见，以便能够实现在制造商之间交换数据。但是，如何在不披露商业秘密的情况下分享这些数据，还有待探讨。

这就意味着调查机构和其他官方机构，如警察或德国莱茵TÜV集团，必须获得必要的专业技术，可以通过这些数据在汽车上进行数字取证，以便从数据中确定事故发生的原因。还需要了解的是，如何衡量和评估此类移动数据生成器的安全性。汽车俱乐部和维修车间必须能够读取和解释数据，从而对车辆进行检测和维修。汽车制造商可能对此持有异议。有相关技术知识的专业人员也将进入汽车行业当中，比如数据分析师、数据库专家、物联网专家、人工智能专家或软件程序员。

另一方面，菲亚特似乎对数字行业的投入没有过多的担忧，这当然取决于关注的视角。这家意大利汽车制造商在2016年5月与谷歌签署了一项合作协议，在一个联合试点项目中生产100辆Waymo自动驾驶小型货车。这是谷歌首次与汽车制造商分享自动驾驶技术。在此之前，这项技术一直未曾对外公布。第一批车辆已于2016年10月交付，我是第一个从谷歌车库"现场"发布照片的人。然而，谷歌在照片发布后两小时内与我联系，希望我删除这些照片。当然，这是题外话。

你就在"这里"

澳大利亚曾经在2016年面临一个非同寻常的问题。由于地理构造的原因,澳大利亚每年向北移动7厘米,现在必须改变地图上相应地理位置的经度和纬度,才能与GPS卫星数据吻合。毕竟澳大利亚各个数据测量点都在移动,如果地图上的纬度和经度固定不变,势必会产生差异。以前的数据测量于1994年,现在已有1.5米的偏差。这个数值对于导航系统来说太大了,特别对无人驾驶汽车而言。正如克里斯·厄姆森在演讲中强调的那样,"路上一米半偏差,将造成非常糟糕的一天"。因此,澳大利亚需要调整本地经纬度,才能从2020年起在新系统中自动纠正这些不断变化的偏差。

GPS信号对我们人类而言也许不需要那么精确,但对汽车来说则不然。"只有几米"意味着它已经行驶到对面的车道上了。所以,高精度地图(精确到厘米级),如TomTom、HERE、Google和Apple,对导航系统,尤其是自动驾驶汽车的导航系统来说至关重要。这就解释了为什么所有制造商都在努力创建自己的街道地图,仅在美国,就已经实际测量了超过700万千米的道路,并以数字方式来匹配自动驾驶车辆。

从2005年2月8日推出地图应用程序起,谷歌不仅在互联网上罗列信息,而且开始将虚拟空间转移到现实世界中去。现在看来,这也许理所当然,当时却是革命性的。这些年来,谷歌地图已经囊括了各种街景的实况信息,我们可以在虚拟空间中体验世界各地的街景。在度假之前,我们可以先通过谷歌地图来熟悉一下所去的区域和街道。残疾人士可以提前了解商场或餐厅有无无障碍实施。而且，所有场所的开放时间在出发之前都可以一目了然。

但是，谷歌并没有停下脚步。2013年，谷歌以9.66亿美元的高价收购了以色列初创公司Waze。这个最初在以色列提供众包地图服务的项目，已经迅速发展成为一个免费的导航应用程序，即Navi车载导航娱乐系统，通过用户匿名分享的行驶速度，来确定行驶线路上是否有交通堵塞。用户借此可以临时改道，避开拥堵路段。今天，Waze的部分内容已经被整合到谷歌地图中。其他交通类应用程序——如出租车应用程序来福、Cabify或99Taxis——也开始使用Waze。

通过亲身经历，苹果公司也认识到创建正确的导航路线图多么困难。当iPhone手机在2012年用苹果地图取代谷歌地图后，这位踌躇满志的技术巨头遭受了暴风雨般的负面评论。手机中的导航充满了错误的路线解决方案。几周后，谷歌地图又回到了iPhone中。从那以后，苹果公司在苹果地图上投入了大量资金，并通过在美国和其他国家推出的数十种测量车辆，获取了大量最新的精确的数据。正是因为如此，有关苹果公司建造自己的汽车项目（代号"Titan"）的传言也开始出现了。

一个由德国制造商奥迪、梅赛德斯和宝马组成的财团，在2015年以高达27亿美元的价格购买了诺基亚HERE地图业务。而HERE也开始将用户数据整合到地图服务中。拥有先进辅助系统的车辆能够由此确认道路数据，以便为其他驾驶员提供最新的道路交通状况。不仅如此，利用这种方式还能够补充200辆HERE测试车辆在100多个国家的1000多个城市收集到的各类信息。

与此同时，丰田持有日本地图服务商Zenrin的股份，也可以说是在为谷歌提供数据。另一方面，优步则希望在乘车共享服务中摆脱对谷歌地图的依赖，尤其在其努力进入自动驾驶汽车市场的阶段。因此，优步收购了微软的必应地图（Bing Maps）服务（其中包括100名员工），并投资5亿美元资金用于绘制自己的路线图。

另外，以色列制造商Mobileye有800名工作人员专门负责注释地图中的图像信息，解释驾驶辅助系统中的车道标记。该公司与HERE也达成了合作协议。人们还可以在地标帮助下使用缩小的3D模型，苹果公司在全球范围内有4500名员工负责此类工作。福特已经在3D地图初创公司Civil Maps上投入了600万欧元的资金。

紧跟在大型制造商之后的，是许多快马加鞭的创业公司。来自德国道恩的

TechniSat公司的研究对象就是汽车导航系统；Mapbox公司提供的软件包，允许开发人员访问路线图数据，并将其融合到自己的应用程序中去。

然而，谷歌、苹果和TomTom提供的这些易于辨认的街道地图，却让自动驾驶汽车无法使用：它们太不准确，太不完整了。对这些车辆来说，需要能够捕获更精确细节的地图。这些地图包括人行道边沿的高度、路面宽度、自行车道，以及路线、安全岛和特殊车道标记等。而且，车辆行驶的条件不断变化，不仅涉及天气和季节改变，还包括周围建筑物的状况，以及一天之中光线的强弱不同等，因此数据必须不断更新。这时就可以通过众包形式，让道路使用者来提供行驶数据，而不是仅仅依靠硅谷的苹果和谷歌专业人员来绘制地图。自动驾驶汽车可以将路线中的实际情况进行数字化比较，并报告偏差。这只需要传输足够的数据，不浪费现有的网络容量。所以，必须压缩信息并将其限制在必要的范围内。此外，人们不一定要配备额外的传感器，使用现有传感器就可以了。

如今，特斯拉车辆已经能够利用已有数据进行辅助驾驶。例如，车辆系统通过共享数据来确定是否需要刹车制动。当所有特斯拉车辆按照当前地图行驶时，一旦接收到特斯拉数据库的警告，车辆就可以自动指示驾驶员降低速度。大家可以在特斯拉车主冬天拍摄的行驶视频中看到，这是如何有效运行的。当时的雪路上并没有任何道路标记，特斯拉汽车却能沿着正确的轨道自动行驶，原因在于车辆能够参考以往驾驶数据正常运行。

数字体验

> "搭讪时最深入人心的回答就是,告诉我你的Wi-Fi密码!"
>
> ——流行语

在欧洲,"数字化转型"是每个人口中的话题,人们多年来都在热烈讨论。许多人试图了解"数字化"究竟意味着什么,以及硅谷的发展走向。大家都在努力寻找所有跟"数字化"有关的应用领域,通常的做法就是下载各种与产品相关联的软件,但这对数字化转型的影响还是有限的。这不过是——像美国人说的那样——"给猪涂口红"。猪也许看起来更漂亮,但从本质上说仍然是一头猪。此外,概念的转换意味着从一种形态进入另一种形态,而此前的各种观念和理解方式都会告一段落。这些变化仍在继续,永远不会停止。一种形态会不间断地进入下一种形态。一旦这个改变结束,就应该着手解决下一个变化。数字化转型不是一个项目,而是一个过程,这是永无止境的。

同时,我们必须认识到,这个概念本身就像关键词"工业4.0"一样,在硅谷理解得还不够深入。"数字化"应用并不意味着仅仅替换掉以往的工具,将工具"数字化",而是作为一种核心组成部分存在。汽车共享行业就是这样。优步在刚开始起步时，不是以如何挑战现有出租车服务提供商为方向，而是致力于如何设计应用程序，能够提供更好的运输服务。所以，优步发展的第一步是创建相关的应用程序。通过下载安装，车主可以知道优步软件能够提供乘车服务和利用闲置资源。事实上，除以前没有作为运输服务提供者出现的车主外，优步还登记了一些出租车司机，这些举措受到了广泛欢迎。但是，它的首要业务还是提供个人司机和豪华轿车服务。优步并也没有花费精力购买自己的车辆或者雇用司机。该公司的核心竞争力在于应用程序、数据库信息，以及能够提供高效服务的算法。

数字化转型涉及如何通过数字工具更有效地利用现有资源，但共享经济中的公司一直都将专注点放在如何为客户提供最佳服务上。看待事物的方式决定自身的活跃性。这种服务大众的思路可以质疑一切，而且不必考虑任何敏感因素。成熟企业长期以来已经与其他行业形成了密切相关的利益关系，因此在数字化过程中有多重考虑。某些解决方案无法实施的原因在于，害怕危及已经建立起来的良好行业关系，从而伤害到企业自身的发展。

还有一个不可忽视且易于理解的细节，这也对德国的数字化转型造成了困难，那就是公司老板使用数字工具的情况。埃隆·马斯克以频繁发布推文闻名，他经常通过推文与客户互动，并发布公告。史蒂夫·乔布斯也在苹果商店留言板上与用户直接交流，甚至亲自编辑客户留言。同样，雷诺-日产的首席执行官卡洛斯·戈恩（Carlos Ghosn）定期在领英上发表博客阐述他的观点。德国汽车制造商排名前三位的老板都没有活跃的推特账号，也没有通过其他数字工具来引人注目。这就从整体上说明数字化转型不是从领导层开始的。

因此，在第二次汽车革命的一些领域中，数字体验将是非常重要的。

点击升级：无线更新取代维修车间

美国国家公路交通安全管理局，曾就大众高尔夫电动汽车发生软件错误事件发出过这样的公告："高压电池监控系统的过度敏感会引起车辆的错误判断，进而导致电动汽车突然熄火。"此事涉及的5000多辆问题电动汽车被全部召回，统一进行软件更新，除给大众增加成本之外，也为车主造成了暂时的不便。

人们想知道，为什么现在过程仍然如此繁琐，不能通过网络进行更新。把汽车想象成智能手机，如果出现任何软件更新或者服务错误，都得排队等待技术人员修补测试，将是多么费时、费力。然而，如今汽车行业的普遍现象却是，没有制造商希望让车辆跟智能手机或电脑一样操作。

但是，特斯拉却通过无线更新（OTA）做到了这一点。一夜之间，所有汽车都安装了新软件，修复了错误或添加了新功能。2016年年初，当特斯拉汽车突然增加自动停车功能后，瞬间引发了车主的狂热追捧。一上网，满屏都是特斯拉汽车自动驶出车库并在路边等候车主的视频。

即使数字化更新被广泛推广，这一过程对于汽车行业来说仍然具有革命性；一旦错过，就失去了可以加快开发新功能的机会。最新版本的 Model S 使用的自动驾驶系统，更新后可以为特斯拉提供超过1万辆车的测试数据。每辆车收集的各项数据可以增强数据库，从而使特斯拉的所有车主都从中受益。

但是，这些软件也并非是完美的。个别视频显示部分车主过分依赖自动驾驶系统，特斯拉指出了这种辅助系统的局限性。一旦出现问题，特斯拉就会在短时间内连续进行更新来限制某些功能，直到有其他补充数据可用。

德国莱茵TÜV集团主席认为，特斯拉汽车在经过这样的软件更新之后，变得与最初授予操作许可证时的车辆大不相同，因此暂时不予以批准——如果更新出现在成品车中——则必须撤销许可证。

在这里，两个领域相互交织：一个是快速发展、定期更新的数字产业，另一个是极重风险规避的汽车行业。两者都是正确的。如果车辆存在导致事故的软件错误，或者仍处于测试状态，谁会冒着生命危险去驾驶汽车？同时，人们又希望不去车间进行维修，又能保障行驶安全。由于数字功能对汽车变得越来越重要，汽车行业必须进行改革，必须采取相应措施，在确保安全的同时变得更加便捷、高效。汽车制造商需要学习如何编程和管理具有高安全装置的软件。核工业或航天工业有可用的解决方案，但需要相当大的成本。

软件不仅可以由汽车制造商安装，也可能通过第三方供应商安装。像苹果应用商店或谷歌电子市场这样的平台，正在为独立软件供应商开辟新的道路。汽车制造商要想从中受益，必须具备必要的能力，包括构建一个由汽车制造商提供编程工具的开发者社区。谷歌和苹果在此领域的发展就非常成熟。它们已经在移动设备、计算机和现在的"物联网"操作系统方面积累了大量经验。

通过智能仪表盘和车载娱乐系统赢得胜利

在未来的汽车行业中，占优势地位的发展领域是显而易见的。智能仪表盘就是其中之一。我的沃尔沃S60是2014年的老款车型，附带的仪表盘已经是数字化显示。那时每次新款车型展示——无论哪个制造商生产的——都采用数字化仪表盘。但是，谁创建操作系统并最终控制汽车的生态系统，现在则是开放的。

谷歌在汽车安卓操作系统方面是处于领先地位的。随着谷歌地图和Spotify等音乐服务平台，以及数以千计的其他应用程序在智能手机中被大量运用，汽车驾驶员已经不再期望或者需要其他车载应用程序了。即使是汽车特有的数据，也可以通过加密狗传输到智能手机中去。

谷歌、苹果和微软已经集结了一批软件开发者，这些专业人士写出过数百万应用程序。面对这种情形，即使是资金最充足的汽车公司也无法应对。虽然汽车制造商在生产汽车方面具有核心竞争力，但在软件编程、操作系统或构建开发者生态系统方面却没有竞争力。在通常情况下，智能手机（比如苹果手机）平均两年一换，汽车平均五年一换，而系统升级可以缩短产品更新的时间间隔。智能手机在更新换代的同时，人们所熟悉的汽车仪表盘则在消失。

这就是苹果公司也要进军汽车行业的原因。谷歌车载系统有安卓，而苹果有Apple Carplay。像福特这样的汽车制造商，通过整合两套系统来提高车辆的安全性。但是，从长远来看，应该如何应对呢？如果汽车价值转移到数据上，与技术巨头面对面较量会有胜算吗？传统汽车制造商还有赶上来的机会吗？

出租车业界的指责：共乘违反行业规则

除优步和来福这些"行业破坏者"外，汽车制造商一旦进入共享出行领域，与出租车公司的冲突就不可避免。梅赛德斯认为，德国公路上的9万辆出租车，近一半出自传统汽车制造商。如果制造商本身成为竞争对手，出租车公司就应该开始考虑，自己是否也应该进行转换。梅赛德斯的这种观点，是传统汽车制造商进行重新定位的一个重要信号：他们不再局限于向出租车公司提供车辆，自己开展汽车运营服务更加有利可图，也能够更好地保障未来。

无论优步在何处出现，都会遇到阻力，但这种阻力对风险资本家来说，并非完全不可接受。而法院受理的相关案件数量是不容忽视的。在德国，传统汽车行业受到了数字工业和工业4.0的冲击，引发了异常明显的冲突，甚至被提到了政治议程上。虽然新出现的是一家创新性和革命性的公司，能够为客户提供更好的服务，但政府机构和法院唯一做到的，就是去保护那些历史悠久的出租车运营商。即使出租车公司已经濒临倒闭，因为有监管机构的保护，它们仍然是一个讨厌的竞争对手。

"优步的激进策略也让潜在客户感到惊恐。"这种观念显得极为荒谬。安德烈亚斯·穆勒（Andreas Müller）是一位金融分析师，他本打算在芝加哥出差时体验一次后，再对优步在法兰克福的测试做出报价。然而，当穆勒得知该公司违反法院规定之后便改变了主意，因为优步司机被定性为自由职业者，而非专业司机。"这可能在美国有效，但在德国行不通，"37岁的穆勒说，"每个人都必须遵守规则。"虽然人们喜欢体验更好的服务，但没有人质疑法院依据的法律是否存在问题，或者相关法规应该为优步做出更改。而且，不要忘记，出租车公司雇用的也是自由职业者。

人们喜欢谈论数字化革命，但当它真正到来时，有些人却感到痛苦；他们不是想着提供更好的服务，而是去竭尽全力压制它。这就是在损害客户利益，无视人们希望实现数字化的愿望。

商业模式

自动驾驶电动优步车的发展，让许多人对自己的商业模式提出质疑。对行业带来破坏性的不仅是技术创新，还有更多不同领域的创新。技术销售的分销渠道，自身品牌的定位方式，现有服务的诸多变化，还有各种新服务和新模式成为可能，这些都为以前服务客户的方式提供了新的解决方案。这些新出现的创新方式，几乎可以不间断地列举出来。

"我想要一辆电动汽车"——经销商和客户的呼吁

如果你在德国购买汽车，在经销商那里获得的体验只是试驾和了解车辆的配置。两三个月后，崭新的汽车就会被直接送到家门口，或者可以选择去经销商那里提车。但是，在美国，你可以当天开着新车回家。经销商通常有大量需要出售的车辆，各种配置的都有。库存太久的汽车通常会以高折扣出售。德国汽车销售人员总是竭力将自己打造成车辆配置顾问，而美国人则更愿意成为激情四射的销售策略师。

但是，两种销售模式都将受到威胁。如果可以在互联网上查看汽车的配置，并且直接从制造商那里下单，谁还需要德国经销商？美国经销商那种过于热情的销售模式，在盖洛普咨询公司一份针对22个地区的民意调查中，排名倒数第二。随着技术的改变，经销商面临前所未有的压力，因为汽车行业的"新生力量"不再希望依

赖传统的销售模式。

特斯拉拥有自己的销售中心。汽车销售人员和所有特斯拉员工,都没有任何佣金,否则就会像做汽车贸易一样。这种方式会使客户在有关销售的话题中显得更加轻松。特斯拉更喜欢直接销售车辆,毕竟传统经销商不喜欢将电动汽车带给客户。而且,卖出自己了解的产品会更加容易。从另一方面讲,贷款融资和提供服务也是一种有利可图的业务。根据美国汽车经销商协会(NADA)的说法,经销商在销售汽车时会赚取2%的销售收入,经过多年的汽车服务之后,这一收入将会超过销售价格的10%。正如你所知的,电动汽车在使用时需要的服务相对较少。

时至今日,汽车经销商仍然不完全了解电动汽车是如何工作的,还继续青睐内燃机。互联网论坛中有不少关于电动汽车的帖子,却没有具体车型和充电站的推广介绍。美国曾经针对308家经销商做过一份问卷调查,结果简直令人瞠目结舌。以下摘录了一些客户的真实体验,反映的都是经销商各种常见的古怪(非)商业行为。

"因为车钥匙丢了,我无法进行(电动汽车)试驾。所以,他们鼓励我购买燃油汽车。"

——日产经销商,康涅狄格州

"经销商告诉我,他们没有获得电动汽车资格证,也没有电动汽车专家。"

——福特经销商,缅因州

"经销商只有两辆电动汽车,而且都没充电,没办法试驾。"

——梅赛德斯经销商,加利福尼亚州

"他们并没有推荐电动汽车,理由是没有兴趣销售电动汽车。……让他们出售电动汽车的唯一办法就是,大众汽车迫使他们这样做。"

——大众汽车经销商,缅因州

类似言论可以在德国电动汽车集团的相关论坛中找到。以下这篇是出现在2016

年12月30日脸书汽车群上的帖子。

德国冷漠的汽车服务：宝马经销商通知我们，现在可以过来看宝马i3，如果想买的话可以马上预定——在等待20分钟以后，接待员告诉我们下午再来吧，因为负责人吃饭去了。后来，不经意间听到他们同事之间的聊天，原来是觉得我们现在还定不下来买不买车……

于是，我们去了特斯拉，最后买了一辆Model 3。当时的感觉特别好，特斯拉的工作人员热情地接待我们，并且提供了一些很好的建议。

正是这些瞬间决定了特斯拉的竞争对手很难赢得客户，更不用说拥有稳定的客户群了。

还有一篇相似的客户评论出现在同样的脸书汽车群中。

有一次，我去看宝马i3系汽车。大概十分钟后，销售人员对我说："你知道，我卖给你的是一辆真正的汽车，我可没兴趣卖那些电动汽车。"我在大众也听过类似言论。

这样的故事依然在继续。

我曾经打算买一辆奥迪A3混合动力车，当时的经历也是如此……我的邮件请求在六周后才得到答复，上面写着"如果你还有兴趣，也许明年我们可以安排试驾"。然而，"试驾"附加条件是，在你有兴趣买的时候才允许。随后，我去了特斯拉，一小时内试驾三次，于是当场订了一辆Model S。当时的感觉真的无比快乐。只能说我对德国的高端品牌感到非常失望。

有趣的是，美国许多州的法律仍然禁止制造商直接销售车辆。这是有一定历史因素的。在20世纪30年代的经济大萧条中，福特为将生产保持在危机前的水平，迫使经销商脱离车辆营销体系，让他们无法销售汽车。于是，经销商开始担心这种直销方式，会使他们在危机过后无法再次销售汽车。而且，在产品设备和市场定位方面，经销商也完全受制于制造商。

因此，经销商联合起来在各州进行游说，成功地通过立法，在法律上对自己进行区域性保护，包括禁止制造商建立网点销售汽车，从而消除了直接竞争对手。销售汽车必须获得州政府许可。这就是为什么特斯拉的直销模式会受到地区性法律的限制。但是，一些州已经推翻了这些法律，例如马萨诸塞州和马里兰州。据美国司法部估计，一旦允许制造商直接销售汽车，车辆售价可能下降8%以上。

尼尔廷根汽车经济研究所（IFA）指出，德国的经销商网络正在发生重大变化。在2000年还有1.8万个经销商集团，但在2016年，这一数字下降到7400个，预计到2020年仅存4500多个。如今，越来越多的汽车在网上销售，小型经销商正在消失。四分之一的汽车经销商处于亏损状态，其中一半的回报不到1%。即使销售额增加，但由于技术复杂和相关投资的增加，所得利润会被削减。此外，越来越多的汽车演变为"车轮上的计算机"，软件服务也必须由制造商通过无线更新来完成。

经销商的压力也经由其他方向发展而来。汽车行业的商业模式正在发生变化。例如，特斯拉的体验店和展厅坐落在市中心的黄金地带。如果情况继续发展，人们拥有的汽车将更少并逐步转向共享模型，经销商的业务对象也将从消费者最终转向车队运营商。如果经销商仍然属于销售链的一部分，车队运营商就无法从制造商那里直接购买，而制造商也无法充当自己的车队运营商。宝马DriveNow和梅赛德斯Car2Go已经做到了。如果像苹果体验店那样，特别是在没有销售人员的情况下，可以在五分钟内自主购买数千欧元的产品，谁还会需要大量的经销商？人们在iPhone上打开苹果应用商店，扫描包装盒上的条形码，确认付款后直接带着产品离开体验店即可。

因此，美国人现在都不愿意花三四小时在经销商那里买车，是可以理解的。在那里需要花费更多的钱，买家资料还被多次核实并手动录入系统，卖家还会一次又一次地消失在隔壁房间，并使用过时的打印文件。所以说，在经销商那里买车不是一种积极的体验。

自动驾驶会减少税收——如果不偷不抢，税收从何而来？

汽车是城市、社区和各联邦州取之不尽的收入来源，如车辆税、燃油税、通行费、交通违规罚金、停车费等。对于这一点，政府部门当然心知肚明。将可怜的汽车司机称作国家的奶牛也并不过分。城市停车费用与市场价格水平是不一致的。德国建筑法规规定，如果公寓价格上涨20%～30%，停车费也必须强制性上涨。这些价格由所有人（包括非车主）来横向补贴。而废气、事故、噪音、拥堵，以及一般资源浪费造成的经济损失，均高于税收和其他各项收费。

美国每年从汽车生产和使用中获得的税收收入为2060亿美元。从事汽车行业的人超过了150万，其中32.2万人直接来自主要的汽车制造商，超过50万人来自供应商，超过70万人来自经销商和维修车间。

由于停车、超速和其他交通违法行为，每辆德国汽车平均缴纳50～60欧元的罚款。如果使用自动驾驶电动优步车，车辆就会在行驶时遵守各项交通规则，而且不需要停车。这样政府就会有20亿欧元的资金漏洞。

随着越来越多的电动汽车在道路上行驶，燃油税或矿物油税的收入也将减少。如前所述，德国在2015年有超过390亿美元的能源税流入了国库。而奥地利在2014年的矿物油税收入超过了40亿欧元。瑞士在2015年则有47.3亿法郎收入。这些税收绝大部分都用于维护各种运输基础设施。为弥补内燃机车辆的减少而造成收入损失，欧盟委员会正在考虑对能源含量征税，而不是数量。

自动驾驶电动优步车减少了当今个人交通造成的总体经济损失，这也必须被考虑到城市和各联邦州政府的预算中去。更少的交通事故、更好的生态足迹、更低的噪音污染，以及更经济的运输基础设施和公共交通，才是主要的成本节约点。

谁支付交通意外费用，怎样索赔？

出租车公司会为乘坐自动驾驶汽车的乘客购买保险。保险一般由车主来承担，其中大部分车主都是公司。如果一辆全自动汽车发生交通事故，该由谁来赔偿？这要取决于事故的责任方是车辆制造商还是事故当事人。在半自动驾驶车辆中，即在3级自动化情况下，车辆在某些条件下允许驾驶员控制，其鉴定标准略有不同。车祸原因是驾驶员控制方向盘时为时已晚，还是车辆运行不正常，或存在其他事故原因，这将使一些保险案件变得更加复杂，同时令其他类型保险案件逐渐消失。

据美国国家公路交通安全管理局保守估计，自动驾驶技术将使交通事故的死亡人数减少一半。如果自动化车辆实现了更安全地驾驶和更快捷的反应性能，那将导致德国汽车保险收入减少高达200亿欧元。在美国，甚至会从2000亿美元剧减到200亿美元。股东急需这一资产负债表项目急剧减少的相关解释。向谁索赔的问题，还是取决于制造商。例如，沃尔沃已经宣布，将对未来自动驾驶汽车引发的事故承担责任。

这种效应在最初就会显现出来。随着第一辆自动驾驶车辆上路行驶，交通事故数量将减少，保险公司获得的利润也会降低。但是，只要这些汽车中的传感器和计算机单元的价格仍然相对昂贵，保险公司也可以尝试在相关条款和合同中加入某些高价技术。如果可以获得自动驾驶汽车风险评估的首批数据和预测，预计保险金额将下降，因此收入和利润也将下降。

针对这种状况，保险公司可能将人类驾驶员的风险评级升高，与自动驾驶车辆相比，人类驾驶的汽车将面临一些高得惊人的保险费用。想象一下，从2025年开始，人类驾驶员发生事故的风险将是自动驾驶车辆的10倍……那么，这将立即产生影响。你需要支付的保险费从以前的50元突然变成了500元。初创公司Root是第一家为特斯拉车主提供降低汽车保险费的公司。如果汽车以自动驾驶模式行驶，Root只会收取一半的保费。

将来，如果优步或来福的车队运营商成为汽车市场的主导，保险公司将主要与企业打交道，而不是与个人用户。今天，个人保险业务占美国保险市场收入的三分之一。业务对象的转变也会引起保险内容的变化。大额保险单可以获得更大折扣，同时提供比小额保险更多的服务。预计小型保险公司将被迫退出市场。另外，由于事故数量较少，车队运营商通常会单独为汽车保险，仅仅在运营业务中进行保险。

保险公司已经在尝试新的商业模式了。第一种模式的出现得益于今天汽车的停车时间，每天24小时平均停车23小时。像Metromile这样拥有超过2亿美元风险资本的汽车保险公司，提供的就是按里程付费的保险服务，只收取基础费用和有效行驶时间内的费用。

对于配备足够传感器的自动驾驶联网汽车来说，可以及时处理保险事故，并实时调整保费。一旦车辆进入犯罪率较高的地区，保险费用就会上升。如果发生事故，根据传感器提供的数据，仍然可以在现场进行定损处理。

但是，保险公司在自动驾驶汽车时代，也许会更加强调自己存在的意义。由于实现了必要的网络连接，一旦出现问题，可能牵扯到数千辆汽车。同时，黑客可以远程控制所有受影响的汽车，而且很难追本溯源。另外，错误算法也会导致突发的混乱状况。这种情况曾经在另一个领域发生过。2010年，道琼斯指数在短短几秒内下跌了10%，股票发生了所谓"闪电崩盘"。实际上，自2006年以来，证券交易所已经发生了超过1.8万个这样的迷你闪电崩盘，人们甚至没有注意到这些至关重要的算法。

英国是第一个起草有关自动汽车保险法律条款的国家。而且，不是简单补充，是重新拟定，以便保险内容能够直接适用于人类驾驶员和计算机。法律规定，保险公司必须在任何情况下保障无辜的事故受害者，但在存在技术缺陷的情况下，可以赔偿自动驾驶汽车的制造商。

银行客户

美国银行在2015年用于汽车贷款的金额高达1.027万亿美元。这些数字甚至不包括大量租赁贷款。汽车贷款在贷款总额中居第三位，仅次于房地产和学生贷款。

美国86%的汽车销售都是贷款支付，而中国只有26%。在德国，50%的新车和28%的二手车都通过贷款购买。

在共享经济中，优步向司机提供贷款购买新车，以保证汽车质量和乘客体验。优步的附带效应，是司机和银行联系更加紧密了。优步司机有30%没有银行账户，这让优步公司感到诧异。美国的出租车行业严重依赖现金支付，许多出租车司机不需要银行账户。这使以数字支付为主导的共享经济，在支付过程中变得复杂，被延迟。因此，为让优步对司机更具有吸引力，公司在招聘时可以提供商业银行账户。因此，优步一下子申请了30万个人客户账户，比所有大银行都要多。

无人驾驶汽车能够在车主上班之后，通过额外运输来获得收入。在这种情况下，车辆自身也会需要一个银行账户来支付加油和维修费用。因此，与账户关联的不是某个人，而是某辆汽车。德国变速箱制造商采埃孚、瑞银集团（UBS）和Innogy能源公司，在国际消费类电子产品展览会上联合展示的电子钱包eWallet就具有这项功能。这引发了更多有趣的问题，比如，汽车如何在银行进行自动识别，是否需要对其征税。

"智慧城市挑战"——向自动驾驶和无停车场方向发展

我们已经讨论了很多关于城市交通的问题，规划者都在努力使道路尽可能地保持畅通。（瑞士的交通规划者除外，他们正试图做相反的事情，并为此感到自豪。）美国城市规划师杰夫·斯佩克（Jeff Speck）曾经提出过"可步行性理论"，他认为，只有城市让行人能够获得更好的步行体验，才能缓解交通问题。因此，他确定了四个衡量城市的主要特征：城市必须是有用的、安全的、便利的和有趣的。作为一个有用的城市，居民能够在合理时间内，完成日常生活中的各种事务。城市必须安全规划道路，防止行人受到车辆危害。周围的环境和建筑物，应该让居民在户外感觉舒适和随意。作为反例，斯佩克认为，像大型广场这样的设施是无法吸引行人的。而且，公共空间必须有趣，人行道周围的设计要多样化：有热闹非凡的步行购物街、不拘一格的建筑，以及分布在城市周围的小公园等，各个街区的行人可以轻松到达。

如果现在的停车场和交通道路都不存在,我们的城市会是什么样子呢?可以肯定的是,人们会充分利用道路空间,这一点从那些前汽车时代的历史照片中可以看出:孩子们在街道上尽情地玩耍,小狗在周围奔跑,就连成年人也是站在马路中间相互交谈。这在今天来说是不可思议的。有些观点和概念反映了自动驾驶汽车对我们城市生活产生的潜在影响,虽然看起来几乎是未来主义,但它们展现的却是一种旧的生活方式的回归。人们将再一次从汽车世界中夺回自己的居住空间。共享模式中的自动驾驶车辆,为完全改造城市提供了机会。城市不再需要那么多的停车位,因为大多数汽车都在行驶。这不仅减少了私家车数量,也节省了空间。而且,这些腾出的空间可以另作他用。一些开拓性城市已经开始做这样的未来规划了。

"繁华都市"已成过去,今天的城市需要最详尽的规划。罗马边城、亚历山大港、巴黎奥斯曼大街或巴萨罗那埃桑普勒区,这些都是在城市几千年的发展变迁中,意想不到的存在。在一条河、一座桥、一座磨坊和一座矿井旁边,慢慢出现了人类可以休息、烹饪和洗涤的地方,最后演变成一座座繁华的都市。今天,城市的发展需要规划,需要干预,以确保其"有条理"地进行,虽然这种发展并不会提高生活质量。

城市规划不仅涉及哪条街道可以行走,哪里有住宅区,以及哪里应该建购物中心,还包括公共交通的衔接、污水处理和电力供应、幼儿园和学校的建立,以及路灯和长凳等街道设施的布置等。在这些领域里,新技术也正在崛起。例如,洛杉矶推行的智能路灯计划,路灯不仅可以照明,还全部智能联网,不管关闭还是打开,都能够与道路使用者通信,并通过光信号向人们警告各种危险情况的存在。智能路灯作为电动汽车的充电站,也是可以实现的。而这些路灯的供应商,英国初创公司Telensa,在融资1800万美元之后,将智能路灯又推广到了莫斯科和深圳。

良好的城市对环境和企业发展的积极影响也不容低估。选择城市中心还是郊区,意义是不同的。城市中心意味着有更多的人才和客户,而郊区则代表着更便宜的租金。曾经有一项关于纽约股票价格对比的调查,对象分别是38家迁至市外的企业和35家留在市内的企业,这些企业的业务水准相当。几年之后的结果显示,所有搬迁企业的股票价格只有市内企业的一半。

通勤人员从家里到工作单位的距离，也影响着他们在公司的表现。正如美国环境保护署（EPA）指出的那样，员工往返次数越多，相应的生产力就越低。

意大利物理学家恺撒·马尔凯蒂（Cesare Marchetti）曾经分析过人们每天上下班的时间消耗。他注意到，无论步行、骑马、骑自行车、乘汽车还是坐火车，都需要大约一小时才能"稳定下来"。人们普遍可以接受的是，花半小时上班，再花半小时下班。这个时间被称为"马尔凯蒂常数"，几个世纪以来，无论使用何种运输工具，都保持不变。

"虽然城市规划和交通工具的形式发生着变化，而且有些人居住在城市，有些人生活在农村，但人们也在逐步改变自己的生活条件。所以，人们通勤的平均时间大致相同，都是每天约一小时。"

有趣的是，人们经常人为地增加自己的通勤时间。在公司附近居住的员工，通常会在上下班途中绕道去一趟咖啡馆，创造"迷你通勤"。我就是这种情况。如果不需要外出收集素材，我宁愿花时间在家里学习和写作。但是，如果这样的话，我实际的上班路程只有几米长，也就是从床这边走到桌子那边。这就感觉相当无聊，不如去附近的咖啡馆，在那里工作两三个小时。因此，我现在的工作方式就是，花20分钟走到咖啡馆，在途中已经在脑海中完成了今天的任务和想法，需要做的就是到咖啡馆后写下来。

然而，并非所有的新引入项目，以及各种为适应运输工具发展而配备的设施，都是可以预测的。人们在100年前就可以预测出将来会出现更多的道路和停车场，但那种建在城郊的大型购物中心，例如沃尔玛、REAL百货或宜家，就是汽车新技术发展过程中意想不到的结果。因此，我们只能部分预测汽车技术的快速发展带来的某些剧烈变化，建筑结构类规定除外！

当你走过一个城市，首先注意到的就是很多空间被汽车占据。在某些地方，停车场（包括地下和地上）和车库甚至占据了可用空间的三分之一。这与当地的建筑法规有关，这些法律要求停车位必须与家庭、商场或办公室的大小成比例。研究人员曾经以美国四个小城市为对象，分析停车场如何影响城市格局，并通过航空城市地图来标记，结果是不言而喻的。

在马萨诸塞州哈佛大学的所在地剑桥市，每93平方米的建筑面积（按美国标准为1000平方英尺）可建0.09个停车位。也就是说，差不多每1000平方英尺内才允许有一个停车位。在这样的城市地图中，红色的停车区域并不明显。在加利福尼亚州的伯克利大学城，其停车场面积比剑桥市多出0.25倍，你可以看到红色区域已经变得比较清楚，但仍然很稀疏。而位于康涅狄格州的纽黑文市和哈特福德市，情况则发生了巨大变化，每93平方米分别有0.60和0.86个停车位。在那里充斥着各种停车场，城市地图有一半都发着红光。矛盾的是，这同时导致了城市的扩张。由于停车场位于公寓楼和商业楼之间，因此人行道会变得更长，这就导致汽车使用量增加，从而增加了对停车位的需求。谁有认识的朋友，可以问问这四个小城市中哪个最适合居住，答案绝对不是停车场最多的那个。

中国城市芜湖有近400万居民，计划在5年内完全实现车辆自动驾驶化。与百度合作，芜湖将在全市逐步引入自动驾驶公交车、卡车和各种小型汽车。

美国直到最近才有6%的城市将自动驾驶汽车安排在规划中。这就是为什么美国交通部会在2016年推出"智能城市挑战赛"，这种城市规划创意竞赛，旨在呼吁一种城市交通开发的新概念，以及推动自动驾驶车辆、传感器和相关数据的使用。在挑战赛中，共有78个美国城市提交了设计。

根据美国交通部研究和技术总监马克·多德（Mark Dowd）的说法，三分之二的城市将自动驾驶汽车视为未来城市交通解决方案的一个组成部分。作为这次挑战赛的获胜者，俄亥俄州哥伦布市得到了4000万美元奖金的资助，该市希望将这笔资金用于自动驾驶穿梭巴士，为较贫困的社区居民提供更好的交通服务，以便他们更方便地进入该市，享受当地的医疗服务。

换句话说，大多数城市政府不仅将自动驾驶车辆视为不可避免的发展事物，还要求这种车辆解决某些紧急的交通问题。其实，在哪个城市测试自动驾驶汽车并不重要，毕竟当地代表会提前争取并清除法律障碍。

第一批新型社区小镇进行规划时，已经将自动驾驶汽车考虑在内。位于佛罗里达州的白考克牧地（Babcock Ranch），设计定位就是可持续发展小镇，不仅运用新能源作为能量来源，还计划使用各种无人驾驶交通工具，而且最重要的一点就是，在住宅单元的步行距离内加大了必要的基础设施建设。这也改变了小镇建筑的设计方式，街道上没有车库或规定的停车位。

而一些城市交通规划者，尤其是洛杉矶，备受市内交通困扰，或多或少忽视了新的公共交通工具的规划。这个城市在20世纪20年代有一个颇具规模的有轨电车网络，但就像电影《谁陷害了兔子罗杰》简要叙述的那样，它最终被汽车公司收购并关闭。任何经历过在八车道高速公路上只能以步行速度前进的人都知道，洛杉矶的交通问题十分严重。因此，该市在多年忽视公共交通建设之后，决定简单跳过这些问题，直接依靠自动驾驶车辆来解决。洛杉矶希望到2035年通过"零死亡愿景"（Vision Zero）计划，将交通道路死亡人数降为零。对，你看得没错，是零。但是，这只适用于自动驾驶汽车。威斯康星州也开始减少在昂贵的道路基础设施上的支出，转而支持自动驾驶汽车。这样节省下来的资金，可能足以促使政府批准自动驾驶车辆，甚至禁止手动驾驶车辆。我们现在的情况很独特，即政府适应新技术的速度要比人们想象的更快。

在美国国家公路交通安全管理局和其他几个道路安全组织倡议的"道路零死亡"（Road to Zero）计划中，自动驾驶汽车也发挥了重要作用。美国计划在30年内，将交通事故死亡人数降为零。当然，这必须建立在无人驾驶汽车具有足够安全性的基础上。同样，作为一个很好的例子，这也说明，如果政府和企业能够参与其中，提出具体计划或愿景，不仅可以促进颠覆性创新，还可以将新技术推向市场。德国也有此类计划，至少就某些组织而言是这样，例如德国联邦交通委员会和德国交通俱乐部。

用一种个人叙述方式，即将个人情感故事作为营销手段，对美国人来说是完全正常的，但德国人很难在这样的背景下被说服。而下萨克森州代表团的一次谷歌Waymo访问之行，则相当具有启发意义。代表团由德国下萨克森州经济、就业与交通部部长奥拉夫·赖斯（Olaf Lies）率领。在访问过程中最令人感动的，是一部关于盲人史蒂夫·马汉（Steve Mahan）的视频。马汉是圣克拉拉谷盲人中心的前首席执行官，视频讲述他在谷歌自动驾驶汽车帮助下，如何独立生活。

什么是德国制造商反对的？恰恰是那些宣传口号，"汽车汽车！""用科技来超越""驾驶的乐趣"等。这是多么可悲！而一些广告故事或电影场景也是科技灵感的来源。正是由于吉恩·罗登贝瑞（Gene Roddenberry）的《星际迷航》系列，翻盖手机才得以推广，而电影中的"三录仪"（Tricorder），也激发了许多初创公司的灵感，设计出一种可以测量多项生命体征（如体温或心率）的便携式医疗设备。而科幻电视剧《霹雳游侠》（*Knight Rider*）中那部与人交流的梦想汽车基特（K.I.T.T.），以及可以用来对话的手表，则与今天的无人驾驶汽车和Siri类似。然而，这些故事和相应的技术都不是出自德国。

马克·安德森，网景公司创始人，现为安德森-霍罗威茨（Andreessen-Horowitz）风险投资负责人，他认为汽车行业应该迈向更加激进的发展方式。

"让城市商业区远离人类司机，确实是一些市长的想法。他们希望形成一种城市交通网络，里面行驶着自动驾驶汽车、高尔夫球车、公共汽车和有轨电车，一起提供全电动、全自动的服务。

"试想一下，如果实现了这些，我们的城市会是什么样子。所有街道停车的现象会消失，所有停车位也会消失。整个城市中心变成一个大公园，还会为你提供轻型电动车。城市将没有污染，没有噪音，清洁而整齐。这就像是先开车来到机场，然后把车停下，再用一辆高尔夫球车把你带进城。有些城市可以做到这一点，不仅在美国，许多政府指定的国际化城市也可以。大学校园、养老院、游乐园、工业园和商业园，都是可以通过自上而下地下达规定来实现应用的区域。我认为这样的场景将逐步完成，而不是大规模一步实现。"

随着柴油车排放丑闻的出现和持续的颗粒物污染，一些城市已经开始采取一些激进措施。巴黎市长安妮·伊达尔戈（Anne Hidalgo）在第一阶段测试完成后，宣布完全关闭香榭丽舍大街和塞纳河沿岸的一段道路，这条城市中最为繁忙的道路将完全禁止车辆行驶。这样减少的车流量应该不到一半，城市出行应该优先考虑公共交通和使用自行车。到2020年，巴黎将完全禁止柴油车辆行驶。

在其他城市生活也要面对很多问题。2014年，我在班加罗尔慢跑时，曾天真地想一边跑一边探索酒店周围的区域，但在很短时间内就筋疲力尽了，并且一度喘不上气。城市肮脏的空气造成了巨大的经济损失。2012年，印度有超过50%的车辆使用柴油发动机，政府现在被迫取消了相应的税收优惠。从那时起，柴油车辆的比例下降了一半。

2017年1月底，挪威奥斯陆有史以来第一次禁止私家柴油车（车辆比例占45%）在城市行驶，原因是城市烟雾危害。雅典、马德里和墨西哥城也将在2025年禁止柴油车上路。随着发动机废气和空气中细粉尘危害的最新发现结果公布——这项发现的真正价值绝不亚于柴油发动机的发明——禁止使用内燃机的可能性更大。人们不得不采取更加激烈、成本高昂的措施，比如有针对性地不让手动控制车辆参与到交通运输中（如回购手动控制车辆的产权），这样可以加速全面引入自动电动车辆，尽可能缩短手动驾驶到自动驾驶的过渡期。

一些专家警告，对无人驾驶乘客用车的关注不应该妨碍其他车辆的发展。城市中的垃圾车，需求相对较大的（停车）区域和相应的第二车道，必然会造成交通拥堵，对此类车辆也必须找到相应的解决方案。

道路行驶自主化

我们说过，很多城市是自动驾驶汽车的第一个应用区域。但是，无人驾驶汽车为很多农村地区也提供了许多机会。欧洲有四分之一到三分之一的人口生活在农村。在农村，完善公共交通，既复杂又昂贵。在公交车到达车站之前需要等待几小时的情况并不罕见。即使有公共交通工具，最后一公里的问题仍然没有得到解决。通常来说，你下车后必须再走几公里才能到达实际目的地。

无人驾驶汽车可以改善这种情况，这种车辆的优势不言自明。第一，自动化车辆比原本已经空无一人或半空的郊区公共汽车空间更小，节省了资源。第二，可以"节省"司机。第三，自动化汽车不必遵守严格的时间表，而是自主订购，车可以直接开到家门口。每个人都有代步工具，即使那些自己没有汽车的人。即使拖拉机和收割机这样的农业机械车，也可以在没有人为干预的情况下昼夜不停地工作，而农民将成为机器的管家和远程监督员。一位加拿大农民就用视频展示过自己如何使用带拖车的自动拖拉机和收割机作业。因此，联合收割机将来也会实现自动化。

"布雷斯悖论"和其他街头故事

道路交叉口是交通事故多发区。在美国，50%的事故发生在十字路口，环形交叉路口只有16%。你要知道，交叉路口有56个潜在冲突点，这些冲突点都有可能导致车辆碰撞。华盛顿州交通部的研究表明，其中32个冲突点属于车辆与车辆冲突，24个属于车辆与行人冲突。环形交叉口使事故减少37%，意外伤害减少75%，致命事故减少多达90%。它们迫使车辆减速，只能朝一个方向行驶，并且没有红灯，着急赶路的车辆也不会闯红灯违规。

和我们常规的预期和想法相反，让我们感觉到危险的路况事实上要比那些看起来无害的路况更安全。预感到危险，我们会更加小心，反过来，我们经常粗心大意。

所以，道路规划者都有一个经验法则，在设计高速公路时，必须让驾驶员在每分钟都稍进行转弯，以避免行驶时注意力不集中。在美国，在高速公路上铺设减速带是常见的，并且会安装在道路中间和边缘，这有助于避免70%因疲劳和注意力不集中而造成的事故。在路面上人为设置凹凸起伏，或者增加公路标记。如果轮胎在驾驶时与这些凹凸面接触，汽车会震动，提醒司机注意。而道路标识会从字面上唤醒司机，提醒他们应该休息一下了。

政府经常把修建道路基础设施视为创造就业机会的一个契机。然而，具体情况一定要具体分析。连接大都市和工厂的高速公路建设会间接创造就业机会，因为它们可以实现商品和服务之间的交换。而城市道路建设会使城内设施不易配备，降低当地居民的生活质量，其危害性远远超过收益。与高速公路干道建设的大型机械工程相比，城市街道、人行道或自行车道的小型施工队伍显得相形见绌，前者所需工人占工人总数60%，甚至100%。

在美国，政治家口头上都倾向于公共交通工具，但与其他运输方式相比，公路建设资金还是增加了4倍。加利福尼亚州环境局声称，2011年的道路资金投入为400亿美元，此外还有额外的650亿美元到1130亿美元的公开和隐性补贴。

加利福尼亚大学基础设施规划名誉教授马丁·沃克斯（Martin Wachs）曾就事论事地说："在90%的时间里，我们90%以上的道路都是不拥堵的（每天堵车的时间只是集中在几小时而已）。"矛盾的是，额外道路不但不会减少交通量，反而造成更多的交通拥堵，因此会导致更长的驾驶时间。早在1968年，德国数学家迪特里希·布拉斯（Dietrich Braess）就证实了这一点。被称为"布雷斯悖论"的现象表明，额外的道路会在交通流量相同的情况下，增加所有道路使用者的行程时间。这种情况的出现与以下事实有关——如果我们有选择权——我们考虑的个人利益会多于共同利益。科学上也谈论过所谓"潜在需求"。如果建造了更多的道路，就会有更多的人开车。你更有可能增加出行，接收更多的包裹，更多的婴儿会将睡眠时间消耗在车内安全座椅上。

如今的一些例子，也越来越多地体现出"布雷斯悖论"。惊悚赛车游戏《恶煞车手》（Carmaggedon）设计过一个由于紧急维修而全天封闭洛杉矶405号州际公路的场景，结果反而使交通拥堵现象减少，周围居民点的环境污染也大幅降低。同样，封闭纽约第42街也减少了邻近街道的交通拥堵。而新增道路会使交通状况恶化，例如1969年在斯图加特发生的一个例子。

即使对那些非驾车者来说，也可以通过自动扶梯来尝试体验上述现象。一家总部位于伦敦的咨询公司，研究过人们在自动扶梯行走和站立是如何影响吞吐量和持续时间的。如果有40%的人在自动扶梯上行走，站立者的运输时间平均为138秒，而行走者为46秒。如果所有人都停下来，每个人的平均时间是59秒，这意味着行走者增加了13秒，站立者减少了59秒。所以说，每个人为整体利益都应该停下来，但事实上人们并不会这样做。

我们拥有多少道路，特别是如何使用这些道路，其实是一个成本问题。德国市政道路的价值估计为2020亿欧元。德国公路网总共覆盖65万千米，其中高速公路占12993千米，跨地区公路占23万千米。2013年，德国交通区域的总面积为1.45万平方千米。每平方米的年度成本应该为1.30欧元，算上获得的相应物质补贴，实际上只花了75美分。因此，虽然道路养护每年花费将近190亿欧元，而实际花销大约是110亿欧元。无论如何，这是一个巨大数额，还不如将其消费在其他地方，毕竟90%的道路在90%的时间内都没有被使用。

道路本身也是收入来源。事实上，这些收入是支出的3倍。2010年，德国的道路收入略高于500亿欧元，而支出仅为170亿欧元。

寻找消失的停车位

德国道路上4300万辆汽车，每年行驶里程为6110亿千米。这相当于每辆车每年行驶超过1.4万千米。如果平均速度为每小时60千米，那每辆车每天也就行驶38分钟。实际上，每辆车有23小时都是静止不动的。汽车成为相当不错的"停车场陈列品"。即使在美国也没有好到哪里去。2.6亿辆汽车每年行驶里程为51.25亿千米，相当于每辆车每年行驶1.97万千米，即每天54千米。在平均速度相同的情况下，每辆车每天只有54分钟在行驶。一天有23小时6分钟处于停车状态，美国汽车每天如此。

然而，停车并不便宜。即使在美国相对廉价的城市地段，每年也需花费4000美元，而最昂贵的停车场花费要高达6万美元。在西雅图的一个购物中心，地上车库停车的费用通常在2万美元到3万美元之间，地下车库为4万美元。在德国，房地产开发商在地下车库投入的建设成本为3万欧元到4万欧元，在街道停车场投资1万欧元。算一下，每辆车平均停靠四个车位的话，地球上所有停车场的价值总和已经远远超过了所有汽车的价值。

由于每个停车场还需要设置通道甚至坡道，因此在空间上的消耗又超过了停车场本身的大小。停车位可以将公寓建筑成本提高多达五分之一。一项在西雅图的研究表明，如果在夜间必须停车，而此时又正值最需要停车位的时间段，在37%的房屋处于空置的情况下，住房成本至少要高出15%。我们无法改变车库和停车场的设置，毕竟建筑条款明确规定新公寓或商店必须提供的停车位数量。这可能非常昂贵，并使许多人对公寓、房屋或商业场所望而却步。一些城市甚至将15%的建筑空间都用于停车。具有讽刺意味的是，政府放在惩治违反停车法规方面的关注力，要比补贴低收入住房方面更多。

还有更加让人难以理解的。首先，每个纳税人都必须支付停车费，无论是否拥有或使用车辆。即使我们只乘坐公共交通工具，或者步行、骑自行车，也必须为各项汽车专用基础设施付费。总之，我们要补贴驾驶人员。而且，由于停车规定，商品价格估计要提高1%。这样资金反而从低收入者流向较高生活水准的群体。此外，这些停车场还以远低于实际价格的价格对外"出租"。地下车库和街边停车场皆是如此。租用车位相对来说更加便宜，这就导致了更多的驾驶行为，而城市更不利于行人步行或骑自行车。美国的"停车专家"唐纳德·舒普（Donald Shoup）针对这个问题，曾打过这样一个比方：

"想象一下这样的情景，城市强迫每个餐厅在每道主菜上添加一份免费甜点。我们可以轻易地想象到，餐厅为收回甜点成本，会使主菜价格上涨。而为防止餐厅作弊，城市又规定了精确的'最低卡路里'，其中必须含有甜点。有些用餐者会为他们不吃的甜点付账，而其他人会吃那些他们从未点过的含糖甜点，而这些甜点，本来只会在人们单独付款的情况下才会被吃掉。这样的后果，就是不可避免地导致更高的肥胖、糖尿病和心脏病发病率。一些营养意识较强的城市，如纽约或旧金山，禁止提供免费甜品，但大多数城市仍然会这样做。许多人因为他们必须为这些免费甜点付费而感到愤怒。"

研究人员估计，道路上经常有8%～74%的车辆处于正在寻找停车位的过程中，这期间浪费的平均时间是3～13分钟。在洛杉矶市中心的13:00至14:00之间，有将近96%的移动车辆都在寻找停车位。这些数字触目惊心。

假设每个停车位每天平均有10辆车使用，每个停车位每天累计下来寻找车位的时间至少需要30分钟。按照每小时15千米的平均速度计算，每个停车位利用起来累计需要行驶7.5千米，当然还有相应的汽油消耗量和污染物排放量。汽车每年在每个停车场上被迫行驶的距离，相当于在慕尼黑和柏林之间来回穿梭两次以上。

所以，现在出现了ParkWhiz这样的创业公司，正在试图解决这个问题。ParkWhiz在线车位预定应用程序，能够向用户显示车库中空闲的停车位，引导司机驶向那里。而旧金山也正在尝试一项旨在通过灵活定价来调整街道停车供需的计划。SFPark系统使用所谓的智能停车计时器，可根据日期、时间和地点来调整停车价格。它的目标是在每个街区内保留15%的停车位，以减少搜索时间，从而减少汽油和里程消耗。

司机在寻找停车位时，驾驶方式也不同。他们在停车时会减速，降低其他道路使用者的速度。据估计，几乎五分之一的碰撞事故都是由停车操作引起的。此外，还存在性别差异。女性愿意花更多的时间寻找停车位，因为她们希望停在离目的地较近的地方，而男性则将车开得更远。其实，两者都不对。女人高估了从停车场到目的地的人行道距离，而男人则低估了它。

根据里斯本通勤的数据，研究人员得出一项结论，只需十分之一的车辆就可以实现同样的人口出行流量。一支由2.6万辆车组成的出租车队可以满足里斯本全部20.3万辆汽车的行驶需求。这相当于为其他场所释放210个足球场大小的区域。而针对新加坡进行的一项研究结果表明，只需目前行驶的三分之一车辆就可以满足当地的所有交通需求。对于纽约市，麻省理工学院的人工智能研究所模拟计算的结果是，1.3万名乘客98%的出租车旅程都可以被3000辆自动驾驶汽车取代。而密歇根州安娜堡的12万辆汽车，可以被1.8万辆共享自动驾驶汽车取代。对于目前已有70万辆汽车的慕尼黑，得出的结论是，在不牺牲流动性的情况下，20万辆私家车可以被1.8万辆无人驾驶出租车取代。

对美国而言，每个普通家庭平均拥有2.1辆汽车；如果每家的汽车能够减少43%，只拥有1.2辆汽车的话，每辆汽车的行驶里程数就会从1.8万千米增加到近3.3万千米。美国汽车协会的数据表明，每个普通家庭的汽车相关花费为每年1.8万美元，这相当于每英里花费大约60美分，比自动驾驶汽车的花费多4倍。这样节省出来的花费将超过3万亿美元，这些可以流入每个美国家庭用于其他支出，省下来的费用相当于美国国内生产总值的19%。

在全球范围内，停车产业目前每年可产生1000亿美元的价值。在美国，近三分之二的停车收入来源于车库内停车，剩余收入来自街道停车。

但是，如何处理所有的免费停车位和车库？一项研究结果显示，旧金山的这类空间可能高达25%。拆除，是一种费用昂贵的解决方案。住在停车场会很酷吗？就像曾经用旧仓库和工厂建筑改造的，如今变得令人向往的阁楼一样，空车库也可能成为很酷的居住场所。

未来充满希望，至少对停车位而言是这样。这就告诉我们，汽车将比现在占用

更少的空间，而城市居民将再次呼吸到新鲜空气。

迷失在林立的路牌中，交通信号灯花费了我们毕生的时光

时间回到20世纪70年代中期，在维也纳的一个郊区，我和朋友慢慢地走出学校大楼。在结束一天的紧张课程之后，我们走在回家的路上。邻居杰拉尔德和我在去电车站的路上窜来窜去，试图快速超越对方。在这期间，我们一直相互打闹。突然一声巨响，杰拉德撞上了人行道旁的路标。幸运的是，杰拉德只留下了一个小伤痕。

这是必不可免的事情。在德国街道及周围，有2000万个交通标志和400万个路标；在奥地利和瑞士各有200万个。立法机关的目录里就有500个不同的交通标志。在美国马里兰州进行的一项研究表明，司机行驶时只能在典型路段的半米左右，接受简短的新交通信息指示。而这些交通信息标识以每小时50千米的速度发送1320条消息，相当于每分钟发送440字甚至三段文字。所有这些都很快被添加到驾驶任务中去。

尽管现在各地都在竭力遏制这种刻板的指示形式，但路牌数量仍在不断增加。不仅如此，它们的成本也在上涨。每个道路标识的成本在80～200欧元，还有运输、装配、运转和可能的照明等其他额外费用。因此，瑞士的阿尔高州在几年前的一次节能行动中，将每条道路上的交通标识缩减了八分之一。每个标识的成本为1000法郎（约900欧元）。而在其他城市的一些试点项目中，已经让街道完全摆脱了交通路标。著名的交通研究者汉斯·蒙德曼，将荷兰德拉赫滕镇的所有街道标志和交通信号灯完全拆除，并将交通区域定义为共享空间。这种街道设计的结果就是，交通事故急剧减少。"共享空间"的概念鼓舞人心，现在已经被许多国家的城市采用。随着自动驾驶车辆的出现，我们还会从这些共享空间中获得更多。

交通标识本来是用于指示方向，提高交通安全的，但由于数量过于庞大，今天反而起到了相反的效果。许多路牌已经令人感到困惑，指示的信息甚至相互矛盾，这反而影响了驾驶者的注意力。

然而，在德国，交通信号灯的数量又增加了150万个。简单、便宜的信号灯定制价格为3.4万欧元，而一些专门为自行车或电车配置的信号灯较为复杂，成本更高，高达27万欧元。另外还有高达5000欧元的运营成本，外加800欧元的电费。这些巨大的花销，也是越来越多的城镇设立环形交叉路口的原因之一。这些信号灯也消耗着驾驶人员的时间。在英格兰，红灯占用的时间最多可达驾驶时间的五分之一。研究证明，如果在50年内每天驾车行驶38分钟，面对红灯的时间就占了近两周。

众所周知，自动驾驶车辆和联网汽车不再需要这些极其昂贵的道路设施（这些车辆以电子或数字方式接收信息），交通标志和交通信号灯系统将告别物理模拟世界，以更前沿、更经济的形式重新出现在数字虚拟世界中。让我们拭目以待吧！

从生产流水线到"垂直集成",再到智能控制

治乱,数也。

——《孙子兵法》

1908年,亨利·福特引进生产流水线,随后自动化生产不断进行优化。在"垂直集成"的生产模式中,我们常常听到的关键词有"准时""顺序化"等。

每个螺丝钉、每盏灯、每扇门都要由供应商在精准的时间内按照精准的流程提供。在汽车工厂的传送带上展示的情景,并不是100辆黑色3系宝马整齐排列在一起,按序组装,而是大众康比挨着卡布里奥,不同的颜色、不同的型号交叉在一起。安装过程也不再是整齐划一、排成直线,第一眼看上去还会显得杂乱无章。这种高度复杂的机械装置当然不只有传送带。汽车制造商用了100多年的时间,设计制造出精准的机械,又用这些成果制造出新的机器。越来越多的流水线引入智能机器人,安装玻璃,加装椅子,安装车身,以及在各个独立车间之间运送独立的配件。

奥迪在这方面遥遥领先,已经完全脱离生产流水线,只使用智能机器人,这样可以节省成本,灵活性更强。奥迪利用专门设备仔细装饰汽车,这些汽车因为需要

相对较长的工序，已经被耗时少的汽车"超过"了。

创造机械的机器——这是特斯拉创始人埃隆·马斯克追求的梦想。生产产品的自动机械，其复杂性远远高于产品本身，生产像汽车这种复杂的产品更是如此。马斯克曾宣称，优化一个工厂要比设计产品有更大的潜力，因为它有规模效应。在软件产业中，计算机系统已经可以独立编写代码。就像生物学上的繁殖一样，它会产生新的遗传代码，创造新的生命。

在汽车行业内，对人工智能的应用并未局限在生产过程中，已经开始应用于汽车设计领域。位于旧金山市场街的欧特克公司（Autodesk）展览馆，展出了一个受空客公司委托进行的飞机结构设计，该展品由人工智能设计。展示的"飞机"像一个有机生物体，有"肌腱"一样的组织穿过身体，在显微镜下甚至能辨认出骨骼结构、血管脉络，各种结构元素的排列和我们熟悉的人手并无差异。你可能在机械设备、自行车零件和汽车车身装配等领域见过这种人工智能系统。它们计算和设计出来的方案表面看起来像随机生成的结果，但实际上充满"活力"，受人喜爱，而且更易生产，成本更低。按照这种设计，生产同样硬度的产品只需原有材料的四分之一，产品的总重量也可以相应减少75%。

高性能电池

以前,当人们说起电池存储和电能替代时,几乎没有任何能源供应商可以占据市场主导地位。谈起绿色能源,E.ON、瑞典大瀑布电力公司(Vattenfall)、德国莱茵集团或巴登-符腾堡州能源公司,这些企业的名字也不会像现在可以脱口而出。如今,新型公司正在进入能源领域。汽车制造商特斯拉及其超级工厂,还有互联网公司Entelios等正在推动这一发展。这些"新进入者"成本昂贵,前景初看起来甚至如空中楼阁。然而,现在出现了转机,而能源巨头发现时几乎为时已晚。在德国,现在只有12%的绿色电力。

汽车制造商和互联网公司在进入能源领域时,运用了新的方法和模式,并且具有知识优势。与大型发电厂的施工方和运营商相比,他们可以更好地利用电力生成和消耗时产生的大量数据。像Opower和Gridcure这样的年轻公司,正在与能源供应商和客户携手合作,可以根据产生的数据提供各种服务——从更好地利用和规划能源网络,到推荐安装新充电站地点,再到将电动汽车电池作为用电高峰期的缓冲能源来使用等。

除特斯拉外,福特也认为有必要将电池保留在自己的生产链中。福特的观点是,电池的发展和对化学过程的理解是企业的核心竞争力,是不应该放弃的。但是,这并不是件容易的事。自1992年以来,日产一直在试验自己的电池,但后来还是决定与他人建立合资企业,因为这样生产的电池更便宜。但是,廉价并不是优质的同义词。因此,日产更换了电池制造商,让聆风采用了最新型号的电池。此外,丰田未能生产自己的锂离子电池。特斯拉也只能在松下帮助下将电池开发提升到新水平,而这是其他任何制造商都没有达到的。

智能交通

交通预报这类问题有点类似母鸡和蛋的关系。一些关于第二天某些路线将完全免费的道路预测，可能导致更多人驾车上路行驶。如果宣布可以免费乘车呢？那么，以后一切都不同了。因此，有价值的交通预报必须始终考虑人们的反应产生的影响。

我们将来必须支付更多的费用才可以使用交通更快的路段吗？我们会体验一种受自动驾驶车辆影响的多层次社会吗？欧洲和美国已经计划实施，让付费客户优先享受高速的联网车道。但是，这种偏好设置可能会对言论自由和信息自由造成一定的限制，因此这项计划被暂时搁置了。然而，在其他一些城市，例如莫斯科，在交通大道上已经设有"公务专用"的特殊标志。这些道路的中间车道，通常只能由带蓝灯的政府官员乘坐的车辆或者执行紧急任务的车辆使用。

智能交通管理不仅能使交通更加顺畅，还可以防止事故发生。从1977年到2015年，美国城市地区的道路交通死亡人数持续增加，而农村地区却在下降。洛杉矶和其他城市宣布要实现"零愿景"的目标也是事出有因，但该目标必须通过自动驾驶汽车和数千个传感器才能实现。一辆在行人当中行驶的汽车，通过传感器将驾驶信息发到中央数据库，从而能够缓和道路关键区域的交通状况。"智慧城市"就是这样协调有序地运作着。里约热内卢、桑坦德和新加坡等城市已经大量使用传感器。利用谷歌地图或Waze生成的数据，可以使交通更加顺畅，旅行时间计算得更加合理，也能实时报告交通拥堵状况或推荐替代路线。

再见了ADAC？从会员俱乐部到车队俱乐部

欧洲汽车俱乐部曾到硅谷进行过为期一周的访问。二十多家汽车公司代表、供应商、风险资本家和专家会面，一名管理层成员不得不承认，虽然先前已经知道有这样那样的"难题"，但这些"难题"都是独立存在的，没有相互联系起来。直到此时，它们才真正串联起来形成了一个完整的概念，从自动驾驶汽车、电动汽车到物联网，再到无线软件更新等。通过访问，他们真正意识到各个部分是如何协调运作，缺一不可的。而"俱乐部"这个名词曾代表的内容开始变得值得商榷。

典型的汽车俱乐部可以为会员提供各种服务，例如故障和事故援助、车辆保险、国外遣返救护，以及提供法律、合同和技术方面的相关建议等。俱乐部必须推陈出新，紧跟时代步伐。虽然汽车露营项目对于欧洲ADAC汽车协会而言占有相当重要的地位，但如今推出的露营指南和相关服务已不像从前那么流行。美国汽车协会推出的免费区域路线图一度非常受欢迎。然而，现在借助谷歌、苹果，或者更确切地说，用导航设备制造商的数字地图，这些服务都显得多余。

如果考虑共享模式下更少的汽车和更多的自动驾驶电动车意味着更少的驾驶员和车主，那这种俱乐部服务就基本可以忽略不计了。汽车俱乐部正在失去大量私人会员，而公司和车队运营商越来越依赖客户。这势必会对价格模型和服务的范围与性质产生影响，因为更大的车辆数量代表了更好的谈判基础。当企业客户取代个人客户时，汽车俱乐部作为会员协会的自我认知必须完全改变。

时尚科技——将汽车"穿在"身上

防狼立体蜘蛛服是荷兰设计师阿努克·维普雷希特（Anouk Wipprecht）的代表作品，穿戴时，模特的上身是电子紧身胸衣，而肩膀被伸出的"蜘蛛腿"包裹着。这些"触手"不是时尚配饰，而是用来感应移动物体的。一旦有危险接近，它们就会伸直进行防御。物体接近模特的速度越快，代表的危险性就越大。这种蜘蛛服就是所谓时尚科技。设计师用电子元件对自己的设计进行了实验。女性身穿这种紧身胸衣，一旦有陌生人靠近就会直接感应到，威胁也会立即被察觉。

随后不久，奥迪找到了这位年轻设计师，后者通过独特的设计推出了四款奥迪A4系列时装。维普雷希特的设计灵感来自奥迪A4前灯的形状和内置传感器。服装中的超声波传感器可以感受到物体的接近，并发出声音做出反应，声音越尖锐，表示物体移向着装者的速度越快。服装采用的是感光材质，可以对环境颜色做出反应。

今天，我们随身带着钥匙或智能手机，用来启动汽车。我们的曾祖父曾经戴着带眼罩的皮帽来抵御恶劣天气。人们将来可以使用生物识别传感器，甚至携带电子植入仿生体。到那时，《霹雳游侠》主角使用的那种腕表早已不复存在了。

法律面前人人（汽车）平等吗？

在自动驾驶汽车可以大规模使用之前，相关法律框架必须正确制定。现在已有70多个国家批准了1968年的《维也纳道路交通公约》。这些国家将交通规则制定成统一标准，让不同国家的驾驶执照能够通用。我们今天在欧洲国家看到的大多数交通标志仍然遵循这个标准，这意味着这些国家的交通条例都是通用的。正是由于这个公约，当我们使用德国驾驶执照在意大利、越南或沙特阿拉伯上路行驶时，也不会遇到麻烦。

2016年，公约的适用范围扩展到自动驾驶车辆。早在2014年，只要司机可以随时关闭，就可以使用驾驶员辅助系统。

除《维也纳道路交通公约》之外，还有其他有关车辆设备的规定，都由联合国欧洲经济委员会（UNECE）发布。为让自动驾驶汽车在常规路段中使用，而不仅是处于测试模式，必须对其中的一些法规进行调整，但这项工作尚未进行。具体而言，ECE R 13法规适用于制动系统，ECE R 79法规用于转向系统，而ECE R 48法规用于照明和光信号装置。举例来说，ECE R 79要求驾驶员必须能够通过转向运动随时接管系统，从而保持对车辆的控制。目前，自动转向仅允许车辆达到每小时10千米的速度。

美国也是合约成员，但这些规定并不是强制性的。然而，对欧洲来说，如果不想将这个市场完全留给美国和中国，就迫切需要调整关于自动驾驶车辆的法规。我认为"现在"就要进行调整，尽管该技术仍然处于开发阶段（德国仍然有机会）。

在公共场所测试自动驾驶车辆，如果政府对制造商仍然没有任何让步，国内相关产业比起技术领先国家，将面临更大的落后。

2016年夏末，美国国家公路交通安全管理局和美国交通部提出修订现行驾驶指南。该指南以前要求司机必须人为控制车辆。政府意识到自动驾驶技术不断向前发展，但尚未进行充分的测试和评估。目前已列出的15个法律要点主要涉及安全和验证措施、个人数据保护、网络安全、道德问题，以及事故发生时对车内人员的保护。如前所述，从2017年11月开始，加州允许没有司机的自动驾驶汽车上路。因此，三位美国参议员起草了六项关于自动驾驶汽车的立法原则，这些原则在安全性和最快引入这项新技术之间取得平衡。这六项原则包括：

- 安全第一！
- 支持渐进式创新，必须消除现有障碍。
- 保持技术中立。
- 加强联邦和州政府的不同角色。
- 强化网络安全。
- 告知公众，有责任接受自动驾驶车辆。

除具体说明如何规范使用自动驾驶系统之外，发生事故时的责任归属问题也需要详细划分。此外，可以设想一种仅供自动驾驶车辆使用的轨道和路段，类似美国的拼车专用道，那里只有一个以上人员使用或带有特殊标签的车辆才能通行。对于传感器，是否也需要制定法规呢？那些处于停车状态的自动驾驶车辆，它们的摄像头或者激光雷达继续当作监控设备使用，还是应该关闭，以保护个人隐私呢？

为什么火车不再有优势？

即使是火车，也必须面对是否实用和仍然具有历史重要性的问题。按照铁路公司的说法，它们会提供相关的运输或移动解决方案。但是，这样的公司名称已经成为理解其真正含义的障碍。

苹果公司首席设计官乔纳森·伊夫（Jonathan Ive）曾受英国电视台邀请，审查和评价学校午餐盒的设计方案。他提出的第一个建议就是，谨慎看待设计任务的名称。"盒"这个字本身已经影响和限制了设计思路和解决方案。如果听到"盒"，你通常会想到一些矩形的东西，一些必须具有某种形状的物体。幸运的是，孩子们没有限制自己的思维，他们的设计方案想象力异常丰富。

同样，"铁路"这个词也让我们的思维停留在固定框架内。一听到这个词，我们的脑海中立刻出现了铁轨、火车头和车站。一个像我这样在铁路工人家庭成长的孩子，依然记得高架线路和那种从小就习惯的金属和柏油气味。将关注重点始终放在对象身上，客户需求和目标是次要的。虽然欧洲铁路公司非常注重为客户提供更好的服务，但整体过于机械化。

人们选择使用交通工具，主要是为了与其他人、货物或地方产生联系。出行时，人们同时会有几个选项可供选择。例如，从慕尼黑到斯图加特，我可以乘坐汽车、长途巴士、火车或飞机；如果有足够的时间和体力，我还可以步行、骑自行车或骑马。此外，（在经济条件允许下）选择合理的交通工具组合也是可能的。例如，典型的旅行一般包括乘坐出租车到火车站，再乘坐火车到达目标城市，最后步行到达目的地。

如果我是铁路运输行业的负责人,我会始终把长途列车视为移动运输的核心组成部分。即使公共汽车、出租车和铁路运输一起合作,提供标准出行服务,这些交通工具还是起着辅助作用,主要用来解决"最后一公里"的问题。但是,作为旅客,我们愿意乘坐火车出行吗?搬运行李既费事又费力,延误是常有的事,联运列车又经常赶不上,而且列车座椅也不舒服。火车、飞机和出租车在运输方面会造成太多的行李破损。通过手机软件在线预定自动驾驶汽车会使出行更加便捷,它可以把我从慕尼黑直接送到斯图加特,而不只是到火车站。这将直接挑战铁路运输。

这时便有理由提出一个疑问,未来是否有必要通过运输公司划分交通工具。如果客户想要的是一个无缝服务式的整体运输方案,为什么还要区分不同的运输公司,为什么需要将飞机归为航空公司,将火车归为铁路集团,将出租车划入汽车公司?就这方面而言,苹果公司向我们展示了自己的应用领域。硬件、软件和其他内容,比如音乐和电影,都是同一个来源。这就是几年前该公司将名称从苹果电脑公司(Apple Computer, Inc.)更改为苹果公司(Apple Inc.)的原因,为的就是能够代表整个生产线。特斯拉也是如此——自己生产汽车,通过自己的经销商销售汽车,并提供全国范围内的充电站和机械网络。虽然这意味着存在附加费用,但你可以从无缝服务中受益。其他工业领域也会因此面临压力。个别行业现在指日可待,能够提供苹果或特斯拉这种一站式服务。

作为改变的第一步,德国联邦铁路、瑞士联邦铁路和奥地利联邦铁路这些企业可以先从名称中删除"铁路"这个词,甚至从心理上完全删除它。为什么我要在火车站的杂乱和喧嚣中折磨自己?为什么我必须通过台阶和自动扶梯才能换乘出租车或公交车?为什么优步或自动驾驶汽车不能直接停靠在出口旁?

如果我们看到自动驾驶卡车,火车的窘境就更加显而易见了。铁路运输的优势在于,能够以相对便宜的方式长途运输各种重型货物。当然,这里也存在最后一公里的问题,因为货物必须从轨道装载到列车上。而自动驾驶卡车不使用人类驾驶员,不需要休息,可以在连续运行中节约能源,也不必在中间装卸货物。铁路以前的经济优势已经丧失。现在,沃尔沃、Otto、斯堪尼亚和Peloton等公司已经在发展"公路列车"。

对德国铁路前首席执行官吕迪格·格鲁贝（Rüdiger Grube）来说，这个问题已经非常明显。他想知道：为什么不出现自动火车呢？如果铁路失去了自己的优势——速度和舒适度——谁还会来乘坐？铁路运输怎样才能在运输领域保持自己的重要性呢？

公共交通领域有待测试

德语国家的城市公共交通一般相对非常发达，即使当地人并没有意识到，经常会抱怨。特别是瑞士人，在准时性和可预测性方面表现出色。关于人行道的间隔密度和到下一个公交站之间的合理距离，可能总是不断地在研讨和争论。但是，只要使用过类似优步这种服务的人，就再也不会想要任何其他交通服务了。例如，在旧金山，公共交通工具陈旧落后，不可靠，而优步承诺在城市大部分地区只需等待一到三分钟即可，你可以随时随地下单！同时，优步也代表安全，其提供的实时数字线路可以为女性提供保障。

如果要推广自动驾驶电动优步车，则需要重新评估公共交通的目的和性能。之前为它们保留的车道和路线，以及相关基础设施的维护和扩建也必须重新研究。与公共汽车和火车相比，自动驾驶车辆运营商不依赖固定路线，也不必遵循时间表，同时还能优化等待时间。夏洛特是北卡罗来纳州一个拥有80万居民的城市，当地政府正在考虑，是否要花费60亿美元来扩建新的有轨电车和快速运输路线。这些设施最早2025年才能投入使用，到那时可能已经全部过时，被自动驾驶车辆取代。

尽管欧洲和亚洲地区的公共交通发达，但城市汽车数量仍然巨大。维也纳有70万辆汽车，占地900公顷——相当于多瑙岛面积的一半。而纽约在第60街以南有10.2万个公共停车位，占地面积相当于中央公园的一半。

按时赴约——"自主睡车"成为可能

现在，酒店业之所以繁荣兴旺，是因为（商务）旅行者需要确保在约定的时间出席，所以必须在酒店或宾馆中过夜。但是，如果不用前一天晚上抵达或参加早间会议，你就可以在自动驾驶汽车中度过夜间无压力的旅程，然后在酒店洗澡，并享用早餐。自动驾驶汽车行驶更远的距离也是可能的，因此会同铁路和航空运输形成竞争。

石油风光无限，但电力正在改变世界

自动驾驶电动优步车得到广泛推广后，最明显的输家就是石油工业。100多年后，当公众大规模地接受了电动汽车，必然会导致柴油和汽油的需求量下降。现阶段石油和天然气还在发电厂使用，暂时作为转换电力的能源，而丹麦、挪威和德国已经表明，有朝一日能够用替代能源满足国内所有能源需求。除石油外，铂金储备也是如此。今天，几乎一半的铂金矿藏都用于汽车催化净化器，因为这种贵金属可以减少有毒污染物。

在前面有关电池的章节中，我们已经看到了电力成本在增长，发电机前景看起来并不好。然而，2020—2025年，太阳能发电将变得非常便宜，从发电厂到最终用户的运输成本，将超过太阳能发电所需的成本。特斯拉、梅赛德斯和其他制造商已经开发出不仅适用于汽车，也适用于个人家庭的电池组。通过收购SolarCity，特斯拉为电力生产商制造了最大的威胁。个人家庭可以通过供应商获得所有生活必需品，达到能源自给自足，并且可以断开与公共电网的连接。

随着电动汽车的普及，能源供应商面临新的挑战。一方面，大量充电车辆会给电力能源网络带来负担；另一方面，在电力短缺的情况下，人们可以选择使用可充电电池作为动力储备。那么，我们将需要哪些新技术和能源管理系统？答案就是软件和数字系统，即使成熟的能源供应商也会越来越多地被软件公司吞噬，正如在其他行业一样，数字组件创造了实际的附加值。由于一些能源供应商改变战略，不是建造和运营大型热电厂和核电站，而是选择区域性的风能、太阳能和水力发电站，整个行业正在失控。E.ON集团和莱茵集团近年来遭受的巨大损失表明，此时悔悟，为时已晚。在未来，能源供应商的价值将逐渐减少电厂服务方面的影响，由能源管理方面的数字客服决定，而这恰恰是缺乏技术诀窍和专业员工的地方。因此，谁在数据收集和处理领域占领先机，就能拥有行业干预力，比如最近的实例，甲骨文公司收购了云服务提供商Opower。

在欧洲，风能已经成为仅次于天然气的主要能源，2016年的总产能为153.7千兆瓦，而煤炭和水电为排名第三和第四的能源来源。即便是太阳能，也远远领先于石油。在能源利用第五位上，我们仍然可以看到核能。

石油影响一切？可以说不

政治方面的影响和转变不容低估。石油产业可以获得丰厚收入，这成为大多数石油生产国政权的资金来源。石油价格反复波动导致这些国家经济不稳定。委内瑞拉是世界上最大的石油生产国之一，其国内却常年处于食品匮乏状态。只要石油价格上涨，就可能使社会整体经济形势得到好转。而一旦石油价格下跌，国内经济就会受到严重影响。俄罗斯的国家预算也特别依赖能源收入，是其社会经济方面存在的缺陷。

我们可以有把握地预测，随着能源利用方式向电力驱动系统转换，石油生产国将变得更加不稳定。即使像挪威这样稳定的石油生产国也很迷茫，自己的国家将如何继续发展下去。一方面，挪威支持使用替代能源和购买电动汽车，并为此提供慷慨的国家补贴；另一方面，又有许多挪威人在从事石油生产、运输和加工行业。建立替代产业需要时间，需要不同的专业技能。

电价下跌：能源利用的双刃剑

我们比以往任何时候都愿意开车：随着电价下跌，电动汽车行驶的成本变得更低。只要自动驾驶车辆得到推广，就可以轻松地将时间合理分配到其他地方。瑞典的一项研究得出结论，使用节能车辆后，人们反而会行驶更多里程。瑞典政府利用资金积极扶持推广"清洁能源技术"，越来越多的瑞典人随后购买了节油型汽车，却比以往更愿意开车，反而抵消了节油的效果。

我们的城市继续扩大：自动驾驶汽车和廉价能源将导致城市更加扩张。现在来说，自己是否能开车一两小时到郊外已不再重要，因为我可以将时间用在其他地方。我可以选择在乡下建一所房子，当然包括随之产生的所有环境影响。自动驾驶电动优步车带来的自由生活方式，将对环境产生不利影响。

我们产生的排放继续增加：在前面的章节中，我们已经考虑了生产电动汽车和电池时所需的能量。然而，为公平起见，我们还需要将所有类型车辆共同的因素考虑在内，即所有可能产生的排放。在建造、提供能源和运输基础设施方面，以及在汽车运行和维护期间，都会产生排放。据专家估计，这些方面将共同使排放量增加50%。

远程控制被劫持车辆：当网络犯罪遇上网络安全

身穿黑色女式西装的长腿金发女郎，轻轻点击几下平板电脑屏幕，瞬间引发了一场动乱。她刚刚控制了该地区的所有自动驾驶汽车，让它们直接从停车场驶出冲向目标。像一群饥肠辘辘的恶狼一样，数百辆车在接到指令后在大街上疯狂追逐，撞进建筑物里，肆无忌惮地摧毁周围的一切。查理兹·塞隆（Charlize Theron）在电影《速度与激情8》中饰演的角色引发了一个噩梦般的场景。场景很震撼，但那只是一部电影。尽管如此，那些自动驾驶汽车始终处于联网状态，将随时被恶意黑客利用进行攻击。

汽车制造商必须预测出其他道路使用者和外人，试图阻碍或滥用自动驾驶车辆的各种可能情况。从廉价超声波传感器到比较昂贵的雷达干扰器或激光笔，再到高强度LED手电筒，一切使相机"失明"的工具已经应有尽有。如果黑客试图迷惑车辆传感器或进入车辆控制系统怎么办？在黑客大会上，研究人员报告了传感器被遮挡和屏蔽的方式。强激光可使它们在几秒钟内"失明"，而激光信号延迟使物体显得比实际更远。更复杂的分阶段攻击可能会误导传感器，通过改变其对环境的感知来"欺骗"汽车。例如，指示车辆某条轨道是可通行的，实际上并不是。所以，必须将这种威胁安全的攻击定为刑事犯罪。

安全措施意味着要防范非法接入汽车，还要防止未经授权的接管行为。后者不仅可以从外部完成，还可以由乘客将加密狗插入OBD2端口实现，而OBD2端口通常被机械师用来读取车辆数据，进行维护管理。如果没有加密技术，安全措施就没有任何作用，但对用户是很方便的。在2008年上报的身份盗窃案件中，金融服务类占了50%以上。此后，由于制定了更为严格的措施和法定条款，这一数字在2014年降至5.5%。与此同时，黑客也开始对其他行业发生兴趣。2014年，医疗健康行业在身份盗窃案中处于领先地位，占42%。自动驾驶汽车可能是黑客下一个非常有价值的目标。这就是埃隆·马斯克将维护网络安全视为特斯拉公司首要任务的原因。

网络犯罪逐步转向汽车行业只是时间问题。当汽车制造商在移动领域进行创新的时候，黑客们也在专注自己的专业领域。身份盗窃案最初只是针对金融服务提供商，医疗专业人士或汽车制造商只是其次。金融服务领域的黑客只是让资金消失——这足以令人相当不快——而其他行业的日常活动也处于危险之中。没有人愿意在自动驾驶汽车行驶途中被黑客入侵，或者遇到其他道路使用者，并受其摆布。由于几个原因，攻击汽车对犯罪分子非常有吸引力。汽车本身代表一种价值，还有附带的各种数据。如果每辆车都发展到银行账户持有人阶段，正如我们在电子钱包概念中已经看到的那样，每辆车都会成为带有四个轮子的金矿。

事实上，安全部门在看待这种情况时持有相当严肃的态度。我曾经在讲座中详细讲述过网络安全问题，听众包括西弗吉尼亚的治安官、消防部门负责人、公路巡逻人员、反恐专家，以及其他类似领域的杰出人员。这方面的专家将来会特别受欢迎，他们了解车辆的数字取证，也可以为被劫持后进行杀戮或塞满炸药的汽车辩护。然而，即使出现极端情况，我们也不应该远离新技术，但必须保证汽车数字化的安全性。正如莱茵TÜV集团和汽车杂志对最新型号的汽车要进行物理碰撞测试一样，数字碰撞测试也必须同样进行。

美国司法部已就所有领域的可能威胁场景设立了专门工作组，甚至那些可能被黑客攻击的医疗设备，如心脏起搏器，以及物联网包含的其他设备，都在网络安全保护的范围内。这些设备中的大多数并非用于保护我们免受网络攻击，即使许多有核心竞争力的网站，也并不能够防御数字攻击。汽车网络安全工作组，无论由政府机构还是由公司建立，都需要特别关注以下几点。

1. 如何确保汽车免受未经授权的访问？没有人希望自己的汽车被盗，但有人的确可以在行驶期间从外面入侵或控制车辆。

2. 如何避免自动驾驶汽车像一枚"移动炸弹"一样突然冲进指定目的地（就像尼斯或柏林圣诞市场袭击事件那样，被盗卡车故意冲进人群制造骚乱）。
3. 如何防止生成的数据被滥用？匿名、加密和透明是首选方案。

具有法律效应的各项规定——如欧盟出台的《通用数据保护条例》——与技术解决方案同等重要。意料之中的是，汽车网络安全领域最初的解决方案由以色列一家名为Karamba Security的初创公司提供，以色列具有传奇色彩的情报界和军事机构以网络安全专业知识而闻名。以色列人直接在汽车上使用自己的技术；通过电子控制单元（ECU，又称"车载电脑"）来控制安全气囊、测量轮胎压力、进行制动和喷射燃油，并持续控制所谓车载网络系统。他们还能检测出那些试图操纵电子控制单元，并将其重置为出厂设置的恶意软件。而谷歌Waymo在应对黑客威胁时采取的是相当激进的措施，经常会尽可能让测试车辆直接离线。一些主要汽车制造商共同建立了汽车信息共享和分析中心，目的就是在打击网络犯罪方面进行合作。这种威胁对每个人都会有同样的影响。在这个领域内，各公司之间相互合作，而不是互相竞争。

作为一名原软件开发人员，我知道程序出现错误是必然的。进行调试（发现错误或漏洞），测试程序、系统和数据的工作人员，必须与开发人员同样专业才行。而测试条件永远不会等同于现实面临的复杂情况。软件中的错误是不可避免的，即使你选择了高成本的方法，例如"极限编程"，一名程序员完成一行代码时，不是只写一条，而是至少要写两条。但是，这项工作主要用于责任级别极高的系统，如核电厂的控制软件。即使做出了这样的努力，也不足以预见所有可能的交通场景，并将它们反映到软件代码中。因此，使用机器学习必须定期远程更新软件。

不是所有人都想拥护"牢不可破的"的汽车。那些希望修改汽车的机械师和车主，不想错过任何自己动手的机会。现在，爸爸、儿子或女儿经常会围着汽车，对汽车进行调整或改装。以后，这个过程也会变成数字化改装。目前尚不清楚车主是否可以使用数字接口更改车辆设置。汽车制造商也提到过《数字千年版权法案》（DMCA），该法案对软件知识产权的保护提供了法律依据。但是，针对例外规定，也能自动进行调整。

作为保护汽车使用和通信的基础结构，区块链可能相对有效。安全基础结构中的非对称加密——公钥基础设施（PKI），使用了具有不同功能的两个密钥，一个用于加密，另一个用于解密。区块链为每个加密和解密过程都创建了公开可见的交易链，能够记录和存储每个步骤——即谁在何时、如何使用了汽车——并使其难以操纵。

可能的攻击场景可分为三类：

1. 攻击行驶中的车辆。
2. 从街边攻击车辆。
3. 在车辆上安装硬件。

如果信号从一辆行驶的汽车发出，并且紧紧跟随被攻击的车辆，就可形成长时间的干扰。如果在路旁发出干扰信号，就会攻击大量过往车辆；在一段道路的不同位置连续安装几个干扰装置，可以在更长时间段内攻击任何汽车。或者，当车主离开时，将干扰设备连接到停放的车辆上。每次攻击都会危及车辆和乘客安全。在某些情况下，其他未受影响的传感器可以让车辆继续行驶，但在紧急情况下，车辆必须停下。但是，这也可能直接导致抢劫案件发生。

然而，完全无害的干扰也是存在的。即使是海鸥，也会扰乱传感器。一群鸟飞过时，就相当于一个巨大的物体。在波士顿测试自动驾驶出租车队时，nuTonomy公司就经历过这种"第三类遭遇"。这就是自动驾驶汽车必须体验不同城市和景观的另一个原因。

飞行汽车的梦想

1910年，约翰·埃默里·哈里曼（John Emory Harriman）成为第一个为飞行汽车申请专利的人。从那以后（尤其是自哈利·波特出世以来），人们对这个话题就非常着迷。专家每隔一段时间都会预测飞行汽车将很快接管交通，但事实上只是空欢喜一场。现在也只是陆续出现了一系列"飞行汽车"概念产品，比如Aerocar，Aerobile，Airphibian，ConVairCar，Aircar，Aero-Car，AeroMobile等，甚至电影作品《飞天万能车》(*Chitty Chitty Bang Bang*)。100多年过去了，没有任何实质性事情发生。"飞行汽车"现在成了失败的代名词。风险投资家彼得·蒂尔用一句话表达了对各种"虚假预测"的失望：

"他们向我们承诺了这辆飞行汽车，而我们得到了140个符号。"

有时，现实发展的速度比我们想象的更快。即使是我，虽然在硅谷体验着未来，正向大家介绍这本书，同样会出现这样那些的预想错误。本节原本只是作为一个小小的插曲出现而已。但是，谷歌创始人拉里·佩奇现在已经开始行动，投资了两家研发"飞行汽车"的初创公司。这两家公司分别为Zee.Aero和Kitty Hawk，佩奇为此自掏腰包将近1亿多美元。其他类似飞行汽车公司和产品还包括Terrafugia，Volocopter，AeroMobil，Moller Skycar，Lilium Jet和Joby。空中客车公司也正在制

造一种自动驾驶飞行出租车。优步宣称正在研发的"垂直起降飞行器"(VTOL)，是飞行汽车运输系统的未来。飞行汽车领域已经开始发展，它会将这个长期承诺最终变为现实吗？

"前进！"汽车制造商的工具和方法

"EN MARCHE!": WERKZEUGE UND METHODOLOGIEN FÜR WERKZEUGE UND AUTOMOBILHERSTELLER

> "我一直认为烫衣板就是曾经的冲浪板，只因为放弃自己的梦想，找了一份安稳的工作。"
>
> ——佚名

一位德国高级制造商代表团成员，曾经问硅谷人如何看待德国汽车行业。这是一个很好的问题。早在2001年，我就很惊讶许多德国生产的汽车在这里的街道上行驶，品牌和车型——梅赛德斯、宝马、保时捷、大众——都与德国道路上的车辆非常相似。任何能够负担起汽车的人——以及硅谷的许多人——都选择"德国制造"。难怪有人说，德国制造仍然是汽车行业品质和设计的标准。史蒂夫·乔布斯多年只开"德国车"。

那时的人们普遍赞赏德国制造商。即使现在气氛有些悲凉，仍有一些证据表明，德国汽车工艺质量是得到认可的。当人们看到一些曾经有过辉煌的品牌、国家或者个人跨越顶峰时，就会有同样的感觉，认为从此之后就会走下坡路。硅谷人并非没有试图警告过德国制造商。我近几年来共事过的每位硅谷汽车专家，都向德国代表团指出了行业发展过程中的多变性和紧迫性，希望他们就此做出反应，并改变自己的公司。但是，四年过去了（特斯拉已经开始销售Model S），德国制造商仍然没有提供具有可比性的新款车型，更不用说进入市场了。尽管发布了公告，但德国制造商仍然没有动力实施解决方案，而是说要慢慢来。与此同时，特斯拉推出了Model X，首批生产的几百辆Model 3已经交付使用。

在硅谷，特斯拉今天的运作模式证明，如果想成功就要"付诸行动"，并且"顺应发展潮流"。即便是德国制造最忠诚的粉丝，也会对自己的忠诚度进行质疑。

驾驶德国品牌正逐渐成为"绝迹"的象征，就像恐龙这样的灭绝物种一样。而且，这也并不适合感觉敏锐的全球创新乐园，毕竟这里的人都声称自己在所有学科中具有技术领先地位。想要帮助他人，必须首先认识到这些人是值得帮助的。德国制造商最近宣布在旧驱动领域投资数十亿美元的事件证明，人们对发展的迹象知之甚少，也不愿意听取任何意见。德国汽车公司的一名员工表达了自己的沮丧情绪。他已经在美国汽车大都市底特律的金融危机中幸存下来，现在想知道斯图加特或沃尔夫斯堡未来是否会重蹈覆辙。他还没有找到答案，但也许很快就会知道。

德国和欧洲的汽车制造商与供应商拥有与其他人相同的技术。在某些情况下，他们甚至可以起到带头作用，因为他们开发了许多制造汽车并提高汽车性能的技术。许多为经典制造商展现引领潮流理念的新公司，聘请的都是德国汽车设计师，有的甚至雇用了全部德国团队。

这些"新人"是如何做到以如此快的速度将汽车行业推向一个新时代，让以前的"顶级人物"压力大得喘不过气来并陷入恐慌呢？梅赛德斯-奔驰在一周内宣布要退出燃油车市场，声称在2022年全面推行电动汽车（比特斯拉的Model S晚了整整9年），还与博世合作，共同开发自动驾驶汽车。当EMC和戴尔在2015年年底合并时，《连线》杂志曾直言不讳地写道："戴尔、EMC、惠普、思科，这些技术巨头已经衰亡。"这也正是我的感受。在2016年仍然盈利的德国制造商，也无法摆脱这样的命运。仅仅缅怀漫长而成功的历史，对德国来说只会成为一个负担，不能推动自己前进。

德国制造商在未来疯狂花费几十亿，获得必要的专业知识和技术，是否可以拯救自己？不，德国企业并不擅长这样做。美国人和中国人在吸纳研究人员方面的行动能力很强，而德国人更多地相信自己的发展。只有当自己能力不足时，德国才会考虑购买技术，但经常为时已晚，而且态度犹豫不决。英特尔收购Mobileye时速度很快。通用也选择与Cruise共同开发自动驾驶汽车。苹果、谷歌和微软甚至在其他人察觉之前，就迅速收购了相关公司和人才。在竞争展开之前，交易就已经完成了。仅仅是德国三大汽车制造商财团收购HERE地图这个新闻，德国国内媒体就大惊小怪地跟踪报道了好几个星期。"他们现在买还是不买？""到底想不想要，是不是相互不信任？""他们为什么要买HERE？"可以想象的是，HERE不得不以某种方式对这些问题一一做出澄清。这跟行动快速的硅谷公司根本无法相比。甚至德国的数字先驱SAP也经常行动迟缓，只能考虑其他人剩下的残羹冷炙。此时此刻，令人兴奋的（可合作）企业已经没有了。

我们也可能看到相反的情况，看到梅赛德斯、宝马和大众集团的品牌被收购的新闻——如果它们运气好的话。今天这些公司在证券交易所还有很大的价值，宝马为500亿美元，梅赛德斯为700亿美元，这在苹果、谷歌和微软的资金竞争中也有存在意义。但是，在最终购买时价值将更低，因为第二次汽车革命已经彻底打响，而德国制造商并没有参与其中。成千上万的员工已经失去了工作，造成的动荡有可能削弱汽车工会的影响力，就像20世纪80年代英格兰煤炭工业危机打破工会权力一样。只有那样，企业才能生存下去。

德国企业究竟应该怎样做，才能为即将到来的改变做好准备，并变得更具创新性呢？除正确的思维方式和焕然一新的行为方式之外，还有可以学习和应用的工具和方法。我想起了一个匈牙利初创公司创始人的例子，我当时陪他在硅谷待了一周。起初，我把他送到斯坦福大学参加为期两天的设计思维工作室（Design Thinking workshop）学习。后来，他对我说，自己前年已经在布达佩斯进行过这样的学习，只是当时还没准备好创业。此时，他刚刚成立了自己的初创公司，可以考虑下一步需要做的事了。现在，他又对新的想法和概念产生了兴趣，而设计思维突然成为自己创造新事物的一个重要工具。

下面是一些概念和方法，可以解释某些可能出现的瓶颈状态，以及如何突破这些状态。另外，我将简要地探讨一些有助于平衡德国制造商自身优势与硅谷优势的方法。

企业纲领

我再强调一遍，2016年是德国汽车业创纪录的一年。所有制造商报告了自己的销售记录和企业增长情况。例如，保时捷为每位员工提供了9111欧元的奖金。我们很好，为什么还要改变呢？然而，如果深入了解一下销售数据，人们会发现，只有高折扣才能实现这些目标。2016年的销售折扣水平比2010年高出了35%。尤其是经销商出售的柴油车，新车上牌数量比同期下降了2.8%。由于柴油车用户主要是企业，新注册上牌的车辆只有四分之一属于个人，而现在企业的用车量下降了，这让制造商特别头疼。所有新挂牌的车辆中有三分之一是制造商自己登记的，就是所谓的临时挂牌车，以便能够以高折扣出售。再加上大众汽车因"柴油门"事件被德国政府罚款，柴油车的前景更是雪上加霜。虽然汽车市场的销售量增长了5.3%，但大众公司的汽车销量减少了将近2%，其中柴油车减少了7.3%。由于柴油车排放丑闻的曝出和关于驾驶禁令的讨论，客户对柴油车也逐渐失去了信心。尽管如此，戴姆勒和奥迪的销售记录仍然增加了数百万辆柴油车。

如果这还不够糟糕，那么再算上非法价格垄断丑闻，对所有参与的德国制造商来说，预计将因此付出数十亿美元的罚款，这些资金本应该用于新技术的研发。德国汽车制造商造成大气污染的现象越来越明显，没有人可以否认。变革迫在眉睫，但人们依然熟视无睹。

德国制造商和古埃及人一样，喜欢追求完美，但如果已经实现了自己的想法，就会停止前进。这是财富经常不能继续扩大的原因之一。一切似乎都很完美，没有什么需要改进。但是，创造力需要结合财富和贫穷、美丽和丑陋、有效运转的事物和不可靠的事物。这就从一定程度上解释了，为什么柏林会是德国的初创中心，而不是慕尼黑、汉堡或科隆。

为能够再次走上正确发展的道路，汽车制造商必须退后一步，再次认真考虑那些最基本的问题。例如：企业到底为什么存在？如果不存在了，我们该怎么办？如果看一下德国汽车制造商的企业使命和公司战略，你就会明白为什么他们会如此成功，为什么他们对即将到来的变化做出如此糟糕的准备。

- 例如，宝马集团的使命宣言是"在2020年成为移动领域高质量产品和服务的全球领导者"。每个公司都有自己的品牌定位。宝马代表"纯粹的驾驶乐趣、动感卓越的性能、独具匠心的设计，以及高贵独特的品质。"而MINI则意味着"赢得人心，小就是大"。
- 另一方面，奥迪将"进取是我们的承诺"视为自己的发展战略，并补充道："通过可持续的个体优质流动性来激发灵感。高端车仍然是基础。"
- 大众汽车的发展愿景则表述为"我们是全球领先的可持续移动供应商"，其使命分为以下几个方面：
  a. 我们通过量身定制的移动解决方案来激励客户。
  b. 我们通过强大的品牌组合来满足客户的多样化需求。
  c. 我们每天都对环境、安全和社会负责。
  d. 我们诚实守信，以可靠、品质和热情作为工作的基础。
- 梅赛德斯宣称："作为汽车的发明者，我们的使命和责任是以安全和可持续的方式创造移动的未来——我们拥有突破性技术、品质独特的产品和量身定制的服务。"梅赛德斯-奔驰（美国）则提升了品牌定位，归纳出"什么驱使我们总是不一样"：
  a. 拒绝妥协的权利
  b. 保护重要事物的本能
  c. 保留遗产的义务
  d. 考虑每个细节的愿景

e. 承担责任的远见
f. 超出预期的力量

　　有些宣言、使命和愿景内容空泛，部分目标看起来毫无意义，其他内容虽然非常详细，却显得以偏概全。例如：成为汽车行业中世界领先者的价值在哪里，成为最大企业的价值又是什么？为什么对制造商来说，新款车型显得非常重要？其他一些宣言，则与制造商的所作所为相互矛盾。大众汽车信誓旦旦地声称"我们每天都对环境、安全和社会负责"，这几乎是一个公开的谎言。如果所有制造商都能以可持续的方式思考和行动，德国将处于电动汽车和可持续驱动的前沿，而不是后援。所有公司都将汽车的"机动性"挂在嘴边，却没有解释为什么这个词很重要。汽车机动性本身并不是目的，而是指允许实现其他性能，就比如电力驱动实现的那样。我们今天在德国制造商那里看到的汽车，都是为40岁左右的中年男人生产的。这是事实，并不夸张。对他们来说，这些汽车是社会上其他人可以想象到的最好的汽车，而且这些人占大多数，但其实不是这样。

　　作为比较，最后写上中国自动驾驶电动汽车制造商蔚来的发展愿景："给人们时间回归——成为他们想要成为的人。"

企业文化

"除了左右未来，我们可以做任何事情。"

企业文化这个重要词汇给我们的印象就是，它是预先确定好的，不能由我们来改变，只能通过其他人。正如我在《硅谷思维》一书中阐述的那样，文化就是许多小行为的结果，而这些小行为在我们每个人的日常生活中都有所体现。德国代表团访问硅谷期间，我就努力让他们体会这一点，这样就可以理解自己的态度在这种情况下是如何抑制非常需要的创新文化的。企业文化始于能接触到的每个人，无论公司负责人还是员工，无论从内部看待公司的工作委员会成员，还是从外部观察的记者。当然，高层的行为方式更重要，他们影响着下面所有的人。

战胜危机或更多地参与到危机当中的例子，证明企业文化对事件的巨大影响力。詹姆斯·E.伯克（James E. Burke）在1976年至1989年期间担任美国强生制药公司的首席执行官。上任后不久，他致电管理团队，让他们到办公室一起讨论公司内部信条。这些信条自1943年以来在公司所有场所都普遍可见，但伯克怀疑这些公司哲学不再被认真对待，仅仅被"写在墙上"而已。他的建议是取消和废除这些信条，其中包括强生公司承诺的为所有分娩后的母亲提供服务。紧接着，就是关于管理团队商业道德的激烈讨论，讨论结果是，不仅要保持公司理念，还要将这些理念融入实际生活中。强生公司表示：

"我们信守承诺，将人们的健康和幸福置于自己工作的中心。这就是为什么我们要关注公益、环境和自己的员工，并定期报告我们关注的人和事。"

不久之后发生的事，让强生公司有机会对外实现自己的承诺。1982年，人们在芝加哥一些药店销售的泰诺胶囊（Tylenol）中，发现了含量过高且能致命的有害物质。强生公司迅速对此做出回应，在全国范围内从客户和药剂师手中召回所有相关药品，并对外公布了处理方案。这一事件使强生公司损失了1亿美元。令人惊讶的是，伯克没有参与处理这件事。在他缺席的情况下，强生员工遵守公司信条，采取了所有措施。这一事件后来被视为教科书级的危机公关案例，整个过程始终围绕为客户提供服务的目的进行。

再看一下大众公司。对比两家公司的危机管理就可以发现，大众似乎尽一切可能走着与强生完全相反的道路。在意识到会出现严重后果后，大众采取了欺骗方式。不仅如此，大众还竭力控制和阻碍对丑闻的调查。这种企业文化在集团家族和继任者中已经司空见惯，他们嘲笑员工，责难记者，并推卸责任。更甚的是，企业工会人员为个人私欲，与妓女结伴出行，在董事会看来却仅仅是"违规行为"。

这就落入一种"异常行为正常化"模式。社会学家黛安娜·沃恩（Diane Vaughan）使用这个词描述的现象就是，一些在正常情况下通常不可接受的行为，突然间变得"完全没有问题"。

这种不正常行为成为常态的另一个例子，发生在福特公司。平托（Pinto）是福特生产的一款小型车，这种车的油箱存在安全隐患，很有可能在车辆尾部受到碰撞时发生爆炸，烧伤乘客。曾在福特工作过一段时间的管理学教授丹尼斯·焦亚（Dennis Gioia），描述了所谓企业文化是如何将他的观念进行"扭曲"的。无论是否在为汽车制造商工作，焦亚清楚地知道，福特公司在这种情况下有道德义务召回问题产品。然而，当他"深陷"其中时，思考问题的方式却不同。这难以置信，不是吗？焦亚将此归咎于公司"脚本"。由于管理者在工作时受到大量信息的"轰炸",有些甚至相互冲突,并且内容不完整,他们会运用固定处理方式("脚本")快速做出决策,从而使工作变得轻松。然而,这些"脚本"可能存在缺陷,会随着时间推移而变得模糊,同时阻碍了严格的审查。公司"脚本"必须非常有弹性,这样才能简化和适应新的具有冲突性的信息。有时必须先发生一些事情,然后才能促使人们深思熟虑。

美国国家航空航天局的工程师在负责"挑战者号"航天飞机发射时,也遇到了类似问题。他们在发射前就已经发现部分密封圈会出现不同寻常的损坏现象,甚至连密封圈在低温下无法正常工作,事先已经通过测试得到了证实。尽管如此,由于内部"脚本"的运作,这个问题没有得到进一步的深究。面对这种紧急状况,选择不发射是最正确的决策,而美国国家航空航天局却固执己见,坚持按计划进行,最终导致宇航员的死亡。

大众汽车的例子就展现了这种"脚本文化",这种文化形成的基础就是提出不切实际的要求,这些要求引发了内部恐惧,所以不得不盲目遵循指示,而且不接受任何质疑。因此,大众在柴油车上安装作弊软件会被公司全体认可,没有人认为有问题。这些点滴的不道德行为,逐渐融入企业文化之中,就会慢慢被认可。这种(错误的)行为传播到其他领域,最为致命的影响就是涉及企业的未来,导致形成错误的企业文化,甚至摧毁创新文化。

硅谷思维

荷兰动物学家弗兰斯·德瓦尔（Frans de Waal）曾观察过黑猩猩和卷尾猴试图获取美食的行为。研究发现，黑猩猩在行动之前会进行思考。研究人员事先把食物隐藏起来。黑猩猩第一次尝试徒劳无功之后，它们会坐下来思考，直到找到解决方案为止。另一方面，卷尾猴则是不知疲惫的尝试者。它们过度活跃，并且无所畏惧，会通过一系列方法来保护自己的食物。它们即使失败一百次也不气馁，直到成功为止。

任何曾经分析过所谓精益和敏捷管理方法的人，都会对此产生共鸣。德国人、奥地利人和瑞士人都倾向于长时间思考问题、找出问题，并编写出相关规范和详细说明，然后解决问题。而在硅谷，快速试验、允许失败，则是一种被允许和理想的解决方法。因此，从这方面来讲，德国人的表现类似黑猩猩，而硅谷的书呆子很像卷尾猴。

两种方法各有利弊。当问题广为人知，而且可以运用现有的专业知识进行解决时，黑猩猩的方法效果很好。效率创新就得益于这种方法。当问题只具有模糊的轮廓，而且存在太多变量和未知因素时，卷尾猴的方法就开始发挥作用，这时的专业知识必须扩展到外部。这是探索和尝试。最重要的是，这有利于颠覆性创新。

如果你想更多地了解这个主题，建议参考我的《硅谷思维》，这本书会更深入地进行讲解。其实，不必等待"自上而下"的巨大变化，文化氛围形成于我们每个人的微小行为。

创新类型——克莱顿·克里斯坦森的创新观点

"规划创新就如同计划一种自发行为。"

——佚名

当一项发现或发明进入公众视野并实现商业化时,就会出现创新。而大学研究人员通常止步于发现阶段,而不会进一步创新。

创新有两种形式:增量(或渐进)式创新和颠覆性创新。增量式创新主要由专家完成,他们会将技术或流程进行升级,但不能取代或替换旧技术。这种创新方式可以在更长时间内大幅提高生产效率和降低成本。而颠覆性创新通常由非专家和局外人推动,他们破坏了旧技术或习惯性过程。这种创新是暴力的和具有破坏性的,因为在过渡时期,整个旧的职业群体都被取代,已经获得的投资将变得无效。

举例来说,技术、流程或业务模型需要改进的时间越长,创新就越具有破坏性。由于真空阶段必须空无一物,所以在这种创新趋势包围下,其他技术和流程完全被取代只是时间问题,直到破坏性创新影响到自身。

哈佛大学教授克莱顿·克里斯坦森在其1990年出版的《创新者的困境》(*The Innovator's Dilemma*)一书中,首次分析了成熟公司失去创新能力并被新进入者取代的原因。他最近的研究将重点转向了经济危机和失业问题。通过研究1948—2008年发生的十大经济危机，克里斯坦森试图了解经济数据和就业数据恢复到危机前的水平需要多长时间。

1948—1981年的七次经济危机导致的失业问题，平均在6个月后被解决。这意味着仅仅半年后，就业数据就又回到了经济危机前的水平。

但是，这种情况从1990年开始发生了变化。在这次经济危机中，恢复到同样的就业水平需要15个月。到了2001年的经济危机，则需要39个月。当克里斯坦森在2013年发表演讲时，自2008年的经济危机开始以来已经过去了近70个月了，而就业人数仍无法达到危机前的水平（见图9）。他将这种现象称为"失业式复苏"，字面意思是"失业领域经济复苏"。他想知道：产生这种现象的背景是什么。为什么自1981年以来，每次危机过后经济有所复苏，失业人数却在增长？那些失去工作的人最后怎样了？

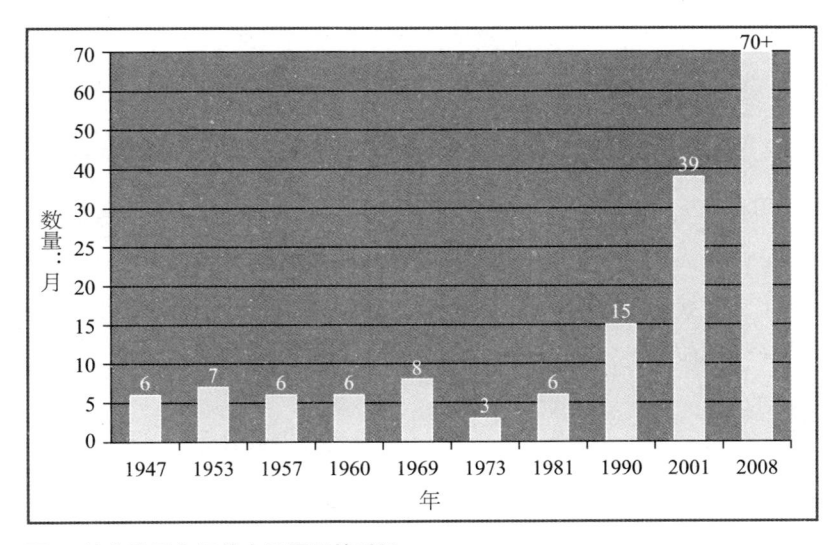

图9　就业达到危机前水平需要的时间

与此同时，他发现通常有三种类型的创新。

授权创新：可以通过赋予人们接受新工作的能力来创造就业机会。在这里，克里斯坦森引用了福特T型车作为例子来说明。在这款车出现之前，汽车被视为富人的专属。而现在，越来越多的人能够买得起汽车，使他们能够在其他领域参加创造更多价值的活动。因此，新的市场得以开放。

持续创新：支持现有市场，只创造个别新的就业机会。克里斯坦森引用了丰田凯美瑞（好的创新）和丰田普锐斯（更好的创新）的例子。这种创新只是被补充或部分替代，而目标群体和销售机会保持不变。

效率创新：当生产过程简化，使用更少的材料，并以更少或保持不变的就业数量创造更高的产量时，就会出现"效率创新"。这种创新直接摧毁了就业机会。

如果将这些类型的创新与对就业和资本产生的影响进行比较，则会得出表10显示的结论。

表10 创新类型对就业和资本的影响

	授权创新	持续创新	效率创新
就业岗位	解决很多	解决部分	消失
资本	受约束	使用有限	自由
市场	开辟新市场	使用现有的	使用现有的

过去，这些类型的创新之间存在着某种平衡，三者以同等价值存在。一个领域的资本投入和利润也可用于其他领域。然而，从20世纪80年代开始，经济学成为具有专业用语和方法论的科学分支。突然之间，比率等概念被引入，目的是解决资金短缺问题，并且人们只以最有利可图的形式来使用资金。著名的Excel电子表格充满了各种商业数据，经验丰富的公司高管突然要面对各种投资公司的年轻商业毕业生，不得不回答他们提出的问题。股东价值成了一个口头禅。公司老板们也毫无异议地紧随其后。

企业家不是在建设性和持续创新项目上投入资金，而是越来越多地投资于提高效率的项目。投资回报率（ROI）——是这些经济数据中的另一个关键因素——因此更快，更有可能成功的创新越来越多，即使其收益率通常低于其他两种。对表10进行扩展，如表11所示。

通过以成功为导向的季度报告，按照惯例，管理者的思维和行为方式具有短期特征。这种趋势已经在许多实践和研究中得到证实。经济学家理查德·泰勒关于宏观思维与微观思维的观点，以及阿尔·戈尔对首席执行官和首席财务官就季度业绩不佳与长期收益之间关系的调查，我在本书开头就曾提到过。

表11　创新类型对就业、资本、投资回报持续时间、成功确定性和收益的影响

	授权创新	持续创新	效率创新
就业岗位	解决很多	解决部分	消失
资本	受约束	使用有限	自由
投资回报持续时间	长期	中期	短期
成功确定性	极其不确定	不确定	确定
收益	高	中等	低

公司将重点完全放在财务比率上，也反映在管理人员的奖金和奖励制度中。如果今天能够销售柴油车的公司员工，五年之后无法将电动汽车推向市场怎么办？与克莱顿·克里斯坦森一样，康奈尔大学的苏珊·克里斯托弗森（Susan Christopherson）也指出，自20世纪80年代以来，经济正不断向这种以薪酬和结果为导向的方向发展。对那些开始从事生产制造的公司而言，创办金融机构很快就会比实业生产更有利可图，而后者已成为企业经营结构中的副产品，实际上呈现的是一种下降趋势。

此外，50年前的资金短缺已不复存在。另一方面，投资经理总是抱怨投资机会太少。最重要的是，这意味着要对提高效率的创新进行投资。简而言之，过多的金钱正在寻找（过少的）投资机会。相反，尝试全新事物的初创公司创始人和创新者们，却在抱怨获得资金支持变得异常困难。太多的资金用在了提高效率的创新项目上，而具有建设性和持续创新的项目则得不到支持。

所有这些对我们的工作都会产生深远的影响。但是，到目前为止还没有达到严重的程度。然而，当风险投资家让颠覆性创新发挥作用时，会使公司更容易遭受"攻击"。这种创新主要来自硅谷。这里的风险资本主要投资前两种类型的创新。以效率为导向的投资者正在削弱全球各地的公司，使其成为硅谷公司的受害者，这影响了所有行业。从完全不同的访问代表团身上，就可以看出这个问题的普遍程度。

根据克莱顿·克里斯坦森的观点，颠覆性创新者不仅是新的竞争者，还会创造一个全新的非常有利可图的市场。据麦肯锡咨询公司估计，汽车行业的数据服务价值到2030年可能达到7500亿美元。我的数学教授曾经说过这样的话：我们几乎可以

肯定地预测，德国公司不会在这里（汽车数据服务领域）发挥重要作用。最好的方案就是，德国公司能够向数字化转型。

汽车制造商经常从竞争对手那里购买车辆，测试并拆解它们，以进行分析。对特斯拉的各款车型，也是如此。德国制造商针对USB端口所做的调查结果仅仅是，特斯拉使用的是非行业标准端口，仅适用于消费者；只要USB记忆棒稍有破损，就不能够用于车辆系统。对德国制造商而言，没有什么是值得质疑的，并且他们长期以来也没有对竞争对手引起足够的重视。他们不会去认真探讨特斯拉描述的（汽车）间隙尺寸、内部设备和车辆损耗。德国制造商只关注对手的所谓弱点，当他们口中的简单技术有助于改进系统程序，使企业能够以更快速度发展时，通常也会对同时发生的行业破坏性选择视而不见。危险只是被忽略而已，这样才会使自己充满优越感。就像歌利亚一样，直到（几乎）为时已晚，才发觉需要竭力赶超。

在短期关键绩效指标如何危及公司长期商机方面，克莱顿·克里斯坦森运用了钢铁行业的一个例子来解释。过去的市场上有两种主导性企业，即综合型钢厂和紧凑型钢厂（小型炼钢厂）。前者耗资可达100亿美元，能够生产各种铁矿石产品，满足各种需求。其系列产品从廉价的钢筋延伸到汽车行业相对昂贵的金属板材。20世纪60年代以来建立的紧凑型钢厂，成本低廉，规模相对较小，使用的设备是电弧炉。这些钢厂最初生产廉价结构钢的原料来自各种废金属，例如从旧汽车回收的钢材。这些钢厂主要集中在有大量废料却无法获得原矿石的地区。正如预期的那样，低质量的钢材只能以低价出售，利润率相应较低，与综合型钢厂的产品相比，产品一般便宜20%左右。然而，大型钢厂并没有生产紧凑型钢厂的产品，尽管它能将这种结构钢的价格降低五分之一。综合型钢厂的运营商甚至愿意退出这个市场，将其留给较小的竞争对手，因为生产这种产品的利润率仅为7%，撤出该市场可以提高其整体盈利能力。而紧凑型钢厂很乐意通过生产简单的结构钢获得额外的客户。但是，一旦综合型钢厂作为竞争对手出现，（结构钢的）价格就会下降。它们之间的竞争也会迫使紧凑型钢铁厂向客户让渡更多的经济利益。只有当竞争对手的生产成本较高时，低成本策略才有效。

即使紧凑型钢厂最初能够通过更高效的生产来获利，也会存在局限。但是，如果有一批钢厂能够成功生产出质量更高的低碳钢，其成本优势就比综合型钢厂高出20%。继续下去，综合型钢厂就会退出这个市场。如果高质量产品占领了市场的18%，为什么要维持利润低且仅占市场12%的产品呢？随着综合型钢厂的退出和总利润率的增加，即使小规模的紧凑型钢铁厂也能暂时赚到不少钱。

那么，这种模式有典型性吗？长期以来，钢铁产品不断优化，这个模式不断循环，今天美国已经没有单一的综合型钢厂了。基于利润率和盈利能力等业务指标，管理者做出了相当理性的决策。因此，虽然利润率越来越高，但市场在继续萎缩。

与紧凑型钢厂一样，丰田也曾出现过类似的低门槛化。日本人并没有选择用奢侈品牌雷克萨斯来打开市场，而是用一种非常糟糕却很便宜的车型进入市场。1960年，丰田Corona首次在美国销售，紧接着便是Tercel，Corolla，Camry，Avalon，Forerunner和Sequoia，逐步以更高的价格推出更好的车型，直到高端汽车最终上市。而现在，丰田受到来自韩国（现代）和中国公司的"攻击"，这些公司正在低利润产品领域，通过制造更廉价的汽车来打开市场。游戏循环再次开始了。

美国汽车制造商表现得像综合型钢厂一样，每辆车的利润率定得很高。最终结果众所周知，通用汽车和克莱斯勒在2009年申请了破产。数码相机领域也出现了同样的案例，自上而下袭击了市场。虽然很多企业的产品质量无法与柯达产品相比，但我们都知道谁在2012年被最终"消灭"了。

克里斯坦森将这种市场现象称为"非消费"竞争。在每个市场中都有部分客户不会参与消费，因为产品对他们而言过于昂贵。但是，只要竞争对手生产出相似且价格合理的产品，就会开辟新的客户群。在1960年购买丰田Corona这种廉价的汽车，并不算真正拥有一辆汽车，只是被当作"替代品"。因此，虽然"非消费"提供了最大的增长机会，但几乎从未被主流供应商认可过。

今天，我们可以看到，汽车行业对新公司发起的"攻击"来自多方面。当德国制造商的员工谈论特斯拉汽车时，他们会特别指出其制造工艺差，间隙尺寸较大，使用廉价部件，以及转向系统存在缺陷等。他们甚至声称，同等价格的特斯拉可以购买高品质的梅赛德斯或宝马了。但是，与此同时，特斯拉汽车在数字服务和加速方面则有巨大优势，令其他车辆相形见绌。因此，综合看来，特斯拉汽车可以说是瑕不掩瑜。优步也是如此，价格相当诱人，而且在服务、经验和质量方面，通常优于传统出租车——至少在欧洲是这样。

奥卡姆剃刀定律:"思维经济原则"也适用于创新吗?

过去100年来,汽车行业在技术方面取得的进步举世瞩目。虽然一直伴随着种种疑虑和非议,但今天的发动机比以往任何时候都更经济、更高效、更安静。早在1994年去俄罗斯留学时,我就真切地意识到了这一点。当时,苏联刚刚解体,西方汽车在那里仍然是一种罕见的事物。我在圣彼得堡待了一个月后就回到了维也纳。那时最让我印象深刻的,就是汽车在行驶时非常安静。我还依稀记得,当时与同伴一起坐在梅赛德斯出租车上那种静谧和谐的画面。没有响亮的发动机噪音,没有明显的废气烟雾,更没有颤抖和嗡嗡声。最重要的是,道路平坦,没有坑洼。一些汽车行业的创新方案,如发动机自动启动和关闭等,都是以某些先进技术为基础的,如今驾驶员在行驶时,无须特别注意发动机是否正在运转。

然而,技术不断进步也并非没有弊端,产品会因此变得越来越复杂。现代内燃机由100~1000个零件组成,取决于添加的功能,以及具体的型号和年份。时至今日,我们不会对多年来汽车零件的增加数量感到惊讶。但是,增加复杂性并不意味着增加错误率。现代发动机比其"祖先"更可靠,因为所用材料和制作工艺都在不断进步。如今,引擎的复杂性和效率已经达到一定程度,即使进一步发展和改造也只会是轻微的改进。这引出了一个问题,即"奥卡姆剃刀定律"是否也适用于创新。

奥卡姆剃刀定律——也被称为"思维经济原则"——是一种在科学研究中使用的规则,要求对每个对象的调查只有一个充分的解释,最简单的理论要优于复杂的理论。我们可以用理解行星模型的方式作为例子来说明。只要有人认为地球是宇宙的中心，那太阳、行星和其他恒星的运动就显得非常复杂，变得难以理解。一旦人们切换到以太阳为中心的世界观，即把太阳作为宇宙的中心，这个理论就很容易理解，变得更有意义。

如果将奥卡姆剃刀定律应用于我们的主题，则创新应该首先着手解决现有方案的复杂性。如果将汽车比作一匹马，将马匹的骨骼和内脏等看作车辆的零部件，那最初的发动机比马匹的运动系统要简单得多。随着时间推移，发动机逐渐改进，越来越多的零件被添加进去，直到系统变得日益复杂起来，而汽车行业也极度渴望出现具有创新意义的解决方案。

终于，这种呼声得到了回应。电动汽车中的零部件数量急剧减少了。这些车辆不再需要发动机、变速箱和排气系统。自动驾驶汽车甚至省去了开关元件，因为不再需要人类驾驶员。计算机操纵着整辆汽车，而不是方向盘、转向信号杆和加速踏板。汽车的综合复杂性也从机械世界转变为数字领域。每种解决方案和每次创新过后，又会出现新的问题。

这也适用于其他行业。与机械电报机相比，数字iPhone使用的移动部件更少。但是，与以前传递信息的模式相比，苹果手机能更好、更快地执行任务。人们将物体的各种形态通过图片方式描述出来——通过可移动设备来实现——从功能简单的平板相机到复杂的自动相机，后者又一步步走向数码相机，变焦方式也已经实现数字化了。

基利创新类型：成功的秘诀在于组合

关于创新类型也存在另一种区分模式，对此我并不想隐瞒。创新研究者拉里·基利（Larry Keeley）总结了10种类型，如表12所示。

表12　拉里·基利总结的创新类型

结构配置类	盈利模式创新	网络创新	结构创新	流程创新
产品供应类		产品性能创新	产品系统创新	
服务体验类	服务创新	渠道创新	品牌创新	顾客交互创新

基利最后总结："经过15年对10种创新类型的分析，我们现在可以充满信心地说，公司必须超越单一的产品创新，才能重复可持续地进行创新。只有结合了多种创新类型，公司才能保证更大的、更可持续的成功。"恰恰是颠覆性创新者能够做到这一点。根据基利的研究结果，顶级创新人员平均有3.6种创新，普通创新者只能达到一半。能够结合5种以上创新类型的公司，其股票涨幅是标准普尔500指数的

2倍。即使平均只有三四种创新类型的公司，仍然比标普500指数高出近50%。

谷歌通过网页排名（PageRank）算法来显示搜索结果，不仅提供了一个新的创新流程来评估搜索结果，还大大提高了产品性能，尤其是搜索的速度，而且对结果的简短描述是最具时效性的。凭借右侧广告（AdWords），谷歌增加了新的盈利模式。对于特定站点的信息，还可以通过新的访问渠道，在智能手机和计算机上传播相关结果。使用整洁而严谨的网站设计，谷歌使自己的品牌与其他搜索引擎提供商的信息得以明确地区分开来。

亨利·福特在汽车制造中引入了创新，革新了整个生产过程。福特在参观屠宰场时看到了一种传送带式的生产方式，每个工人都必须沿着传送带完成每个工作步骤，从而提高了工作效率。他将这一原则应用于制造T型车，将生产时间缩短至原来的八分之一，从而大幅降低了汽车价格。

弗兰斯·约翰森（Frans Johansson）在《美第奇效应》（*The Medici Effect*）一书中曾经描述过，将几种不同的学科领域交叉结合后可以产生一种新的思维方式，这就是所谓"美第奇效应"，它以15—16世纪的意大利美第奇家族命名。美第奇家族资助过在各个领域中创新的人，后者的惊人成就引发了意大利的文艺复兴。美第奇家族的这种做法使来自不同方向和学科的创意得以汇集，使艺术、文化、建筑、科学和经济能够生机勃勃地发展。

在西方社会，创造力意味着创造具有独创性的新事物。特斯拉、谷歌和优步通过发展技术来洞察整个领域的先机，而这恰恰是传统汽车制造商的软肋。他们普遍认为，电池技术不是什么新鲜事，因此并不能代表创新。然而，制造商们却忽略了这样一个事实——电池除了能替代发动机之外，还有更大的发展空间。

从印度文化来理解，创造力意味着可以引导我们注意已经存在的事物，它像手电筒一样亮起，让我们看到隐藏在背后的创新。暗区的存在无法让有创造力的天才创作或有所发现，必须将一切置于正确的光线中，才能意识到创新的存在。然后，我们就会了解到隐藏在其中的奇迹。

安全心理环境：跌倒后站起来，继续前进

> "乐观主义者宣称，我们生活在所有可能的世界中最美好的一个里，而悲观主义者担心这种说法是对的。"
> ——詹姆斯·布朗奇·卡贝尔（James Branch Cabell）

为取得真正的成功，创新需要的因素比目前提到的要多，其中之一就是所谓的"安全心理环境"。必须允许员工冒险和失败，让他们不必担心因此受到惩罚。这样的环境才能使他们懂得如何学习，并变得更具有创造性。哈佛商学院教授艾米·埃德蒙德森（Amy Edmondson）在一项关于医院错误发生率的研究中证实了这一点。在医院的心理环境中，允许"失败"占主导地位，医学报告中应该记录更多的错误。这种观点起初并不受欢迎，毕竟关系到人的生命，字面上的一个错误会导致致命的事故。但是，仔细核查之后，独立的错误处置统计数据表明，错误方案记录少的和心理环境不安全的医院，对患者来说风险更大。医务人员为逃避惩罚，往往隐瞒自己的错误。事实上，医护人员应该对治疗错误造成的不良影响采取应对措施，这种医院要么根本没有，要么纠正为时已晚。而且，如果没有记录，医护人员也不可能从错误中吸取教训，改善治疗方法。

如果关注一下大众公司的企业文化，我们几乎可以肯定，那里没有这种安全的心理环境。费迪南德·皮耶希（Ferdinand Piëch）似乎在处理工作人员和对待记者方面颇具传奇色彩。在面临与前大众首席执行官马丁·温特科恩（Martin Winterkorn）的会谈时，甚至高层管理人员在几天前就会紧张得发抖。前保时捷首席执行官兼大众董事会主席马蒂亚斯·穆勒，则一再向员工提口号。在前面提到过的那次《汽车与运动》杂志采访中，他称自动驾驶汽车为媒体炒作。当然，一个专门负责制造跑车的人有这种反应可以理解，毕竟跑车的乐趣就在于自己驾驶。当由人驾驶的车辆越来越多地被取代时，保时捷公司就感觉自己的时代消失了。马蒂亚斯·穆勒向员工发出声明，声称这种颠覆性技术的创新会被公开嘲笑，并且顶级汽车公司的老板也不会认真对待。任何以"迎合老板"的方式思考和工作的人，职业生涯都难以有突破。这会导致没有人敢于提出一些可能从内到外改变公司的合适建议，而员工也会陷入自己制造的死胡同里。

其他汽车制造商也不能幸免。当特斯拉在2010年推出"Roadster"引发轰动时，宝马董事会在硅谷基地询问了有关该公司的一系列细节问题。公司外部顾问就此做过分析——该顾问在特斯拉有股份，并参与了股东电话会议，而他给出的建议则是削减进一步行动的计划，因为不相信宝马内部能够从下往上提交意见，人们只会等待领导指示。

但是，如果一个集团组织的员工不敢提出改进和创新的方法，怎么能够学习呢？正如我所提出的那样，创新必须成为所有员工的任务。德国汽车制造商的管理等级化仍然非常严重，决策过程不仅缓慢，而且许多部门必须协调工作。并非所有人都想着为客户和公司提供最好的服务，大多数人担心的是自己的职业生涯。

斯坦福大学教授罗伯特·萨顿（Robert Sutton）在他的著作《跟任何人都合得来》（Der Arschloch-Faktor）①中，描述了那些被称为"混蛋"的人经常表现出的种种行为。人们应该怎样进行辨别呢？大家每次与人谈话后，都应该问自己两个简单的问题：是否感到受到压迫和侮辱，毫无活力？在谈话中，你是否属于级别较高的

---

① 英文书名"The Asshole Survival Guide: How to Deal with People Who Treat You Like Dirt"，中文书名《跟任何人都合得来》，中国友谊出版公司出版。——编者注

那一个？如果第一个问题的答案为"是"，而第二个问题的答案为"否"，则表明你正在跟一个混蛋打交道。为保险起见，建议通过以下选项来进行判断。在下面的选项中，哪些符合实际的谈话情况呢？

1. 个人侮辱
2. 侵犯个人领域
3. 未经许可的身体接触
4. 口头与非口头威胁
5. 带讽刺意味的笑话和戏弄
6. 毁灭性的电子邮件攻击
7. 以羞辱为目的反复暗示受害者
8. 公开曝光（弱点）并降低对方身份
9. 不友好的中断
10. 潜在攻击
11. 不怀好意的眼神或持续注视
12. 像空气一样对待某人

如果你能够识别对话中含有一个或多个符合的情况，很明显，你并非处于一种心理安全的交谈环境中。每个人偶尔都会发现自己冒犯过同事，或贬低过同事提出的建议，这也会造成不安全的心理环境，因为我们可以向别人说明自己不会提出"愚蠢"提议，同时却又指出别人的不足。

我并不想给人造成一种印象，感觉硅谷企业家跟孤家寡人一样。事实情况是，史蒂夫·乔布斯的许多行为也可以被归入"混蛋"类别，罗伯特·萨顿在书中明确提到了他。你也听说过，特拉维斯·卡兰尼克和埃隆·马斯克也算不上"老板标兵"。尽管如此，你仍然会感觉硅谷的企业家都在关注自己的业务，而欧洲汽车制造商则在努力争取市场份额，以及维持自己的权力。

"我可以提一个问题吗?"

> "相比无法质疑的答案而言,我更喜欢无法回答的问题。"
>
> ——理查德·费曼(Richard Feynman)

只有心理安全的环境才能让人提出正确的问题。如果没有风险,就很难产生问题。在我们的社会中,可以轻易找到或准备好答案。而一旦提出问题,很快就会导致负面结果,(质疑)很可能使你显得有些无知或不尊重他人。然而,恰恰是因为我们有提出问题的能力,才能使人类与灵长类动物区别开来。2~5岁的儿童每天要问几百个问题,每年大约有4万个问题。他们会口头提出问题或仅通过手势来表示疑问。随着时间推移,这些问题变得越来越具体化,从"这是什么"到"为什么是这样",最后变成"这是如何起作用的"。

许多科学突破、创新、发现和新机制的出现,都由于曾经有人提出过问题。例如,网飞创始人里德·哈斯廷斯(Reed Hastings)由于忘记及时归还借来的录像带而面临昂贵的滞纳金。于是,他不禁想道:"为什么会有滞纳金呢?"接着,他开始思考:"如果不需要缴纳滞纳金,像在健身俱乐部一样按月支付观看视频的费用会怎样呢?"亨利·福特也问过自己:"我怎样才能加快汽车的生产速度呢?"而

卡尔·本茨想道："如果我把发动机安在马车上会怎样呢？"

探索的旅程往往始于"是什么""怎样做"和"为什么"这样的疑问，这些质疑能够重新定义行动的界限，使自己可以走得更远，并抵达成功的彼岸。一个所谓"安全"的答案，可能会过早地中断探索，无法充分发挥出人的潜力。这对今天的汽车集团来说是很危险的。虽然其中的很多人都是从一个问题开始奋斗，经历困难找到答案，但随后问得却越来越少，最后只想直接得到答案，提问则被认为浪费时间。作为前保时捷首席执行官，马蒂亚斯·穆勒本应该更多参与的话题是："如果使用自动驾驶技术，跑车该是什么样子？这种情况下的驾驶乐趣从何而来？"作为大众汽车集团的现任首席执行官，他应该问自己："未来的环保机动车是什么样子？"然后，他很快就会发现，柴油发动机已经没有什么前途可言了。

提出真实问题的艺术比寻找现成答案更重要。现在，谷歌成了获取现成答案最便捷的工具。正确问题研究所（Right Question Institute）的创始人丹·罗斯坦（Dan Rochstein）在举办研讨会时只允许参与者以提问形式进行交流。在讨论期间，提出问题必须是主动的，而不是被动的。而且，每个问题都必须通过反问来回答。这样做的结果是，参与者的思维模式得以拓宽，想象力发挥到了前所未有的高度。参与者都表现出有更大的兴趣，层出不穷的想法不断地涌现出来，所有这些都是由提问引发的。

是什么，怎样做，为什么：问题风暴与头脑风暴

> "初学者眼中凡事皆有可能，行家心中可行之途无多。"
>
> ——铃木俊隆

埃里克·莱斯（Eric Ries）是《精益创业》（*Lean Startup*）的作者，他曾经指出，现在公司中的大部分资源都被交到了那些胸有成竹、有完美规划的经理手中，也就是说，这些人似乎对所有事情都有所谓的标准答案。到目前为止，我们所知道的，他们只有少数项目是失败的。但是，公司的资源和激励政策应该直接面向员工，让他们提出明智的问题，做出大有可为的尝试，并计算需要承担的风险。失败可以让人学习，这是为创新铺平道路的唯一途径。

与头脑风暴相比，"问题风暴"并不是为了产生许多想法，而是提出一些好问题。所谓头脑风暴，是希望参与者能够提出会议议题的解决方案——如果没有任何结论产生，讨论者就会感到很失望。而在问题风暴中，根本就没有这些预期的想法：参与者的目标是至少提出50个关于特定难题的好问题，然后优先考虑前三个。提出问题通常比拼命想出解决方法更容易，而且会让人更有参与感。有了问题，可

以先从不同方面阐明，关键点是能够逐步过滤掉最基本的问题。根据小组发现的问题，参与者可以获得关注和动力，为进一步的行动步骤和发展研究设定方向。

问题风暴也与提出问题的方式有关。是开放式提问，还是限制式提问呢？可以通过"是"或"否"来回答问题，但这样通常不能提供任何帮助。而开放式问题会要求回答者进行思考，并留出解释和提出新问题的空间。

以下是一些提出开放式问题的示例：

1. 为什么……？
2. 如果……该怎么做？
3. 怎样才能……？

提出问题的人很快会超过那些自认为更了解情况的专家。答案很简单，因为他对旧体系了解得少，这正是优势所在。他们还不知道一些可能存在的潜在问题，也不会考虑其他人多年来苦心经营的各种关系，敢于采取新的方法进行尝试。提出问题有助于避免"确定感"效应，这种现象的产生源于我们对自己固有的知识过于自信，不会质疑或审视已有的观点。为避免出现这种情况，神经学家罗伯特·伯顿（Robert Burton）建议大家在行动之前首先思考："为什么我会想到这个问题？""这个问题背后有什么假设？""我还应该提出其他问题吗？"

- "如果我们的公司不存在了怎么办？"重新设定一个新的开端，使其能够超越自己的行业和角色。
- "如果用钱也无法解决怎么办？应该如何处理这个项目？"暂时解除限制，让参与者自由发挥想象力。
- "如果面对的是不会失败的项目怎么办？我们应该怎样做？我们将如何进行？"这个问题使人产生自信，并鼓励大胆行动。
- "宜家是如何解决这个问题的？""在电视剧里，警官西曼斯基会如何行动？"将自己置身于其他人的心态中，比如角色扮演。
- "我们的公司在哪些领域可以具有跟初创公司一样的特质？"

为能够体会到这种差异，让我们来看看所谓"杀手问题"会怎样影响你。这些问题通常看起来非常实用，带有审视角度，而且很受欢迎，给人一种特别称职和重要的印象。

- "这会花多少钱？"
- "谁对这个问题负责？"
- "我们的补偿在哪里？"
- "怎样才能干掉特斯拉？"

虽然这些"杀手问题"有一定合理性，但会将焦点从实际问题转移到个别细节，而这些细节通常在制定解决方案时才需要进行处理。这些问题让你处于守势。它们虽然有助于经营企业，但并不能带领企业真正取得成功。最优秀的经理人会提出开放式问题。

通过提出值得赞赏的、积极的问题，可以激励参与者，使他们认识到已经做到的事情，而不会在意自己错过的东西。人们应该随时随地知道发生了什么，而不是只注意到什么没起作用。从自己开始，一切从小事做起。不要因为铃声响起感到恼火，应该感激它可以正常运行，让你不会迟到。人们应该感谢早上给自己带来能量的咖啡机，感谢将自己安全带到办公室的汽车或自动车，感谢将自己轻松带到二十楼的电梯。只有这样，你才能意识到自己的环境中有多少事物是正常运行的，有多少不幸和不便在现实中是同时发生的。

解决方案的试金石永远是："这会让人们的生活变得更好吗？"

"毁灭公司"或试想如何使自己的公司衰亡

很高兴能够警告大家，即将发生的一场风暴变化。对于成功的公司来说，也许会感觉自己将"青春永驻"。在过去，这些公司几乎所有的一切都是成功的；在未来，也总会预示着一帆风顺。但是，不幸还是发生了！

这正是诺基亚和宝丽来的切身感受，或者可以说是百视达和通用汽车的感受。成功一直伴随着这些公司，直到最终破产或不得不面临被兼并的局面。吉姆·柯林斯在《再造卓越》一书中，揭示了那些曾经成功的公司所经历的各个衰退阶段。让那些公司失败的，并不是所说的傲慢（虽然这在一些公司中有不可忽视的影响），而是那种对成功经验的盲目自信，使其安于现状，不愿意质疑和尝试新事物，认为自己已经拥有了各种所需的专业知识。

"毁灭公司"是一种思维训练方法，通过让公司的经理和员工扮演竞争对手的角色，来找到摧毁自己公司的方法。例如，如果我是 PayPal 这样的角色，如何能够让它干扰自己现在的业务？梅赛德斯的员工也可以通过扮演特斯拉的角色，来思考可以攻击汽车巨头的技术、商业模式、流程或者任何疯狂的创新。

角色扮演是一种行之有效的方法，可以让员工摆脱自己固定的思维模式。作为警察，保障银行安全是一回事，如果换位思考，将自己当成偷盗者，找到安全系统中的漏洞，使银行金库免遭袭击则是另一回事。这种角色扮演游戏可以具有趣味性，并使创意无限涌动。为让金融交易符合法律要求而去钻研法规条款，可能让你感到很乏味；但是，如果能够通过扮演黑客杰克或福尔摩斯的角色，考虑如何从公司提取有价值的数据和信息，你的活动领域就会突然呈现一种完全不同的令人兴奋的维度。只有从竞争对手的角度来思考，才会认真对待自己的弱点和不足之处，并且积极、快速地参与其中。

180度思考：如何看待无法开动的电动汽车？

"一辆无法开动的汽车毫无价值。"

——弗雷德尔·费斯尔（Fredl Fesl）

如果炉子不能烹饪，还能做什么？一个不能保鲜的冰箱呢？一辆无法开动的汽车呢？这些问题都与使用产品的根本目的相冲突。这就是我们需要谈论"180度思考"的原因。

达美乐比萨（Domino's Pizza）创始人汤姆·莫纳根（Tom Monaghan），正是通过使用这种质疑方式，获得了对事物的全新看法。（质疑的）目标不一定是要找到解决方案，而是为非同寻常的问题和观点开阔思路。有的问题可以扭转局面，例如："如果不需要客人为餐馆的食物付账会怎样？在这种情况下怎么才能赚到钱？""如果没有桌椅，也没有菜单，那会怎样？"某些平时被人们认为必不可少的部分缺失了，餐厅就可以变身为小吃品尝会或者惊喜派对，甚至可以每周为有需要的人提供一次免费午餐。

面对"如何看待无法开动的电动汽车"这样的问题时，人们很可能开拓思维，将电池作为存储设备使用。

"Déjà-vu"，还是 "Vuja-Dé"？

有时，当我们遇到新事物的时候，会有似曾相识的感觉。也就是说，虽然第一次见到，却似乎有点熟悉，就好像我们以前曾经见过一样。这就是法语中所说的 "Déjà-vu"。而美国表演艺术家乔治·卡林（George Carlin）所诠释的 "Vuja-Dé" 却恰恰相反，意思是，用一种全新眼光来审视我们曾经非常熟悉的事物。这种情况我就碰到过。有时，当我看到一个词并不断重复使用时，突然觉得这个词很奇怪，有种陷入迷雾的感觉。或者，当一个认识很久的朋友告诉我一些事时，突然开始怀疑他是否还是我印象中的那个朋友。

摩尔定律：德国汽车制造商的相反诠释

早在1965年，英特尔创始人之一戈登·摩尔（Gordon Moore）就在一篇期刊文章中写道，集成电路上的晶体管数量大约每隔12～24个月会增加一倍，从而影响电子元件的计算速度和存储量。几十年来的发展趋势与这一观点非常接近。摩尔定律今天已经成为一种用于观察或推测的有效根据。

然而，戈登·摩尔本人对此却不太确定。他认为这条定律已经成为一种"自我实现的预言"，因为半导体开发部门根据他的观察结果制订自己的产品计划。正因为有了摩尔定律，每家公司都会效仿并相应规划了开发周期，并获得了行业内的支持。摩尔定律有一个意想不到的后果就是，半导体行业得到了持续不断的发展。

另一方面，在德国汽车工业中，摩尔定律似乎被忽视了，或者实际上已经变成了反面。在许多情况下，制造商和行业专家都认为客户不需要电动汽车，因此自动驾驶技术距离任何实际用途还有几十年的时间。在此过程中，他们互相说服对方，认为没有必要跟上该领域其他国家的发展步伐。在谷歌开始自动驾驶测试8年之后，在特斯拉推出首款电动汽车4年之后，德国制造商仍然无法提供相关领域的具体服务。美国各州和联邦政府在制定自动驾驶汽车法规方面已经走在了领先行列；而在德国，人们讨论的法律文本在美国已经过时，甚至在通过之前就已经过时了。相比之下，摩尔在硅谷非常受欢迎：传感器、算法、驾驶测试和专家培训的发展都遵循摩尔定律的步伐。

"开源"：用内部专业知识迎接世界

"无论认为自己行，还是不行，你都是正确的！"

——亨利·福特

那些长时间在硅谷生活的人们，都对这里公开讨论问题并乐意分享信息的程度感到惊讶。当然，人们不一定非得透露自己的技术诀窍，但他们都乐意通过自己的专业知识相互帮助，与他人交往。在硅谷形成初期，威廉·休利特（William Hewlett）和戴夫·帕卡德（Dave Packard）专门休假一周，帮助瓦里安兄弟解决医疗问题。在儿童生日聚会或各种主题活动上，大家总会遇到其他领域的竞争对手和专家。在这些场合，大家可以聊天或互相学习。

正是这种交换意见的意愿，使人与人之间相互和解，也促进了个人的发展。人人都有紧迫感，新技术浪潮汹涌而来。这意味着在公司外部也有许多可以借助的专家。这就是InnoCentive网站成功的基础，这是一个让各公司发布问题的平台，来自世界各地的所有学科的难题解决者都可以参与其中。美国航空航天局，首次使用InnoCentive平台时，也持非常怀疑的态度。那时的专家们一直在苦苦思索，如何才能准确地对太阳耀斑进行预测。因为太阳耀斑爆发会威胁到宇航员和地球上的所有电子设备。经过一番犹豫后，美国航空航天局决定通过InnoCentive对外征集解决方案，酬劳为3万美元，共有超过500人参加其中。最后的获胜者是一名来自新罕布什尔州的退休工程师。他使用自己的设备，能够以75%的准确度预测到太阳耀斑。

  起初，最令美国航天航空局领导层尴尬的是，自己的专家居然被一个外人打败了，工程师们也感到有些"羞辱"，就好像在自己的工作领域中失败了一样。然而，这种感觉马上就消失了。美国航空航天局的研究人员很快意识到"集思广益"的重要性。今天，人们已经明白，不能再有自己在家"闷头苦干"的心态了。为什么要忽视其他学科领域的"业内"专家呢？多向外部征求意见和帮助，会有出人意料的结果和解决方案，而德国汽车制造商缺少的正是这种开放性——业内专家圈子过于狭隘，而且显得过于神秘了。他们即使在硅谷设置了创新前哨站，维护的也是德国文化，而不是让硅谷思维融入自己的大脑。

创新前哨——在硅谷中奏响未来的乐曲

想要紧跟汽车行业最新发展的汽车制造商和供应商必须找一个远离传统汽车研究中心的地方定居，也就是硅谷。所有知名制造商都在加利福尼亚州，或者说在旧金山和圣何塞之间的地区有一个"创新前哨"。这些前哨的使命在于更快地识别行业趋势，与初创企业取得联系，以及充分利用当地基础设施、法律框架和专家知识。电动驾驶优步车就汇集了各种学科领域，代表了硅谷的广度和深度。硅谷的作用，在目前来说，没有其他地区可以匹敌。

至少有25家汽车行业的公司在硅谷设立了研究机构，员工人数从几人到上百人不等。但是，并不是每个公司在硅谷都设立了高效的、可以充分利用的分支机构，比如奥迪创新研究中心（AIR）和大众电子研究实验室（ERL）。身处硅谷，并不意味着拥有硅谷人的心态。当人们进入这些公司的研究中心时，最想探寻的其实不是德国文化，而是硅谷作风。把一个团队从总部安排到这里，如果只是闭门造车而没有融入当地，是一种错误的做法。德国公司必须聘用具有合适人际网络和心态的硅谷当地人，要在初创企业和其他公司之间聚集联合的地方设置办公场所，参加各种活动并扩展人脉，最重要的是必须睁大眼睛。

那些从未使用过优步或来福的人，不会理解这项服务的独特性。那些不密切关注山景城或旧金山金融区的人，很容易忽视自动驾驶汽车。对那些在总部对研究自动驾驶技术持反对意见的人，和那些认为某些事情"无法运作"或"没有人需要这样"的人来说，这就是惩罚。

此外，创新前哨还为总部管理人员提供了一个很好的机会，可以前往硅谷，身临其境。在自己的国家中，大多数行业预言都毫无效果，向内部发出危机警告也经常被嘲笑，而这些前往硅谷的人，正是提供有价值的信息的人，他们可以讲述行业现状与发展前景，并粗略地解答行业疑惑。而谷歌、优步和苹果这些公司，特别需要引起汽车市场的关注。关于这一点，企业在国内的总部必须了解。仅仅在加利福尼亚州开设一个"光彩夺目"的创新前哨是没有用的，传统汽车公司还必须在自己的总部建立一个"创新基地"，这样才能将所学的知识消化吸收。

培训和研究中心的意义：谁在做什么？在哪里进行？

在哪里可以对自动驾驶汽车领域的工程师进行培训呢？很遗憾，到目前为止，还没有这方面的专业性综合培训项目。如前所述，有第一批机构填补了这一领域的部分空白；自2016年年底以来，由塞巴斯蒂安·特朗创立的在线学习平台优达学城，提供所谓"微学位"，作为自动驾驶车辆编程领域的工程学位。特朗参加"DARPA大挑战"时，在哪里进行研究呢？答案是斯坦福大学人工智能实验室。因此，斯坦福自动驾驶研究中心（CARS）在此设立，也就毫不让人感到奇怪了。此前，特朗在卡耐基梅隆大学机器人和人工智能部进行的研究和教学，其中就涉及自动驾驶系统的基础知识。

2017年4月，优达学城培训的第一批学生和教师，合作建立了自己的自动驾驶技术初创公司Voyage。与此同时，得克萨斯州的A＆M大学正投资1.5亿美元建立一个研发中心，目的就是帮助学生和企业研究自动驾驶技术。

在德国的自动驾驶系统研究领域，由于布伦瑞克工业大学毗邻大众汽车集团，与柏林自由大学一起成为最著名的大学研究区之一。而autoNOMOS Labs项目则致力于自动驾驶汽车的进一步开发，目前正在柏林进行两个单元的测试。

„EN MARCHE!": POLITIK UND GESELLSCHAFT IN BEWEGUNG

"前进！"政治和社会运动

"政治是一门寻找并发现问题，然后进行错误诊断并用错误方法解决的艺术。"

——格劳乔·马克斯（Groucho Marx）

我敢冒险预测，在接下来的10～15年里，所有一切都将发生改变。汽车行业和受其影响的一切，都必须经历根本性变革。问题已经不在于这是否会发生，而是会多快到来。政治和社会正面临着巨大的挑战。

几个月前，我和一些欧洲议员一起在硅谷访问。他们想了解，是什么导致硅谷在技术和创业方面如此出色。在谈话过程中，一位保守党议员对那些期望获益、自己又不想做任何事情的人相当不满。他的观点是"如果你不想工作，就不会挣到任何钱！这样就连饭都没得吃"。然而，此时此刻，这位议员忽略了此次访问中最重要的一课：世界已经发生了变化。随着机器人和人工智能系统的迅猛发展，已经到了机器可以取代人类的阶段。仅仅本书中的数据和事实就可以说明现在取得的进展：成千上万的司机和汽车行业员工有可能失去工作，而这仅仅是开始！新技术领域产生的工作岗位，不太可能吸纳这些失业人员，因为我们正面临人类历史上前所未有的工作环境变化，这不仅会影响低技能人才，也会影响那些曾经备受尊敬的高技能人士。没有人会说这些人不想工作，而是他们根本找不到工作。那么，我们怎么办呢？

我们今天处理的一些问题，已经被视为这场数字革命的先兆。我们需要在21世纪进行完全不同的、完全脱离19世纪意识形态的讨论。在讨论中反复出现阶级斗争、机器税、资本主义和共产主义这样的专业词汇，已经没有任何帮助。21世纪需要解决方案，而且解决方案必须源自21世纪。

硅谷对此早已付诸行动了。如果我们现在不注意、不处理这些问题，就会使自己的状况进一步恶化。瑞士曾就"无条件基本收入"提案举行全民公投，这也许会成为这些根本性变革的可能解决方案。但是，这项提案被大多数人拒绝。我们还应该加强奥地利和德国在这方面的讨论；应该本着严肃、真诚的态度，并且摆脱过去的意识形态争论，为明天的人类找到答案。人类的未来已经来临。

克服认知失真

在理解和有效应对巨大变化时,人类固有的偏见和自身的理性或非理性情感,导致我们并非总是最好的指导者。所谓"认知失真"对人类的判断有非常具体的影响。

患得患失:高估可能的损失,低估可能的收益。

禀赋效应:重视已经拥有的东西。

现状失真:优先考虑改变现状。

上述三种类型的认知失真意味着,相比未来可共享或自动驾驶的车辆而言,人们仍然更喜欢能够自己控制的私家车。

错误的风险评估:与现有风险相比,即使数据相互矛盾,也会大大高估未知风险。

消费者认为的自动驾驶汽车和智能汽车的风险,要比实际高得多。

乐观失真:夸大自己的能力,低估风险。

车主认为自己驾驶汽车会更安全,能比机器更好地掌控一切。他们忽略了自动驾驶汽车的安全优势。

可行性启发误判:判断事实时应用经验主义法则,但却并非依靠准确信息。

人们将专注点放在罕见的负面事件上,如交通事故和网络攻击等,而这些在未来必然会伴随移动交通的发展而出现。

将无条件基本收入与机器人税提上议程

根据定义,"无条件基本收入是一种社会资金转移政策。每个公民,无论经济状况如何,都可以获得法定补贴;此项资金由国家支付,无须支付任何报酬即可获得"。

如果每个人在没有工作的情况下,每月都能获得500欧元甚至2000欧元收入,那我们将如何支配自己的时间呢?这很难预测。在这里,还不能忽视那些不一定参加(有偿)工作的特殊人口群体,比如儿童和老人(取决于每个国家的状况)、富裕的财产继承人、宗教团体和贵族。也许有些人会专注于增长自己的运动或艺术才能,另一些人会照料家庭、农场和孩子,或者从事慈善事业。还有一部分人,只是追求自我享受。

德国现在可以负担得起这样的财政资金转移。即使这项政策被强烈否定,事实上,转移支付已经成为联邦州最大的预算项目之一。在美国,所有家庭收入的20%都来自转移支付。退休津贴和公司补贴只不过是转移支付的一种形式。政府在金融危机期间向银行注入的资金,也属于转移支付。

然而,许多人是通过工作来定义自己的。失去工作会使这些人陷入"意义危机"之中,让他们感觉自己不再被需要或丧失归属感。今天的社会也瞧不起那些没有工作的人。我们的全部生活集中在工作、日常安排、交通、用餐、假期,甚至是消耗能量的运动时间。学校培训我们,为的是让我们能够找到工作。但是,如果工作不再是解决方案,而是一种问题,应该怎么办呢?

那些在过去二十年里消失的工作岗位，将近85%都没有转移到低工资国家里，而是被技术进步直接消灭了。这些工作岗位不会再回来了。据估测，自动化和人工智能结合，将分别夺走美国、英国和中国47%、35%和77%的就业岗位。按照经济合作与发展组织（OECD）的平均水准，这将占到所有工作的57%。

因此，微软创始人兼慈善家比尔·盖茨建议对机器人和自动化产品征税。有工作的人必须支付个人所得税，而机器人却不需要。使用机器人可以提高生产力，减轻企业税收负担。而税收制度仅仅局限于面向人类工作者，这将促使人类逐渐被机器人取代，从而使各国陷入社会危机。机器人正在摧毁就业机会并使税收减少，向机器人征税将有助于我们重新培训未来的失业者、支付失业救济金或无条件基本收入。向机器人征税不一定会与公司利益冲突。使用机器人不需要支付健康保险或养老保险等费用，它们仍然比人类便宜。

无条件基本收入、机器人税或者其他措施，是否会成为行之有效的解决方案，我和你一样知之甚少。应当允许我们在传统行为模式之外对此进行公开讨论，无须任何抵制或对其嘲笑。无条件基本收入只是我们需要测试其适用性的众多措施之一，而且这一测试应该尽快进行。

自我培训迎接未来

未来是属于孩子们的。我们教育孩子的目标，就是让他们能够最终获得工作，并有能力支撑自己的生活。当今德国学生的理想，仍然是将来可以在博世、梅赛德斯、西门子或SAP工作，甚至成为公务员。未来，工作岗位将变得越来越稀缺，他们也会比以往更频繁地更新自己的工作履历。为了让儿童和青少年更充分地为将来做好准备，我们必须为他们提供一种能够自己创造未来的教育。

吉吉·瑞德（Gigi Read）曾经是我的同事，她和一群"肩负使命的妈妈"（她们喜欢这样称呼自己）开设了一个专门针对8～14岁儿童的培训班，目的就是帮助孩子们培养适应21世纪的各项能力。现在学校的课程主要是让孩子识字，学习科学文化，培养社会价值观，以及掌握其他方面的知识。然而，根据世界经济论坛阐述的观点，现在的孩子一方面缺乏能力或技能，如批判性思维和解决问题的能力、创造能力、沟通能力，以及合作技能；另一方面，缺乏好奇心、主动性、坚持性、适应性、领导力，以及社会和文化意识等。所以，瑞德在培训中会为孩子们提供一种设计思维，也就是一种思维框架，可以通过故事来识别和解决问题。除此之外，他们还将数字工具、黏土造型和手工艺作品结合在一起，让孩子们自己动手塑造形象，通过3D扫描仪将其输入电脑中，进行调整，最后用3D打印机打印出来。孩子们还学习用Scratch语言对机器人进行编程，这些都为将来进一步实践打下了良好的基础。人工智能也是一个培训主题。人们是如何创造出人工智能的？人工智能如何通过机器学习来取得进步？

如果人类真的经历了一波失业浪潮，我们如何对那些受到影响的人进行类似培训，就像瑞德教孩子们那样吗？与此同时，我们又怎样才能帮助人们在德国开始新一轮的创业浪潮呢？

表现出要求改变的意愿

无须多言，汽车行业的革命正在进行。尽管有很多数据和事实支持这一点，但如果缺乏改变的意愿，任何言论都无济于事。先前曾提过的匈牙利创业公司的例子，唯一的价值就是创业者认识到设计思维的重要性，他在不得不关闭公司并寻找新思路时明白了这一点。

慢慢尝试有助于为变化做好准备，并做出必要的决定。我在这里还有一些建议：一定要收集经验！可以借用特斯拉或宝马i3行驶一小时、一天或整整一周。注意自动驾驶汽车或公共汽车进行测试的地点，并仔细观察。所有这些都是入门的良好开端。

要不断提醒自己，即使在汽车行业，变化也是十分迅速的。在1900年被马车包围的纽约第五大道，到1913年已经挤满了汽车。再想想在交通事故中受伤的朋友或熟人。今天，你希望在每天上班路上被"蒸汽"环绕，还是更愿意乘坐电动轻轨列车？为什么你们这么多人，还坚持驾驶用"恐龙汁"做燃料的汽车呢？

NACHWORT

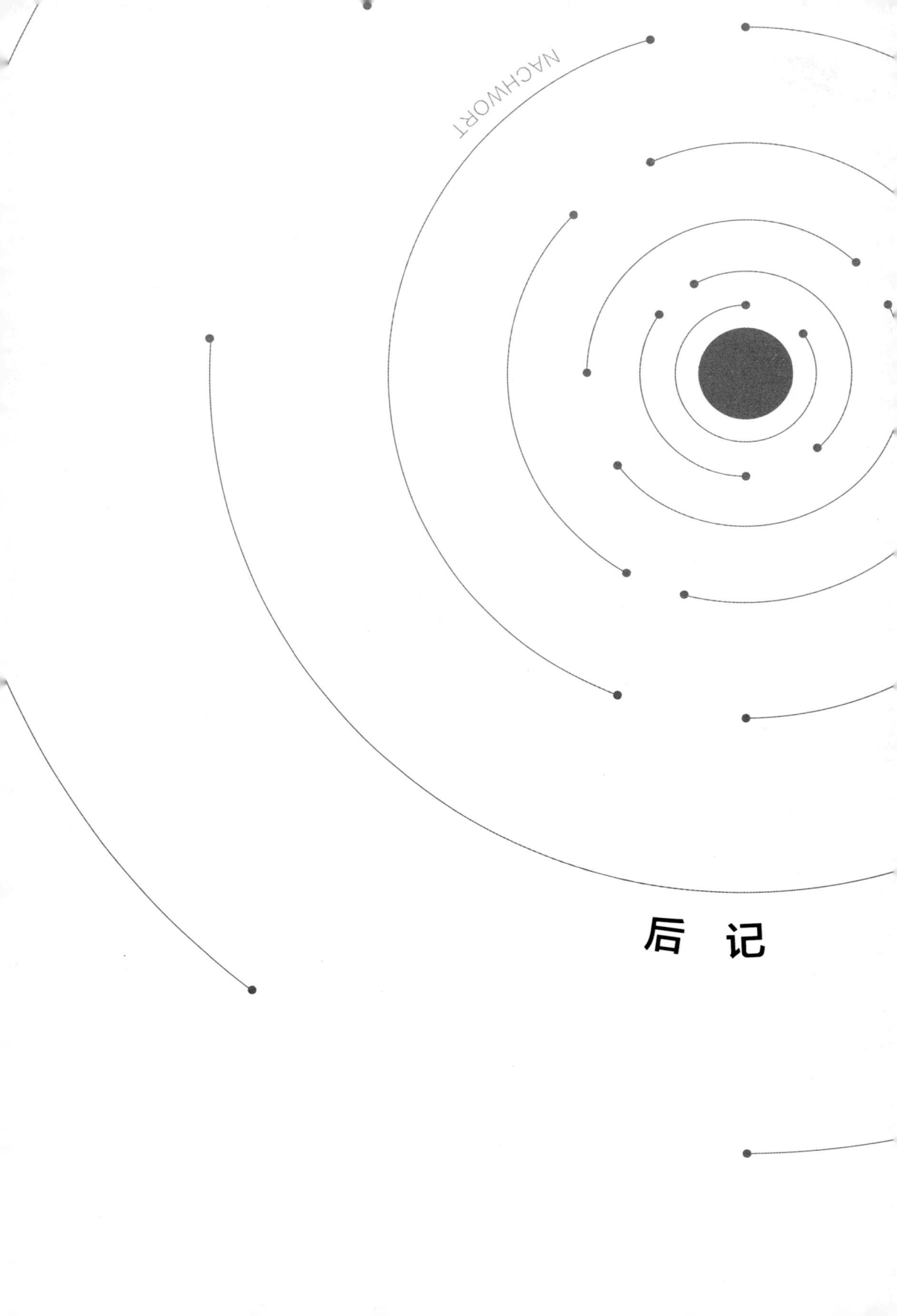

后　记

我们发明并制造出了最好的汽车。我们是行业中的佼佼者。但是，即使是卡尔·马里乌斯（Carl Marius）这样伟大的制造商，也不能一直拥有自己在1920年获得的声誉。柯达在2012年申请破产后，再也无法生产质量最好的胶卷了。即使诺基亚和RIM/黑莓可以生产最好的翻盖手机，也无济于事。Eumig拥有最好的Super 8胶片摄像机和投影仪，一度占有100%的市场份额，最后它的市场却萎缩到零。

转变已经发生的迹象不容我们忽视：柴油车排放丑闻爆发、驾驶禁令实施、特斯拉成功销售，以及出现以电力驱动的跑车。数字用户界面的使用状况，显示出我们落后于某些科技公司的程度有多严重。年轻人不再购买汽车，不再拥有驾驶执照。交通拥堵变得越发严重。汽车业的创新者更多地出自完全不同的行业领域。数百家公司争先研发自动驾驶汽车技术。数十亿美元被投入到新运输方式的开发中。

麦克斯、苏菲、朱利安，我的三个儿子，都不再需要亲自驾驶汽车。或者，他们根本不愿意再去驾驶汽车了。电动汽车将他们载往各处，也许他们会拥有自己的汽车。作为爸爸，我心里的一块石头落了地。一方面，他们再也不会因为驾驶犯很多愚蠢的错误；另一方面，他们也不会因为别人的错误而受到伤害。谁是下一代技术的霸主，现在尚未明了。但是，越来越清晰的是，德国和奥地利的公司在未来全球汽车行业里已经丧失了自己的位置。根据本书提到的现有的数据，我愿意把宝压在硅谷或者亚洲的企业那里，它们更有望成为下一代的引领者。

那些在硅谷或者中国工作的德国人或奥地利人，那些聪明的人，那些留在家里的人，他们都毫无能力、不思进取吗？当然不是。这还是归咎于企业本身。这些传统生产商自鸣得意地高高坐在历史的荣誉上，反应迟钝，行动迟缓。转型意味着要将大量资金投入一个尚未可知、未经检测的驾驶领域，意味着要在新的起跑线上和其他竞争者重新开始竞争。传统的汽车制造商卖出过数百万辆汽车，有着辉煌的销售业绩和成功模式，这些都阻碍了他们进行转型和过渡。

但是，成功永远伴随着危机。正如德国在2014年成为足球世界冠军，在2016年争夺欧洲冠军却失败一样，曾经的成功并不能保证未来的生存。像诺基亚和柯达这样的例子就足以警戒世人了。所有公司的员工都应该保持一定程度的偏执，因为迟早有一天有人可能通过新技术、新商业模式或更好的执行力来淘汰你。一些公司会有这种"濒临死亡的紧迫感"，使其成为公司的一部分；另一些公司则满足自己的成就并逐渐走向下坡路。这样的例子比比皆是。Nixdorf和Eumig公司不相上下，而莱茵集团和E.on也逐渐没落。

改变的信号并非仅此一个，它们如同彗星一样四面分散，从我们头上的天空落下。逃避现实，假装这些改变不会涉及自身，或者更糟糕的是，告诉其他人不加理睬就毫无危险，这是一种疏忽，而且是不负责任的。当然，并非我列出的所有警告信号都会产生相同的效果，具有同等的力度，或者恰好能在预测的时间内准确发生。然而，即使只有少数人能够意识到，这种忽视与无动于衷能够产生严重的影响，甚至使我们失去听觉和视觉，这就已经足够了。

第二次汽车革命正在全面展开。在没有任何"如果""但是"的情况下，以飞快的速度进行着。相关讨论已经结束了，现在是挽起袖子大干一场的时候了。像德国这样，诋毁电动汽车，将禁止自动驾驶和共享模型作为对自身经济的保护，损害的只是自己的利益，最终只能输给自己的竞争对手。

我再最后一次清楚地宣告：用内燃机发动汽车的时代已经结束，现在结束了！就这样！持相反意见的政客和汽车制造商在给所有人和自己帮倒忙，他们必须扩大对替代能源的利用，从现在开始，为时不晚。成千上万的工作岗位会消失，不是可能会消失，而是一定会消失。提高数字技术水平和人工智能方面的专业知识，适应和掌握新技术，以及制定必要的框架，这些才是我们在这个时代面临的最紧迫的任务。宜早不宜迟，我们现在就要创造条件，让大家为新岗位做好准备，引导新的创业浪潮。

我们不能把经济搞糟，留给子孙后代一个烂泥潭。我们的后代越来越难找到固定的工作，拥有财务上的稳定。正因如此，分享模式在年轻一代中备受欢迎。在英国脱欧问题上，老一辈向年轻一代竖起中指。这会导致什么结果呢？

即使你可能不想再听或读下去，也请你再看一次未来5～15年将会消失的工作岗位（表13）。你可以把这张表剪下来，复印一份，挂在墙上，随时提醒自己。

表13　未来可能消失的工作岗位数量

职　业	工作岗位
汽车制造工人	30万
出租车司机	25万
汽车维修工	39万
加油站经营人员和工人	10万
驾驶学校教练	2.1万
汽车经销商	7万

如果把这些数字加在一起，总数将涉及50万～100万个工作岗位，而这仅仅是一个行业的数字！上一次在德国发生同样的事情是在何时？30万个矿工岗位在50多年时间里逐渐消失。相比之下，麦鲁夫特（一种早期的奥地利晶体管计算机的昵称）的诞生让我们在十年间失去了三倍工作岗位。这50年间消失30万个岗位，不断有劳工罢工，让德国近乎瘫痪。现在，我们拥有同样的技术、资源和企业，能够推动第二次汽车革命。我们甚至有更好的技能。但是，如果我们继续保持傲慢自大、保守胆小、不思进取、吹毛求疵的态度，这些优势都没有用。我们只能咎由自取。

我在"硅谷思维"一章里谈的就是这个。正确的思维方式不是遥不可及的魔法。贝莎·本茨、沃纳·冯·西门子、费迪南德·波尔舍、哈索·普拉特纳和很多伟大的德国企业家已经证明，德国人是充满创造力的，是能够书写成功传奇的。现在，塞巴斯蒂安·特朗和安德烈亚斯·冯·贝切托尔希姆（Andreas von Bechtolsheim）这些德国人同样在展示这一点，我们只需跟随他们的脚步。

无为不是借口，我们毫无作为，只能怪自己。不是特斯拉、谷歌、苹果、脸书或优步打败了我们，而是未来抛弃了我们。我们在过去沉睡，未来就会任人宰割。未来不再由我们参与创造。我们不去面对竞争，一味防守，砌筑高墙。我们要继续扩大领先优势，而游戏规则已经改变，人们已经奔向了另一个目的地。跟随英国变成工业强国的道路已经过时了。

不仅美国人和中国人超越了我们，在外资企业工作的德国和奥地利工程师都在给在本国公司工作的工程师施加压力。他们已经跳上了电动车，而我们还在后面跑。我们必须转换思维。公司职员、政客、官员，整个社会都需要转换思维！我们需要多一些贝莎·本茨这样的人，少一些哈拉尔德·科鲁格（Harald Kröger）、马蒂亚斯·穆勒或者迪特尔·蔡澈这样的人。这些总裁们只是管理者和卫道士，他们不停地告诉大家，顾客们应该喜欢什么（豪华大型车），什么行不通（自动驾驶汽车），什么车型没人要（电动车）和应该支持谁（政客）。我们不需要费迪南德·皮耶希的观点和态度。不用，谢谢！这些人解决不了任何问题，反而会制造麻烦。

你面前的这本书历时两年完成，对人类近二十年的行为进行了研究。我写这本书的目的，不是为了挖苦德国、奥地利和瑞士的企业，对社会和政治进行挑剔，也不是为了批评所谓傲慢和无能。当然，有时候确实可以看到这样的情况。

多年来，我一直住在硅谷，我的儿子是美国人。我可以轻松地说："对我来说，无所谓！"但是，我没有这么做，也不想这么做，因为我的父母、兄弟姐妹、侄子侄女，以及很多亲戚和朋友住在德国、奥地利和瑞士，而我也是欧洲人。欧洲汽车业走向衰亡，对我来说绝对不是"无所谓"的。对我们的国家来说，汽车太重要了；对我的孩子来说，也是如此。更重要的是，汽车事故和环境污染会威胁到我们的下一代。本书列出的事实，都是公开数据，不是什么秘密。但是，我描绘出的未来的紧迫性，读者可能是第一次听说。我希望本书能让你觉醒，让我们一起共同创造未来！你还在等什么呢？

马里奥·赫格尔

mario.herger@gmail.com

图 片

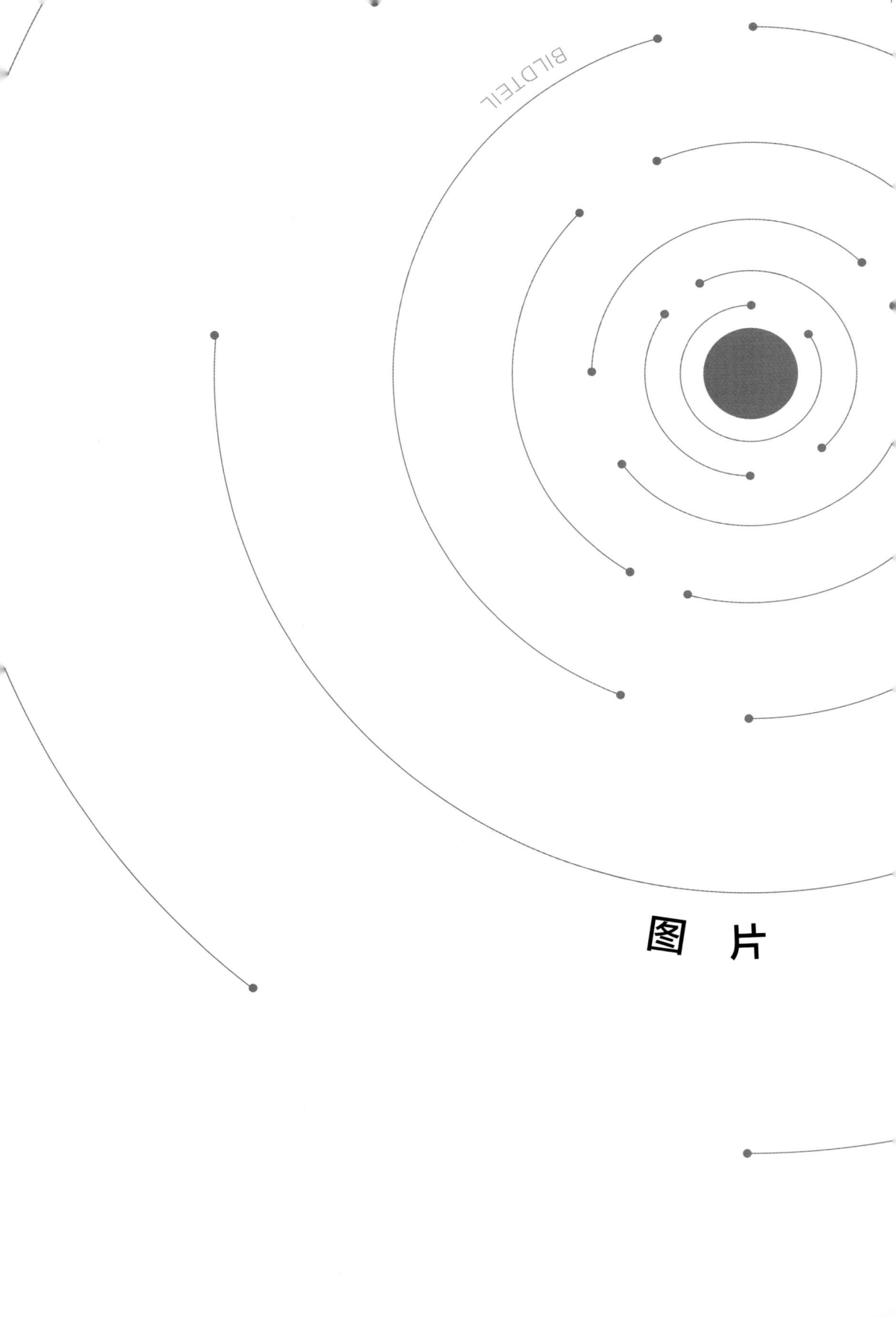

BILDTEIL

图1　1900年的美国纽约第五大道

图2　1913年的美国纽约第五大道

图3　皇宫中的马车

图4　美国内华达州自动驾驶测试车辆牌照（由谷歌提供）

图5 美国加利福尼亚州山景城圣安东尼路,三辆谷歌考拉汽车在交通信号灯前等待

图6 山景城计算机历史博物馆的谷歌考拉汽车,车内没有方向盘和刹车踏板

图7 谷歌考拉第四代测试车。这种菲亚特-克莱斯勒Pacifica休旅车已经装备传感器,但没有激光雷达系统

图8 一辆停在帕罗奥多市大学路上无制造商标记的自动驾驶测试汽车(可能是苹果公司的车辆)

图9 新旧交替——旧金山街道上一辆崭新的特斯拉Model X旁边停着一辆老式雪铁龙H型车

图10 帕罗奥多市101号高速公路上的优达学城自动驾驶技术课程广告

图11 两辆装有传感器的Otto自动驾驶小型货车

图12 停在加利福尼亚州圣拉蒙主教牧场商业园的无人驾驶迷你巴士,由法国制造商EasyMile生产

图13 一辆由硅谷初创公司TryBooster生产的汽车

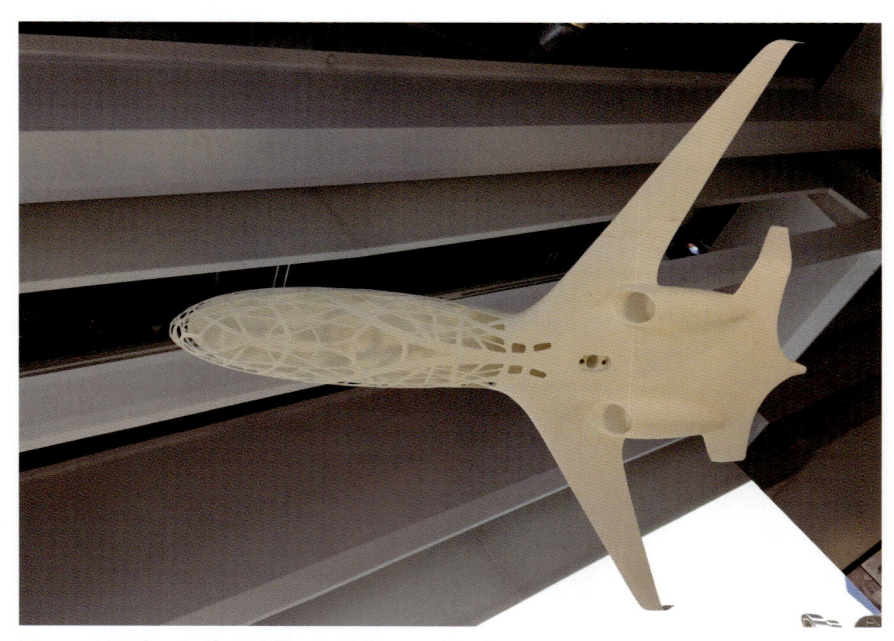

图14 利用人工智能设计的飞机结构。这种结构消耗材料较少，具有同样的稳定性

图15　美国加利福尼亚州门洛帕克电动汽车制造商Lucid Motors生产的电动马达

图16 特斯拉Model S车型底部的电池盒和电动马达

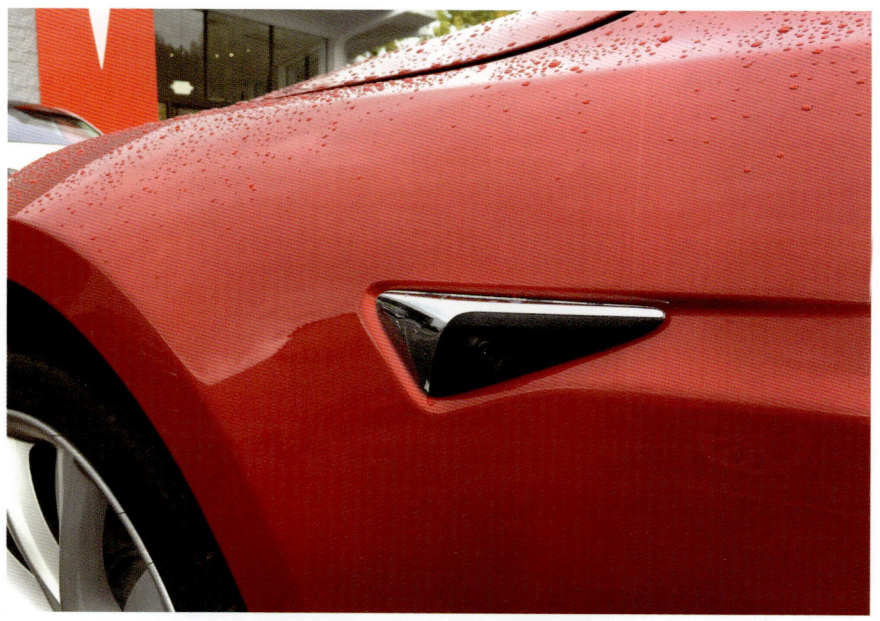

图17 特斯拉Model S自动驾驶系统套件Kit 2配备的8个摄像头之一。这个套件使汽车具备了自动驾驶能力

图18 帕罗奥多市大学路上一辆无制造商标记的自动驾驶测试汽车

图19 一辆带有传感器和相机的苹果地图数据采集汽车行驶在101号高速公路上,准备返回库比蒂诺总部

图20 特斯拉跑车车主在加利福尼亚州洛斯加托斯展示自己的汽车

图21 共享电动滑板车初创公司Scoot位于旧金山的充电站

图22 雷德伍德城初创公司Starship Technologies的送货机器人

图23 正在美国680号高速公路上运输的特斯拉Model S和M车型

图24　帕罗奥多市大学路上无制造商标记的自动驾驶测试汽车

图25　旧金山欧特克公司展览馆展出的人类设计的组件（左）和人工智能设计的组件（右）。两者具有相同的稳定性，后者可以节省75%的材料

图26 这款紧身胸衣由荷兰设计师阿努克·维普雷希特设计,带有蜘蛛腿状的触手。当有物体接近时,这些触手就会伸直(进行防御)。物体靠近的速度越快(越具危险性),触手的动作越激烈

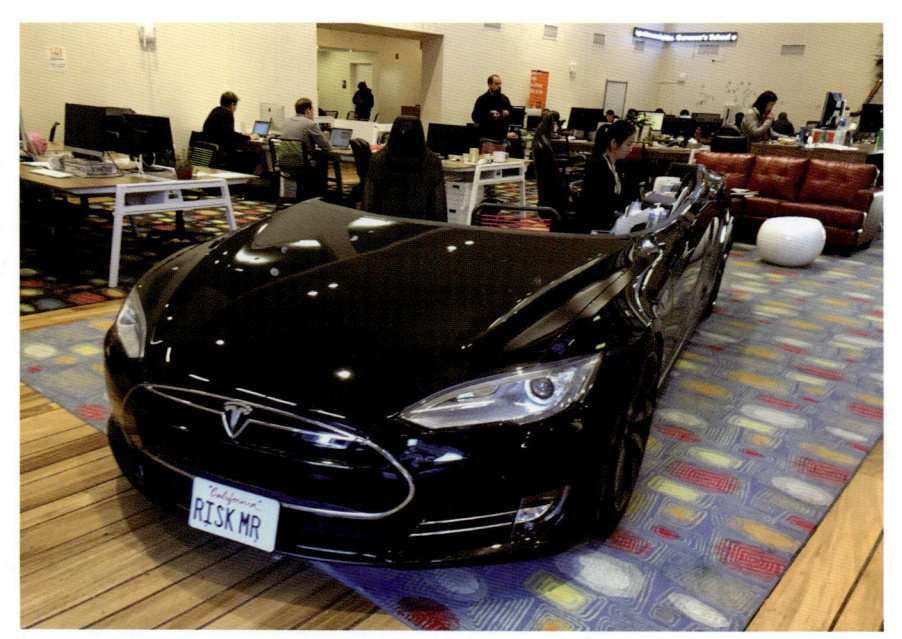

图27　用特斯拉Model S车身改装的办公桌"Deskla",在加州圣马特奥"英雄城"充当服务台。风险投资家德雷珀(Draper)是特斯拉最早的投资人之一

图28　山景城卡斯特罗街上一辆无制造商标记的自动驾驶测试汽车